예배자입니까?

다윗의 장막을 회복하라

예배자 입니까?

Copyright ⓒ 2009 이종우

2013년 10월 10일 초판 2쇄 발행

    지은이   이종우
    펴낸이   장대윤

    펴낸곳   도서출판 대서
    등록   제22-2411호
    주소   서울시 서초구 방배동 981-56
    전화   02-583-0612 / 팩스 02-583-0543
    메일   daiseo1216@hanmail.net

    디자인   참디자인(02-3216-1085)

ISBN 978-89-92619-13-4 03230

* 이 책은 신저작권법에 의하여 국내에서 보호를 받는 저작물이므로 무단전재와 무단복제를 금합니다.
* 책값은 뒷표지에 있습니다.
* 잘못된 책은 교환하여 드립니다.

Are you a
Worshipper?

이종우 지음

예배자 입니까?

다윗의 장막을 회복하라

도서출판 **대서**

추천사

얼마 전, 한 선교단체에서 대학생 22만명을 대상으로 설문조사를 하였는데, 그 중에서 4%만이 주일에 예배 참석을 한다는 결과가 나왔다고 한다. 젊은이들이 교회를 떠나는 현상이 한국에 나타나고 있다니, 우리는 심각하게 한국교회의 영적 현주소를 돌아봐야 한다.

교회와 성도의 이름이 땅에 떨어지고, 사회적으로 반기독교적인 분위기가 조성되고, 기독교가 인터넷 상에서 왕따가 되는 시대를 살고 있다면, 우리가 왜 이렇게 되었는지 성령의 빛 가운데서 우리의 영적인 실상을 조명해 보아야 한다.

무엇이 우리를 예수의 맛을 내고 예수의 빛을 비추는 참다운 크리스천으로 회복시킬 것인가? 그것은 곧 예배의 회복이라고 이 책은 중점적으로 역설하고 있다. 우리가 습관적으로, 형식적으로 익숙하게 드렸던 수많은 예배에 대해서, 그것이 얼마나 귀중하고 축복이고 근본적인지를 성경을 꿰뚫어서 설명하고, 또 영적인 의미를 밝히 드러내고 있다.

이 책을 읽으며 올바른 예배자이지 못했던 모습을 깨닫고 주님 앞에서 부끄러운 마음을 갖고 회개하는 시간을 가졌다. 예배에 대해서 이와 같이 성경적으로, 영적으로 잘 정리된 책을 여지껏 보지 못했다. 이 책은 주님을 섬기는 사역자들과 모든 성도들이 함께 읽고 꼭 공부해야 할 책이다.

> "이 백성은 내가 나를 위하여 지었나니 나의 찬송을 부르게 하려 함이니라"
> (사 43:21).

위의 말씀같이 하나님께서 우리를 창조하신 목적은 예배이다. 많은 사역자들이 하나님 나라 확장과 부흥을 목표로 정신없이 뛰고 있는데, 우리의 삶의 목적은 예배이어야 한다. 하나님을 위해 너무 분주해서 진정한 예배를 드리지 못하고 있다면, 우리는 이미 마귀에게 속아 넘어간 것이다. 그래서 진실한 예배가 상실된 우리의 삶과 사역은 주님께서 도무지 알지 못하신다고 책망하시며 외면하실 것이다(마 7:22-23).

솔로몬은 하나님께 지혜를 구하여 지혜의 왕이 되었지만, 다윗이 구했던 단 한 가지는 주님의 아름다움을 앙망하며 성전에서 주님을 사모하는 것이었다. 곧 예배자의 삶이 다윗의 단 한 가지 소원이었다고 저자는 기술하고 있다.

> "내가 여호와께 청하였던 한 가지 일 곧 그것을 구하리니 곧 나로 내 생전에 여호와의 집에 거하여 여호와의 아름다움을 앙망하며 그 전에서 사모하게 하실 것이라"(시 27:4).

다윗의 이와 같은 소원으로 인해 왕이 되었을 때 24시간 경배와 찬양의 '다윗의 장막' 시대가 펼쳐졌다. 오늘날까지 한 번도 존재하지 않았던 엄청난 규모의 찬양대가 24시간 쉼 없이 주님의 아름다움을 목소리와 악기로 찬송했다. 그래서 예수님은 '다윗의 자손 예수여' 라고 일컬음을 받으셨다고 생각된다.

> "이 후에 내가 돌아와서 다윗의 무너진 장막을 다시 지으며 또 그 퇴락한 것을 다시 지어 일으키리니 이는 그 남은 사람들과 내 이름으로 일컬음을 받는 모든 이방인들로 주를 찾게 하려 함이라 하셨으니"(행 15:16-17).

이제 성경에서 예언된 것처럼, 다윗의 무너진 장막을 일으켜 세우는 시대가 시작되었다. 세계 도처에서 24시간 365일 찬양과 경배와 기도가 우후죽순처럼 일어나고 있다. 주님에 대한 예배가 회복되는 시대이다. 예수님의 다시 오심을 준비하는 신부의 세대, 순교의 세대, 예수 군대의 세대가 일어나고 있고, 이 세대 위에 성경에서 예언된 강력한 성령의 기름 부으심이 이루어질 것이다.

> "하나님이 가라사대 말세에 내가 내 영으로 모든 육체에게 부어 주리니 너희의 자녀들은 예언할 것이요 너희의 젊은이들은 환상을 보고 너희의 늙은이들은 꿈을 꾸리라 그 때에 내가 내 영으로 내 남종과 여종들에게 부어 주리니 저희가 예언할 것이요"(행 2:17-18).

본서는 예배와, 구약 시대의 다윗의 장막, 마지막 세대에서 회복되고 있는 다윗의 장막(24시간 경배와 찬양과 기도)에 대해 성경적인 관점으로 잘 설명하고 있다. 이 시대 예배의 회복과 기름 부으심을 사모하는 모든 이들에게 꼭 필요한, 탁월한 지침서이다.

저자는 선교의 목적이 예배라고 분명히 강조하고 있다. 복음을 듣고 예수님을 영접하고 주님께 예배드릴 때, 모든 사람들은 주님께서 그들을 창조하신 목적을 이루게 되는 것이다.

> "여호와께서 예루살렘을 세워 세상에서 찬송을 받게 하시기까지 그로 쉬지 못하시게 하라"(사 62:7).

성경은 '예루살렘이 회복되어 세상의 모든 족속에게 주님께서 찬송 받으실 때까지 하나님으로 쉬지 못하시게 하라고 말씀하고 있다. 우리가 온 세상에 선교하여 모든 민족이 주님께 예배드릴 때 이 말씀은 성취될 것이다.

본서는 예배를 영적 전투로 설명하고 있다. 온전한 예배는 하나님의 임재를 가져오며, '하나님의 임재는 사단의 결박을 끊어버리고 파쇄하는 능력'이라고 설명한다. 우리가 예배에 실패하는 것은 곧 사단에게 패배하는 것이다. 치열한 영적 전쟁을 치루어 나가는 한국교회와 성도들에게 주시는 주님의 메시지이다. 신령과 진정으로 드리는 온전한 예배가 되도록 본서는 성령의 인도하심에 따라 드리는 예배, 그리고 그 구체적인 예배방법에 대하여 열거하며 설명하고 있다.

본서를 통하여 하나님께서는 많은 교회와 성도들을 깨우치시고 회복시키시고 축복해 주실 것이다. 그 어느 때보다도 예배가 회복되어야 하는 이 시기에 『예배자입니까?』가 출판된 것을 진심으로 하나님께 감사하며 찬송과 영광을 올려드린다.

에스더 기도운동본부 대표
이용희

책을 열면서:
예배가 죽으면 선교가 죽는다!

영적 전투는 현대 선교학에서 매우 중요한 주제이다. 나는 영적 전투에 대한 강의를 여러 해 맡아 했으며, 그에 관한 책들을 읽으면서 나 자신이 그런 영적 경험이 너무나 부족하다는 사실을 인식하였다. 그래서 영적 은사를 사모하고 영적 은사와 능력이 충만한 현장들을 방문하기도 하며 간구하고 노력하였다.

그런 과정에서 영적 전투에 꼭 선행되는 것, 기본이 되는 것이 바로 예배란 사실을 깊이 확신하게 되었다. 특히 지난 2007년 여름, 주님께서는 예배에 관하여 중요한 하나의 환상을 보여주셨으며 그 후 이 책이 출간되기까지 줄곧 성령께서 이 진리를 비추시고 강권해 주셨다.

나는 여기서 예배에 관한 이론적 논의를 하여 또 한 권의 예배학 책을 쓰려고 하는 것이 아니라, 예배에 대한 성경적 발견을 기초로 예배에서 체험한 감격과 축복을 나누려고 하였다.

주님은 선교지에서 예배가 상실된 선교 현장을 보게 하셨으며, 예배의 실패는 선교의 실패이며, 예배의 회복은 곧 선교의 회복임을 깨닫게 하셨다.

예배는 선교보다 앞서는 것이며 예배에 성공할 때 선교가 될 수 있다. 예배에서 선교가 태동되며, 선교의 목적은 곧 예배인 것이다! 즉 예배를 통해서 온전히 하나님을 만나게 되며, 그 결과로 선교가 이루어진다.

그 후로 나는 학교에서 모든 수업시간에 비록 짧은 시간이지만 먼저 하나님을 높이는 찬양을 부르며 예배를 드리는데, 그 시간마다 영적 임재가 있었으며 나와 학생들은 축복을 누렸다. 이제는 예배를 깊이 즐기고 있으며 어디서나 하나님께 시선을 맞추면 내 영은 곧장 하나님께로 향하게 되었다!

특별히 주님께서는 다윗에 대해 깨닫도록 인도하셨다. 자연스럽게 〈다윗의 장막〉에 대하여 묵상하게 되었고, 〈다윗의 장막〉은 신구약성경에서 예배를 가장 충만하게 꽃피운 곳이란 깨달음을 얻었다. 이 책에서 중심적으로 다룬 것은 특별히 '다윗의 장막'이다.

존경스러운 예배자 테니 토미가 쓴 『다윗의 장막』(토기장이)이란 책이 있는데, 그것은 실상 예배에 관한 경험적 서술이며 다윗의 장막에 관한 내용은 아니다. 그러므로 미력하나마 성령님의 비추심에 힘입어 이 글을 쓰게 되었다. 이 글을 통하여 성령께서 당신의 영혼을 깨우며 생수의 계곡으로 인도하실 것을 기도한다.

끝으로 부언할 것은 본서에 내가 직접 쓴 시들(poems)이 상당수 있다. 나는 이 시들이 책의 무게감을 가볍게 하지 않을까 고민도 해 보았으나, 진정한 임재가 있는 예배는 감격이 있고, 노래가 있는 것이라고 생각했다. 그러므로 성령의 만지심(touch)을 통해 썼던 나의 시들을 이 책에서 몇 편 필요한 대로 게재하였다. 구약성경에 예배자 다윗이 쓴 시들이 그렇게나 많다는 사실은 나에게 용기를 주었다. 당신이 진정한 예배자가 된다면 당신도 노래하는 자, 시인이 되리라고 믿는다.

안서동에서 저자

차례

책을 열면서 _ 예배가 죽으면 선교가 죽는다! _ 9

제 1 장 _ 창조의 신비 그리고 예배 _ 13

제 2 장 _ 놀라운 구원 그리고 예배 _ 33

제 3 장 _ 하나님의 이름을 높이라 _ 51

제 4 장 _ 회복해야 할 다윗의 장막 _ 87

제 5 장 _ 여호와의 전쟁과 영적전투 _ 149

제 6 장 _ 예배가 살아야 선교가 산다 _ 209

제 7 장 _ 예배의 방법, 이렇게 하라 _ 227

제 8 장 _ 넘치도록 풍성한 예배의 보상 _ 269

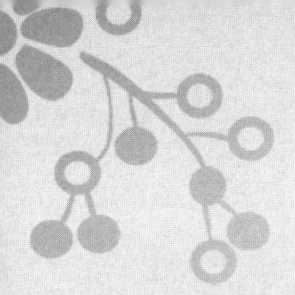

Chapter 1
창조의 신비 그리고 예배

쉐키나

빛의 빛이시여!
모든 어둠을 추방하고
일체의 존재를 밝히는 이여!
만상의 아름다움을 태동시키는 이여!

스스로 숨어 계시며
당신의 때에
당신의 빛을 나타내시나이다

보는 자를 눈멀게 하고
소경의 눈을 뜨게 하여
시간의 문턱을 넘어 영원을 보게 하나이다!

쉐키나의 불이여!
악의 씨에서 번성한 일체의 추함들을 태우고
내면의 심연까지 밝히나이다
오랜 세월 자라온 암덩이를 깨뜨리고
오랜 세월 굳어온 얼음덩이를 녹여
어리석은 이성은 지혜롭게 하며
사랑으로 충만한 불로 정제된
쉐키나의 옷을 입히시나이다.

영원의 불꽃이여!
시간을 가로질러
떨어진 유성처럼 사라져가는 생을 사로잡아
당신의 영원으로 이고소서!

* '쉐키나'는 히브리어로 하나님의 임재의 빛을 나타내는 말이다.

Chapter 1
창조의 신비 그리고 예배

하늘이 하나님의 영광을 선포하고
궁창이 그 손으로 하신 일을
나타내는도다(시 19:1)

인생의 목적

한국 여자 양궁이 2008년 베이징 올림픽에서도 세계를 재패했다. 양궁 선수가 과녁을 향해 시위를 당길 때, 숨을 멈추고 온 힘을 다하여 시위를 당긴다. 중국에서 결승을 할 때 한국 선수가 시위를 당기는 순간 선수의 감정이 흔들리게 하려고 중국 응원단이 가까이에서 갑자기 호각을 불고 야유를 퍼붓기도 하였다. 그러나 우리 선수들은 조금도 흔들리지 않고 차분히 화살을 과녁에 명중시켰다.

사랑하는 독자여!
당신의 시위는 어디를 향하고 있으며 당신의 과녁은 무엇인가? 과녁이 분명하지 않은 채 아무 데나 쏘는 사람은 결코 성공할 수 없다. 우리의 과녁은 내가 스스로 설정하는 것이 아니라, 나를 창조하시고 나를 세상에 보내신 분께 달려 있다.

우리는 무엇이 목적에 부합되었을 때 '…답다' 또는 '…스럽다'라고 말한다. 전기줄을 생각해 보자. 전신주에 전기줄이 매달려 있다. 그런데 이 전기줄에 참새들이 날아와서 자주 앉곤 하였다. 가끔은 까치들이 날다가 쉬어 가기도 한다. 전기줄이 의식이 있다면, 자기에게 와서 쉬었다 가는 많은 새들을 보면서 흐뭇해할 수 있었을 것이다. 그러나 목적론적으로 생각해 본다면, 아무리 많은 새들이 찾아와 쉬었다 하더라도 전기줄이 목적을 이룬 것은 아니다. 전기줄은 다른 일들은 하나도 하지 못하더라도, 한 가지, 전기를 전달하는 일을 제대로 감당한다면 그것은 성공을 거둔 것이며, 전기줄다운 것이다.

또, 여기 멋진 그랜드 피아노가 있다. 자, 이 피아노를 가지고 이리 저리 움직이며, 벽에 못을 박거나 높은 곳에서 일할 때 사다리 대용으로 사용할 수 있다. 추운 겨울날 피아노를 패서 장작불을 피울 수도 있다. 그러나 그런 일은 피아노를 제작한 목적에 맞지 않는 일이다. 전혀 피아노스럽지 않다. 가장 피아노스러울 때는 아름다운 음악을 연주할 때이다.

당신의 창조 목적은 바로 당신이 많은 물질을 소유하거나 당신의 재능을 계발하거나 자아를 성취하는데 있는 것이 아니다. 그것은 당신답지 않는 일이며, 당신스럽지 않는 것이다.

그렇다면 가장 당신스러움, 즉 당신의 존재와 삶의 목적은 무엇인가? 인생의 목적은 우리 자신에게 있지 않고 우리를 창조하신 하나님의 뜻 속에 숨겨 있다. 그렇다면 하나님께서 인생을 창조하신 목적, 뜻이 무엇일까?

> "이 백성은 내가 나를 위하여 지었나니 나의 찬송을 부르게 하려 함이니라"
> (사 43:21).

웨스트민스터 신앙고백 소요리문답 제1문은 "인생의 제일가는 목적이 무엇이냐?"라는 질문에 "하나님을 영화롭게 하는 것과 영원토록 그를 즐거워하는 것입니다"라고 쓰여 있다. 그렇다. 하나님께서 우리를 통하여 찬송과 영광과 존귀, 즉 예배를 받으시고자 우리를 창조하셨다.

우리는 이 진리를 너무 안이하게 생각하고 있는데, 여기서 삶의 일대 혁신이 일어나야 한다. 즉 하나님의 창조 목적이 예배라는 사실은 무엇을 말하는가? 우리가 예배하는 삶을 살고 있지 않다면, 아무리 많은 업적을 남겼고, 엄청난 부를 소유하였거나 대단한 성취를 이루었다고 하더라도 그는 실패자가 되고 마는 것이다. 반면에 당신이 아무리 외적으로 초라한 삶을 살았어도 예배의 자리에서 온전하게 서 있다면 당신은 진정한 성공자라고 할 수 있다.

안타까운 일은 많은 그리스도인들이 이 목적을 상실한 채 잘못된 곳을 향해 시위를 당기고 있다. 그들은 다 전깃줄에 앉은 참새들을 보고 흐뭇해하며 그 사명을 다하고 있다고 생각하는 자들이며, 피아노를 선반으로 사용하고 피아노 건반을 뽀개서 불쏘시개를 하면서 내 인생은 내가 알아서 한다고 우기는 자들이다. 전혀 그 사람답지 않은 길을 걷고 있는 것이다.

당신의 창조 목적은 당신의 창조주 하나님께 영광 돌리는데, 즉 예배하는 데 있다. 그러므로 진정한 예배자가 되는 것이야말로, 당신의 당신다움을 성취하는 최선의 길이다. 예배야말로 당신스러움을 성취하는 유일한 길이다.

당신은 진정 예배자인가? 그렇지 않다면 이제까지 실패한 인생을 살았다. 항상 예배자로 산다면 당신은 성공적인 인생을 살게 될 것이다.

존재의 가치

하나님께서 천지를 창조하실 때 날마다, "하나님 보시기에 좋았더라"고 하셨으며, 사람을 지으신 후에는 "심히 좋았더라"고 하셨다. '하나님 보시기에 좋았다'는 말은 하나님의 선하심과 탁월성이 그 피조물들 가운데 주입되었다는 것이다. 그러므로 모든 피조물들은 그 존재 자체로서 가치가 있으며, 아름답다.

우리는 누가 아름답다고 인정해 주기 때문에 아름답다거나 가치가 있는 것이 아니다. 그 존재 자체로서 아름답고 가치 있는 것이다. 왜냐하면 하나님께서 좋게 지으셨기 때문이다.

카자흐스탄에 단기선교를 갔을 때 알마티에서 자동차로 세 시간가량 동북쪽으로 달려가서 '달띠꼬르간'이란 전원도시를 방문한 적이 있었다.

하루는 선교사님의 안내로 1950년대 독일 장교가 사용하던 야생말 같은 지프차를 타고 넓디 넓은 고원을 올랐다. 한 시간 남짓 차를 몰아 계곡을 건너고 높은 언덕에 오른 순간, 끝이 없을 것 같이 시원하게 펼쳐진 구릉이 시야를 가득 채웠다. 잡초들 사이로 돋아난 헤아릴 수 없이 많은 형형색색의 야생화들! 우리는 탄성을 지르며 그 아름다움에 매료되어 어쩔 줄을 몰라 했다. 우리 입에서는 "주님의 높고 위대하심을 내 영혼이 찬양하네—"라는 찬양이 절로 흘러나왔다. 나는 생각해 보았다. 끝없이 펼쳐진 대전원, 아무도 찾아와 주지 않는 이 태고의 고요를 머금은 광야에 이토록 아름답게 핀 꽃들은 사람들이 와서 보아 주지 않기 때문에 불행할까? 아니다. 아무도 보아 주는 이가 없어도, 피었다 지는 이 작은 존재들은 그 존재 자체로서 하나님의 아름다움을 나타내고 충분히 아름답고 귀한 것이다.

인간의 존재 가치도, 누가 알아주거나 많은 연봉을 받거나 대단한 성공을 거두어야만 가치 있는 것이 아니다. 하나님께서 지으신 생명의 존재 그 자체로서 존엄하며 아름답고 귀한 것이다.

잡화(雜花)

하필
보도블록 틈새에 추락된 탄생
시작부터 고인 너!

매캐한 자동차 매연에 숨이 막히며
왼 종일 소음에 귀가 멀고
사는 게 고통인 너!

잡초란 이름으로
제초작업 대상으로 분류되는
불명예의 고리가 붙은 너!

어둠을 밀치고 솟아난 자리가
거룩한 땅인 양,
당당히 서서
해맑은 웃음으로 하늘을 본다.

"솔로몬의 모든 영광으로도
이 꽃 하나만 같지 못하였느니라!"

> "내가 주의 신을 떠나 어디로 가며
> 주의 앞에서 어디로 피하리이까
> 내가 하늘에 올라갈지라도 거기 계시며
> 음부에 내 자리를 펼지라도 거기 계시니이다.
>
> 내가 새벽날개를 치며 바다 끝에 가서 거할지라도
> 곧 거기서도 주의 손이 나를 인도하시며
> 주의 오른손이 나를 붙드시리이다
>
> 내가 혹시 말하기를 흑암이 정녕 나를 덮고
> 나를 두른 빛은 밤이 되리라 할지라도
> 주에게서는 흑암이 숨기지 못하며
> 밤이 낮과 같이 비춰나니
> 주에게는 흑암이 빛과 일반이니이다"(시 139:7-10).

그렇다. 하나님께서 창조하신 존재들, 특히 인간의 생명은 신비하고 멋진 존재이다. 새벽날개를 타고 아무도 없는 바다 끝에 가서 고독한 광야에 거할지라도, 캄캄한 밤 속에 갇혀 아무도 자신을 보아 주는 이가 없다고 할지라도, 그의 존재는 창조주 하나님께서 주목하시고, 잃어버릴 수 없는 가치를 가진 아름답게 빚어진 축복된 존재이다. 주께서 사람을 모태에서 조성하신 일은 너무나 신묘막측한 신비한 일이다. 당신을 당신되게 창조하신 하나님을 찬양하라!

> "주께서 내 장부를 지으시며
> 나의 모태에서 나를 조직하셨나이다
> 내가 주께 감사하옴은 나를 지으심이 신묘막측하심이라
> 내가 은밀한 데서 지음을 받고

땅의 깊은 곳에서 기이하게 지음을 받은 때에
나의 형체가 주의 앞에 숨기우지 못하였나이다"(시 139:13-15).

아름다움의 근원이신 하나님

모든 아름다움의 근원은 바로 하나님이시다. 그러므로 우리를 아름답게 지으신 하나님 앞에 나아갈 때, 그 분의 위대한 창조의 솜씨로 기뻐하고 찬양해야 마땅하다. 어떤 갤러리에 갔을 때, 우리는 미술작가의 그림을 보고 멋지다고 찬탄한다. 하나님의 위대성과 그 분의 하신 일들을 기뻐하며 칭찬하는 것, 그것이 곧 예배이다.

하나님은 우리와 교제하시며, 우리의 예배를 기뻐하신다. "좋았더라"는 말 히브리어 "토브"(בוט)는 선하다는 뜻이다. 하나님은 선하신 분이시며, 인간을 선하게 창조하셨다. 하나님의 속성과 존재 자체가 선하신 분이며, 아름다우신 분이시다.

"하나님께서 지으신 세계가 이토록 아름답다면 그것을 지으신 하나님은 얼마나 아름다우시랴!"는 고백과 같다. 그 분은 아름다움의 극치이며, 모든 진(truth), 선(goodness), 미(beauty)의 총체요 근원이며 으뜸이시다.

성경에서 하나님을 뵈었던 이들은 모두 그분의 지극히 거룩하심과 위엄, 그분의 아름다운 영광을 경험하고 그 분을 찬양하였다. 사도 요한은 밧모섬에서 보좌에 계시는 하나님을 뵈었는데, '앉으신 이의 모양이 벽옥과 홍보석 같다'고 하였으며, 그 분의 보좌에 '아름다운 무지개가 둘렸으며 그 모양이 녹보석 같더라'고 증언하였다(계 4:3).

우리를 선하고 아름답게 지으신 그 분은 찬양과 예배를 받기에 진정으로 합당하시다. "예배(worship)란 영어 단어로 '가치 있음'(worth-ship)을 의미한다. 우리가 하나님을 예배하는 것은 그 분이 예배를 받기에 합당한 가치

를 지니신 분이기 때문이다"¹⁾

그러므로 천사들은 "우리 주 하나님이여 영광과 존귀와 능력을 받으시는 것이 합당하오니"(계 4:11), "죽임을 당하신 어린 양이 권세와 부귀와 지혜와 힘과 존귀와 영광과 찬송을 받으시기에 합당하시도다"(계 5:12)라고 하였다.

하나님 앞에 스랍들이 항상 "거룩하다. 거룩하다. 거룩하다" 하며 찬양하는데, 그게 다만 하나님이 두렵거나 의무감 때문에 하는 것이라면 얼마나 피곤할까! 그러나 그들은 하나님의 존재 자체가 너무나 아름답고 영화롭기 때문에 넘쳐나는 기쁨으로 찬양하는 것이다. 또 찬양할 때 그들 자신 속에 즐거움과 기쁨이 솟아나게 된다. 우리는 하나님의 임재 앞에 나아갈 때, 그 분의 임재로 인하여 우리의 영들은 기뻐 뛰며 찬양하고 그 거룩함에 압도되어 그 분을 높이지 않을 수 없다.

높은 산 정상에 올라가면 누구나 가슴이 탁 트이고 "야호!"를 외친다. 누군가 강제로 마음을 좋게 하고 "야호!"를 하라고 강요하지 않아도 자기 가슴속에서 그런 탄성과 환호가 절로 솟아오른다. 우리 하나님의 거룩과 선하심과 영광에는 바로 그런 매력이 있다. 그 분의 아름다우신 임재 앞에 설 때 우리는 찬양이 저절로 솟아나고 기쁨과 사랑이 샘솟는다. 그 분의 속성이 우리 영혼에 무한한 거룩과 찬양과 기쁨과 사랑을 불러일으키는 것이다.

그러므로 우리는 선하시고 거룩하시고 아름다우신 하나님, 그 분의 존재 앞에 나아갈 때 그 분을 마음과 뜻과 목숨과 힘을 다하여 찬양하며 높이며 사랑을 고백하지 않을 수 없다. 그리고 그것이 곧 예배이다. 우리는 우리와 모든 피조물들을 하나님 자신의 멋진 솜씨를 따라 아름답고 선하

---

1) 워렌 위어스비, 『참된 예배를 회복하라』 조계광 역(서울: 생명의 말씀사, 2002), 24.

게 창조하신 위대하고 아름다우신 하나님을 항상 찬양하며 예배하지 않을 수 없다.

뿐만 아니라, 하나님은 하나님을 예배하는 자들에게 그분의 아름다움을 더욱 온전하게 입혀 주신다. 아이는 그 아이를 사랑하는 엄마와 함께 있을 때 얼굴이 밝게 빛나고, 여인은 그녀를 사랑하는 남자와 사랑을 나눌 때 가장 아름다워진다. 그와 같이 우리는 우리를 아름답게 지으신, 아름다우신 그 분을 예배하고, 그 분의 임재 앞에 나아갈 때 가장 아름답고 행복하게 빛나는 것이다.

하나님의 형상

하나님은 인류의 시작부터 사람으로 하여금 하나님을 예배하는 존재로 지으셨다. 하나님께서 사람을 하나님의 형상대로 지으셨다는 사실이 중거이다. 하나님의 형상대로 지음받았기 때문에 사람은 하나님을 예배할 수 있고, 하나님과 교제할 수 있다. 인간은 하나님을 예배하는 것이 본분일 뿐 아니라, 예배할 때 가장 행복하고 기쁘도록 지음받은 것이다. 왜냐하면 우리의 근원이 곧 하나님이시기 때문이다. 우리의 창조자 하나님을 예배하고 그 분의 임재를 느낄 때 우리 영혼은 가장 충만하고 행복해진다.

영적 존재인 그룹들과 스랍, 천사들이 하나님 앞에 항상 기쁨과 경외와 거룩함과 자원함으로 찬양하듯이, 하나님의 형상대로 지음받은 영적 존재인 사람도 그 분 앞에 예배할 때 기쁨과 행복이 넘쳐난다. 하나님은 모든 영들의 근본이며 창조자며, 빛이며 생명이시다. 그러므로 그 분을 바라보고 그 분을 사랑하고 그 분을 찬양할 때, 영은 소성하고, 더 충만해 지고, 더 행복해지고, 기쁨으로 차고 넘치게 된다.

다윗의 고백, "주의 앞에는 기쁨이 충만하고 주의 우편에는 영원한 즐거움이 있나이다"(시 16:11) 는 말씀은 바로 하나님 앞에 그 임재 속으로 들어간 자의 영적 감격을 잘 드러낸 고백이다.

　인간은 영원히 하나님을 예배함으로 그 분의 생명을 누리고, 그 분의 영광의 빛 가운데서 기뻐하며 행복해 하고, 풍성한 삶을 누릴 수 있었다. 그것은 마치, 성자께서 영원히 성부의 우편에서 함께하며 기쁨의 교제를 나눔과 같다. 요한복음 1장 1절에 "그 말씀이 하나님과 함께 계셨으며"라고 하였는데, 그 말씀 즉 성자는 하나님 곧 성부와 영원히 함께 계셨다. 여기서 '함께'란 말씀 'pros'는 '…을 향하여'라는 의미, 즉 서로 마주하며 교제하는 모습을 나타낸다.

　그러므로 하나님의 형상대로 지음받은 인간은 하나님을 향하여 나아갈 수 있으며, 예배할 수 있고, 그것은 그 무엇과도 비교할 수 없는 최상의 영광이요, 기쁨이요, 축복인 것이다. 거기에 영생의 약속이 내재되어 있었다.

　그러나 사람은 조만간 얻을 수도 있었던 영생을 얻기도 전에 사단의 유혹에 빠져 범죄함으로써 예배의 자리를 박탈당하였고, 생명을 잃고 멸망의 자리로 떨어지고 말았다. 가장 아름답고 고귀한 존재가 타락으로 인해 육신의 허무와 죽음, 영혼의 어두움과 고독, 파멸에 빠지고 만 것이다. 그토록 아름다운 존재가 스스로를 비관하고 고귀한 타인의 영혼을 모독하며 멸시하는 일들은 타락의 결과이다. 사단의 속성이 우리 안에 들어왔고, 사단은 우리를 하나님의 창조의 관점에서 아름답게 보지 못하게 하고, 비관하며 자해하며 타인을 공격하도록 만들었다. 아름다움에 대하여 창조주 하나님께 감사하지 않고 스스로 우쭐대며 교만하여 자신의 영광을 추구하는 존재로 전락하였다.

　그 후, 하나님께서는 그리스도 예수를 통하여 구속하셔서 하나님의 형상을 회복시키시고, 하나님 앞에 예배자의 자리에 서도록 계획하셨다. 그러므로 타락 직후에 하나님은 구속자의 파송을 약속하셨으며(창 3:15) 여자의 후손으로 오시는 그리스도의 약속을 믿음으로 하나님 앞에 나아오게 하셨다.

그 이후 인류의 역사는 인간이 구속받아 하나님 앞에 예배를 바로 드리느냐, 예배에 실패하느냐였다. 예배에 성공한 때는 하나님의 임재와 축복이 넘쳤다. 그러나 예배에 실패하고, 예배의 대상이신 창조주 하나님을 버리고 사단과 우상을 예배할 때는 저주와 재앙과 죽음이 덮쳐왔다. 어느 시대나 예배의 성공은 삶의 성공이었고, 예배의 실패는 삶 전체의 패배가 되었다. 그 이유는 예배가 모든 삶의 중심이며, 근본이기 때문이다.

우리 그리스도인들은 하나님의 형상을 회복해 가며, 하나님의 참 형상이신 그리스도를 닮아가야 한다. 그렇기 위해, 항상 하나님의 보좌 앞에 나아가야 한다. 그것이 예배이다. 하나님의 형상을 본받는 자로서, 하나님을 예배하는 삶을 살 때 평강이 보장되고, 기쁨이 샘솟는다. 하나님 앞에 서는 거룩한 예배자, 그것이 우리 삶의 목표이며, 우리가 서야 할 자리이며, 생명이다.

안식

"하나님의 지으시던 일이 일곱째 날이 이를 때에 마치니 그 지으시던 일이 다하므로 일곱째 날에 안식하시니라 하나님이 일곱째 날을 복주사 거룩하게 하셨으니 이는 그 창조하시며 만드시던 일을 마치시고 일곱째 날에 안식하셨더라"(창 2:2-3).

하나님께서 엿새 동안 천지를 창조하시고 제 칠 일에 안식하셨다. 그리고 일곱째 날을 복주셨다. 그것은 마치 하나님께서 엿새 동안 만물을 창조하시고 일곱째 날에 안식하시며 하나님께서 모든 만물과 우주의 왕이심을 선언하시고, 왕으로 좌정하심과 같다.

하늘은 하나님의 보좌요 땅은 그 분의 발등상이다. 그 분이 하늘보좌에 앉으시고 땅에 그 발을 올려놓으시고 왕으로 계시면서 모든 피조물들에게도 은혜를 수여하신다. 그러므로 그 날을 복주셨다. 즉 이 날에 창조주 하나님께 영광을 돌리며 예배하게 하셨고, 그것을 통하여 모든 인생과 만물들이 하나님께 은총과 복을 받도록 하신 것이다. 우리 역시 하나님을 닮은 자로서 하나님처럼 열심히 일하고, 또 휴식을 취하고 하나님을 예배해야 한다. 예배를 드릴 수 있는 것이 곧 복이다. 예배를 통하여 하나님을 만나며 그 만남 자체가 우리에게 행복이며, 생명이며 축복이다.

아울러, 예배를 통하여 우리는 하나님의 안식에 동참하게 된다. 하나님 안에는 우리 영혼의 안식과 재충전에 필요한 모든 능력과 생명력이 충만하게있다. 하나님은 안식의 하나님이시다.

 "수고하고 무거운 짐진 자들아 내게로 오라 내가 너희를 쉬게 하리라"(마 11:28).

창조주 하나님

2007년도 가을 중국 청도에서 설교 초청을 받아 비행기를 타고 먹구름 잔뜩 내려 앉은 하늘위로 올라갔을 때, 내려다보이는 구름은 마치 흰 눈을 온 세상에 펼쳐 놓은 듯, 어디 하나 검은 점이라곤 찾아볼 수 없는 희고 거룩한 영원한 영광이 펼쳐진 대평원이었다.

아, 우리 하나님과 같이 크고 광대하신 분이 누구이며, 우리 주님같이 뛰어난 예술가가 누구인가! 독자여! 우리 함께, 중국과 카자흐스탄, 러시아를 관통하는 유라시아의 대평원을 지으신 그 분을 노래하자! 히말라야의 거봉과 킬리만자로의 평화로운 대지와 수많은 야생동물들을 기르시며, 바다 속의 헤아릴 수 없는 해류들을 지으시고 양육하시는 그 분의 위대하심과 자비를 찬양하자!

뿐만 아니라, 하나님은 사람이 만든 성전 안에만 머무시는 분이 아니다. 온 세상과 우주가 다 그 분이 거하시는 성전이다. 솔로몬은 성전을 완공하고 봉헌하면서 긴 봉헌기도의 첫머리에 이렇게 고백했다. "하나님이 참으로 사람과 함께 땅에 거하시리이까 하늘과 하늘들의 하늘이라도 주를 용납하지 못하겠거늘 하물며 내가 건축한 이 전(殿)이오리이까"(대하 6:18).

그렇다. 솔로몬 성전은 단지 하나님께 경배하는 처소이지 그 분을 머물게 할 수 있는 공간이 될 수 없었다. 지금도 온 땅의 어느 성전이나 예배당이든 마찬가지이다. 우리가 그 분을 찾고 섬기기 편리하기 위해 예배처가 필요한 것이지, 세상의 어느 곳이 하나님을 머물게 하는 성전이 될 수 없고, 하나님은 어느 특정한 곳에만 갇혀 계실 수 없는 광대하신 초월자이시다.

- "태초에 주께서 땅의 기초를 두셨으며 하늘도 주의 손으로 만드신 바라"(히 1:10).

- "하늘은 하나님의 보좌요 땅은 하나님의 발등상이라"(마 5:34–35).

- "여호와 우리 주여 주의 이름이 온 땅에 어찌 그리 아름다운지요 주의 영광을 하늘 위에 두셨나이다"(시 8:1).

구름

태양을 향해
독수리처럼 솟아, 또
치솟아 오르면
눈부시도록 희고 순결한
설백의 평원이
영원처럼 펼쳐진다.

아!
holy!
holy!
holy!

깊이와 넓이를 헤아릴 수 없는 화폭에
숨 쉬는 위대한 예술의 혼이여!

순백의 평원은
지구의 지붕이 되어
갈증과 탐욕으로 가득 찬 아골 골짜기에
때론 생명의 단비를 뿌리고
때론 순결한 눈가루를 뿌려
생명을 버린다.

백설의 대평원은
창조주의 마음으로 예비하신
은총의 거대곳간(巨大庫間).

사단은 기를 쓰고 여호와 하나님께 돌아가는 찬양과 경배와 영광을 찬탈하려고 애쓰며 사람들을 속인다. 하나님의 것을 가지고 자기 것인 양 속이며 자기에게 경배하라고 가르친다(마 4:8-9).

고대 세계에서 대부분의 이방 사람들은 다신론을 따라 섬겼으며 그 신들은 각기 특별한 영역을 관장한다고 믿었다. 예를 들어, 바알은 농사와 다산(多産)을 주장하는 풍요의 신이라고 믿었다.

현대에도 인도에서는 수많은 신들이 영역을 다스린다고 믿는데 인도의 대표적인 삼신은 브라마, 시바, 비쉬누이다. 그 중 브라마는 창조의 신이며, 시바는 파괴의 신이며, 비쉬누는 섭리와 보존의 신이다. 당연히 사람들은 비쉬누에게 가장 많은 제물을 바치고 섬긴다. 왜냐하면 브라마는 창조신이므로 지금 그들의 생활에 아무런 도움을 주지 않는다고 생각해서 인기가 없고 시바는 파괴의 신이기 때문에 두려움으로 섬기지만, 비쉬누는 섭리하고 보존하여 생활에 직접적인 도움을 준다고 믿기 때문에 사람들은 축복을 받기 위해 비쉬누를 가장 열심히 섬긴다.

하지만 하나님은 그런 분이 아니시다. 창조자이시며 자신이 창조하신 모든 것들을 통치하시고 주관하시고 복을 주시고 심판을 행하신다. 심으시며 뽑으시고 생명과 죽음을 관장하시고 구원과 심판을 행하신다. 그 분은 절대 주권자이시다. 그 분이 열면 닫을 자가 없고, 그 분이 닫으시면 열 자가 없고, 그 분은 죽이기도 하시고 살리기도 하시고 가난하게도 하시고, 부하게도 하시며 높이기도 하시고 낮추기도 하신다(삼상 2:6-8). 누가 그 분 앞에서 스스로를 높이며 교만히 말할 수 있는가. 재판장이신 그 분이 높이고 낮추신다(시 75:5-7). 민족들을 세우고 폐하는 것도, 왕을 그 위에 세워서 다스리거나 폐하는 것도 다 그 분의 손에 달려 있다(단 4:17). 모든 것이 그에게서 나오고 그로 말미암고 그에게로 돌아간다(롬 11:36).

다윗은 하나님만이 온 우주 모든 것의 창조자요, 통치자요, 주권자이심을 깨닫고 찬양했다. 그리고 사울과 여러 왕들이 하나님을 알지 못하고 섬기지 않으며 자긍하는 것들을 볼 때 안타까워했고, 하나님이 온 세계 모든 만민 위에 존경과 영광을 받기를 갈구했다.

> "주여 내가 만민 중에서 주께 감사하며
> 열방 중에서 주를 찬송하리이다
> 대저 주의 인자는 커서 하늘에 미치고
> 주의 진리는 궁창에 이르나이다
> 하나님이여, 주는 하늘 위에 높이 들리시며
> 주의 영광은 온 세계 위에 높아지기를 원하나이다"(시 57:10-11).

그러므로 참된 예배자는 진정한 선교사이다. 그는 하나님의 이름 대신에 다른 우상들이 높임받고, 하나님을 찬양해야 할 사람들이 다른 신들을 만들어 섬기는 현상을 통분히 여기며, 선교와 복음전도를 통해 온 세계 열방이 하나님께 돌아오고 하나님께 경배하는 것을 위해 기도하며 노력하지 않을 수 없다.

보라! 열방과 온 세계와 우주는 그 분의 것이건만, 얼마나 많은 사람들이 하나님을 알지 못하고 우상숭배와 자기숭배와 물질주의에 매여 살며 사단에게 경배하고 있는가! 우리는 창조주 하나님께 합당한 자리를 내어 드려야 한다. 그 분이 온 세계의 왕이시며 온 우주의 왕이심을 공포하고 전해야 한다.

> "하나님은 우리를 긍휼히 여기사 복을 주시고
> 그 얼굴빛으로 우리에게 비취사
> 주의 도를 땅 위에 주의 구원을 만방 중에 알리소서

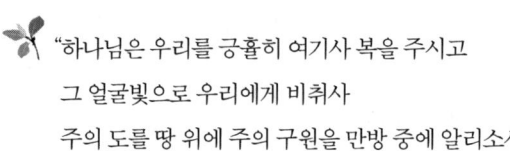

하나님이시여
민족들로 주를 찬송케 하시며
모든 민족으로 주를 찬송케 하소서
열방은 기쁘고 즐겁게 노래할지니
주는 민족들로 공평히 판단하시며
땅 위에 열방을 치리하실 것임이니이다
하나님이시여
민족들로 주를 찬송케 하시며
모든 민족으로 주를 찬송케 하소서"(시 67:1-5).

창조주 하나님께 대한 찬양은 이 땅에서뿐만 아니라 천국에서도 계속된다. 하나님의 보좌 앞에 가장 가까이 있는 특별 천사들인 네 생물들이 그 분의 거룩하심과 영원한 존재성을 찬양한다.

> "네 생물이 각각 여섯 날개가 있고 그 안과 주위에 눈이 가득하더라 그들이 밤낮 쉬지 않고 이르기를 거룩하다 거룩하다 주 하나님 곧 전능하신 이여 전에도 계셨고 이제도 계시고 장차 오실 자라 하고 그 생물들이 영광과 존귀와 감사를 보좌에 앉으사 세세토록 사시는 이에게 돌릴 때에"(계 4:8).

네 생물들의 찬송이 울려 퍼질 때 24장로들이 보좌에 앉으신 하나님께 엎드려 경배하고 자기의 면류관을 보좌 앞에 던지며 찬양한다. 면류관을 벗어 던지는 것은 모든 영광을 하나님께 돌리는 태도이다. 그들은 '하나님께서 만물의 창조주이심'을 찬양한다.

> "우리 주 하나님이여 영광과 존귀와 능력을 받으시는 것이 합당하오니 주께서 만물을 지으신지라 만물이 주의 뜻대로 있었고 또 지으심을 받았나이다"(계 4:11).

우리의 찬양은 이 땅에서, 열방 가운데서, 그리고 천국에서 영원히 이어질 것이다. 찬양은 천국 백성들이 마땅히 해야 할 일이며, 천국에서 부를 영원한 찬송의 전주곡이다.

Chapter 2
놀라운 구원 그리고 예배

Chapter 2
놀라운 구원 그리고 예배

할렐루야! 새 노래로 여호와께 노래하며
성도의 회중에서 찬양할지어다(시 149:1)

　우리는 피조물로서 창조주를 찬양하며, 그 분의 창조의 위대성과 무한성을 찬양할 뿐 아니라, 구속받은 자로서 구속주이신 주님을 찬양해야 한다.
　죄로 멸망당하였던 우리는 하나님 앞에서 예배의 자리를 박탈당하고 사단을 섬기는 존재로 타락하고 말았었다. 그러나, 그리스도께서 대속의 죽으심으로 그 피로 구속하셔서서 우리를 예배자가 되게 하셨다. 그러므로 구속은 우리에게 예배의 타당성과 당위성을 제공한다. 구원받은 성도들에게 예배의 타당성에 대하여 성경이 말하는 바를 좀 더 자세히 살펴보자.

하나님의 주권과 예배

　개혁주의 신학자들은 칼빈의 공헌을 지대하게 여긴다. 그는 기독교강요에서 하나님의 주권을 중심으로 막대한 양의 기독교 교의의 기둥을 세웠다. 그러므로 칼빈주의의 가장 핵심적인 기둥은 '하나님의 주권' 사상이다. 그는 하나님의 주권을 로마서 11장 36절에서 발견하였으며, 성경을 관통하는 중요한 구절로 인식하였다.

> "이는 만물이 주에게서 나오고 주로 말미암고 주에게로 돌아감이라 영광이 그에게 세세에 있으리로다 아멘!"(롬 11:36)

이 구절은 온 우주와 피조물들, 즉 존재하는 모든 것들에 대한 하나님의 주권을 말하고 있다. 만물이 주로 말미암아 생겨났다. 그 분이 통치하시고 섭리하신다. 그 분으로 말미암아 종결된다. 그러므로 그 분은 만물의 통치자요 왕이며 소유주이다. 하나님의 위대하심과 광대하심과 지혜와 지식의 부요함은 그 누구도 측량할 수 없다. 그 분은 위대한 왕이다. 그러므로 온 우주는 그에게 영광을 돌려야 한다.

> "하나님은 복되시고 홀로 한 분이신 능하신 자이며 만왕의 왕이시며 만주의 주시요 오직 그에게만 죽지 아니함이 있고 가까이 가지 못할 빛에 거하시고 아무 사람도 보지 못하였고 또 볼 수 없는 자시니 그에게 존귀와 영원한 능력을 돌릴찌어다 아멘!"(딤전 6:16)

그런데 바울은 이것을 선포함으로 끝나지 않았다. 그 분이 절대주권자요 왕이심을 선포하는 것으로 끝나 버리면 안 된다. 곧이어 바울은 구원받은 성도들이 가장 우선적으로 해야 할 당연한 일을 언급하고 있다.

> "그러므로 형제들아 내가 하나님의 모든 자비하심으로 너희를 권하노니 너희 몸을 하나님이 기뻐하시는 거룩한 산 제물로 드리라 이는 너희의 드릴 영적 예배니라"(롬 12:1).

그 분이 왕이심을 인식한다면 당연히 신령한 예배를 드려야 마땅한데, 그것은 몸으로 하나님께 거룩한 산 제사를 드리는 것이다. 그러므로 위 두 구절은 쌍벽을 이루며 조화를 이룬다. 이 두 구절은 서로 떨어질 수 없다. 11장 36절은 그 분의 왕이심을 선포하고, 12장 1절은 그 분의 왕 되심에 대해 우리가 취해야 할 마땅한 삶의 지표를 제시하고 있다.

구원과 예배

그 분이 온 우주, 하늘과 땅의 왕이요 주권자이시다. 그러나 타락한 인생들은 하나님의 형상대로 지음받고 하나님의 대리자가 되어 만물을 다스릴 수 있는 특권을 받았건만, 그 사실을 깨닫지 못하고 감사치도 않고 영광돌리지도 않고 그 분을 거역하며 오히려 마음이 우둔하여져서 각종 우상들을 만들어 섬기고 말았다.

누가 창조주 하나님, 우리를 이 땅에 내신 자를 알고 그 분을 섬기며 하늘과 땅의 절대군주이신 그 분께 합당한 경배를 드릴 수 있을까?

로마서 1장부터 11장까지 로마서의 전반부에서는 인간의 타락과 타락으로부터의 구원에 대하여 다루고 있다. 인간은 자력으로 하나님의 율법을 지키지 못하고 죄인으로 정죄받아 멸망당할 수밖에 없었는데, 긍휼이 풍성하신 하나님께서는 율법이 아닌 다른 방법으로 사람들을 구원하시기를 원하셨다. 즉 예수 그리스도를 믿음으로 말미암아 의롭다 하심을 얻고 하나님의 자녀가 되게 하셨다. 긴 역사를 통하여 그 누구도 율법을 지키는 행위로 구원받을 자가 아무도 없음이 판명되었다. 하나님은 행위로가 아니라, 회개하고 그리스도를 믿음으로 구원 얻는 길을 주신 것이다.

불교와 이슬람교는 자력으로 여러 가지 율법들을 지킴으로써 구원받는다고 말한다. 석가모니의 가르침의 요지는 4제와 8정도이다. 사제는 고제,

집제, 멸제, 도제이다. 고제는 인간의 모든 삶이 고통이라는 것인데, 그 깨달음은 인간의 타락의 결과를 잘 반영하는 정확한 깨달음이라고 본다. 집제는 고(苦)의 원인을 말해 주는데, 모든 고통의 원인은 곧 집착에 있다는 것이다. 집착을 탐욕이라고 할 때, 그것은 성경과 비교해도 상당히 옳다. 아담과 하와가 하나님같이 되고자 하는 욕망으로 선악과를 따 먹은 것이 온 인류에게 멸망과 고통을 가져다 주었으며 많은 죄들이 인간의 탐욕에서 기인한다. 멸제는 집(集: 탐욕과 고뇌)을 멸해야 한다는 것인데, 수도(修道)를 통하여 고뇌의 원인이 되는 업을 멸하여 마침내 무업(無業)을 이루는 게 목표다. 그러나 속세인생은 움직이기만 하면 자꾸 업을 만들어 가기 때문에 업을 멸하기는 불가능하다. 그 집(集) 즉 욕망을 멸하는 과정을 도제, 팔정도(八正道)[2]라고 하며, 팔정도를 통하여 해탈에 이르기까지 추구한다.

팔정도를 지킴으로써 과연 해탈에 이를 수 있을까? 해탈이란 내용도 사실 허무한 것이거니와 팔정도를 다 지키는 것도 불가능하다. 그러므로 끝없는 수도를 행하지만 인간은 절망할 수밖에 없다. 그래서인지 소승불교를 믿는 스리랑카가 세계에서 자살율이 가장 높다고 한다. 자력구원의 길이란 너무나 멀고 험하여 절망만 남는다.

이슬람에서도 예수님을 위대한 선지자로 인정하지만, 예수께서 십자가에 죽기 직전 알라에 의해 구출받아 승천함으로써 죽음을 보지 않고 승천하였다고 말한다. 그러므로 속죄가 없으며, 무슬림들은 자력으로 알라의 계율들을 지킴으로써 천국에 갈 수 있다고 가르친다. 그러나 저들이 행하는 불순종과 죄악들에 대하여는 구속받을 길이 없다.

우리 주님은 우리가 지은 모든 죄값을 대신 담당하시고 십자가에서 정

---

[2] 불교에서 해탈을 위해 정진하는 도성제의 여덟 가지 규율로서 정견(正見), 정사(正思), 정어(正語), 정업(正業), 정명(正命), 정정진(正精進), 정념(正念), 정정(正定)을 가리킨다.

죄를 당하여 죽으심으로 우리의 죄악을 속하여 주셨다. 회개하고 그 분을 주(主)와 구주로 믿음으로써 하나님 앞에 나아가게 하시고 하나님의 자녀가 되며 하나님을 섬기고 영원한 생명을 얻게 하셨다.

그러므로 로마서 11장까지 구원론을 말하고, 12장부터는 구원받은 하나님의 자녀들이 어떻게 살아야 할지를 말하였다. 바르게 삶으로써 구원받는 게 아니라, 은혜로 구원을 받아 하나님의 자녀가 되게 하시고 하나님의 자녀로서 바른 삶을 살도록 요청하는 것이다.

하나님 자녀들의 생활을 언급할 때 가장 먼저 나오는 것이 12장 1절, '자신을 거룩한 산제사로 드리라'는 예배의 명령이다. 왕이신 하나님을 우리는 알지 못하였는데, 그리스도의 은혜로 구원받았으므로 하나님을 알고, 이제 그 분을 예배하는 자가 된 것이다! 타락한 영혼은 눈이 어두워져서 하나님을 알지 못하고 우상과 자기와 물질을 섬긴다. 그러나 하나님은 택하신 자들을 구원하시어 그들의 죄를 씻어 주시고 그 영혼을 성령으로 새롭게 거듭나게 하셔서 하나님을 알고 하나님을 예배하게 하셨다. 그러므로 구속받은 성도들은 우리를 지으신 창조주요, 왕이시며 우리를 구원하신 아버지 하나님을 온 마음을 다해 예배하여야 한다.

예배는 구원받은 성도들이 해야 할 가장 우선적인 일임을 명심해야 한다. 로마서 12장부터 바울 사도는 예배론을 언급한 다음, 교회에서의 은사와 봉사론(12:3-13), 대인관계론 (12:14-21), 시민생활론(13:1-7), 사랑의 생활(13:8-10), 정결(13:11-14), 덕을 세우는 생활(14, 15장) 등을 가르치고 있다. 이 모든 것이 귀중한 교훈이지만, 그 가운데 가장 먼저 예배론을 언급한 것은 예배는 구원받은 하나님의 자녀들이 우리의 아버지요, 온 우주의 왕이신 하나님께 드려야 할 가장 중요하고 우선적이며 마땅한 일임을 계시해 준 것이다.

제사장으로의 부르심

구원은 단순히 하나님의 집 뜨락에서 구경하고 노는 게 아니다. 구원은 영광의 하나님 앞으로 부름받는 엄숙한 부르심(calling)이며, 하나님을 섬기는 자리로 부름 받는 것이며, 그 섬기는 일은 곧 제사장으로서의 일이다.

> "또 충성된 증인으로 죽은 자들 가운데서 먼저 나시고 땅의 임금들의 머리가 되신 예수 그리스도로 말미암아 은혜와 평강이 너희에게 있기를 원하노라 우리를 사랑하사 그의 피로 우리 죄에서 우리를 해방하시고 그 아버지 하나님을 위하여 우리를 나라와 제사장으로 삼으신 그에게 영광과 능력이 세세토록 있기를 원하노라"(계 1:5, 6).

> "새 노래를 노래하여 가로되 책을 가지시고 그 인봉을 떼기에 합당하시도다 일찍 죽임을 당하사 각 족속과 방언과 백성과 나라 가운데서 사람들을 피로 사서 드리시고 저희로 우리 하나님 앞에서 나라와 제사장을 삼으셨으니 저희가 땅에서 왕노릇 하리로다 하더라"(계 5:9, 10).

예수 그리스도는 하나님 우편에서 우리를 위한 큰 대제사장으로서 하나님과 우리 사이에 중보의 일을 하신다. 그리고 우리를 불러 속죄하시고 깨끗하게 하시어 하나님 앞에 제사장으로 섬기도록 하셨다. 이 제사장은 다른 사람들의 죄를 속죄하기 위한 제사를 드리는 것은 아니다. 예배로 하나님을 섬기는 제사장이며, 다른 사람들을 위하여 중보의 기도를 드리는 제사장이다. 백성들을 대표하여 하나님을 섬기는 제사장은 얼마나 크고 거룩한 특권인가!

> "너희도 산 돌같이 신령한 집으로 세워지고 예수 그리스도로 말미암아 하

나님이 기쁘게 받으실 신령한 제사를 드릴 거룩한 제사장이 될지니라"(벧전 2:5-6).

"오직 너희는 택하신 족속이요 왕 같은 제사장들이요 거룩한 나라요 그의 소유된 백성이니 이는 너희를 어두운 데서 불러내어 그의 기이한 빛에 들어가게 하신 자의 아름다운 덕을 선전하게 하려 하심이라"(벧전 2:9).

우리는 왕 같은 제사장으로 부름받았다. 왕적 존귀를 지닌 제사장이란 의미이다. 제사장은 왕 같은 존귀가 있는 자다. 하나님 앞에 나아가는 자이기 때문이다. 그래서 구약시대에 왕, 제사장, 선지자들은 기름부으심을 받았다. 기름부으심은 성령의 임재를 상징한 것이었다. 하나님의 성령이 부어지는 것은 거룩한 일이며 말할 수 없이 존귀한 일이다. 우리는 이 존귀를 너무 가벼이 여기는 경향이 있다. 그래서는 안 된다. 주님의 소명, 제사장으로의 부르심의 존귀를 감사히 여기고 찬양하며 나아가자. 제사장이 그 하나님 앞에 나아가는 존귀를 망각하고 뒷거래나 욕심을 낸다는 것은 얼마나 망령된 일이며 어리석은 일인가.

제사장의 존귀를 망령되게 하였던 자들은 그 대가를 받았다. 아론의 장자와 차자였던 나답과 아비후는 제사장의 위임식을 마치고 술을 마시며 브라보를 외쳤다. 그리고 분향하러 성소에 들어갔다가 여호와의 불에 타 죽고 말았다(레 19:1-2). 그들이 술을 마셨다는 기록은 나와 있지 않지만 그 사건 직후에 여호와께서 모세에게 하신 말씀을 보면 그들이 술을 마시고 실수한 것임을 알 수 있다(레 10:8-10).

엘리의 두 아들 홉니와 비느하스도 성막에서 수종드는 여인들을 성추행하고 제물을 제멋대로 갈취하였다. 그들은 전쟁에 법궤까지 가지고 나갔으나 법궤를 빼앗기고 자신들도 죽고 말았다. 거룩한 존귀를 망령되게 사용한 자들에 대한 경고이다. 예배는 하나님의 임재 앞에서 그 분을 경외하는 것이며 그 분을 높이는 것이다. 왜 저들이 망령된 행동을 하였을까. 하나님을 두려워하지 않고 하나님의 임재에 대한 인식이 없었기 때문이다.

오늘 현대 교회에서도 평신도 지도자들이 강단에서 목회자를 끌어 내리고 기름 부어 세운 목자를 폭행하며 교회를 좌지우지 하는 자들을 본다. 그들은 하나님의 임재에 대한 관념이 전혀 없는 자들이며 악한 영에 사로잡힌 자들이다. 목회자가 그런 평신도 지도자를 만난다면 인간적인 술수로 다루어서는 안 된다. 사시는 하나님께 완전히 의탁 드려야 한다. 목회자 역시 교회의 설교강단과 사역을 세속적 직업으로 인식하여 일하는 태도를 가진 이들이 있다. 그런 자들의 사역에 하나님의 임재가 나타날 수 없다. 그 예배는 하나의 의식일 뿐이며 그들은 한낱 종교 쇼를 진행할 뿐이다.

거룩하신 하나님 앞에 거룩한 예배를 드리기 위해 엎드려야 한다. 기름부음을 받아야 한다. 성령과 진리로 예배하지 않는 예배는 세속적 욕심과 위선으로 얼룩지게 된다. 그런 예배는 하나님의 제단 뜰만 밟는 일이며 하나님의 심기를 불편하게 해 드리는 일이다. 하나님의 오래 참으심 때문에 멸망이 속히 오지 않을 뿐이지, 하나님이 보시지 않는 것이 아님을 알아야 한다.

거룩한 부름을 받고 기름부음을 경험하고도 나답과 아비후 같은 우(愚)를 범할 수 있는 우리들이기에 이런 시를 써 본다.

나답과 아비후

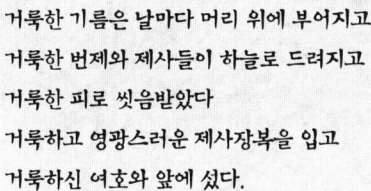

이스라엘의 대제사장 아론의 장자와 차자
영광스러운 이스라엘의 제사장으로
엄숙한 칠 일간의 위임식을 행하였다.

거룩한 기름은 날마다 머리 위에 부어지고
거룩한 번제와 제사들이 하늘로 드려지고
거룩한 피로 씻음받았다
거룩하고 영광스러운 제사장복을 입고
거룩하신 여호와 앞에 섰다.

아, 제 팔 일.
하늘의 불로 응답하시는 거룩한 영광을 보았도다!
두려운 황홀.
거룩한 영광.
감격의 눈물.

긴장과 영광 속에 진행된 위임식이 끝난 제 팔 일,
형과 아우는 샴페인을 터트렸다
당나발!
(당신과 나의 발전을 위하여!)
개나발!
(개인과 나라의 발전을 위하여!)
원샷!
(원하는 대로 마셔 버려!)
완샷!
(한번에 들이켜!)

일 년간 감옥 같은 방주에서 나온 후
호탕하게 취했던 노아처럼
우리도 마음껏 마셔 보자!
앞으로 우리는 일생 여호와의 제사장으로
만 백성 위에 존경받으며 성직을 수행하리라!

저녁제사를 드리는 시간 …
자.
엄숙하고 진지하게
거룩하게
제사를 드려 보자.
취기에 비틀거리지만 자신만만하다.

어디선가 구해낸 불로 향단에 불을 붙이는 찰라
아!
영광의 제 팔 일의 해가 채 지기도 전에
거룩한 진노의 화염이 두 제사장들을 삼켜 버렸다.
소돔고모라를 태우던 유황불처럼.
폼페이를 삼키던 베스비어스 화산의 용암처럼.

제 팔 일을 삼가지 못하여
영광이 재로 변했구나.

하나님의 종들이여!
은총받은 종들이여!
그대의 제 팔 일을 첫날처럼 보내시오.
평생에 걷는 똑같은 길을
날마다 처음처럼.

거룩한 제사장으로의 부르심을 경홀히 여기지 말자. 이 부르심은 놀라운 축복이며 엄청난 기회이다. 이 기회를 살려 최선을 다하여 주님을 섬겨야 한다.

오벧에돔이 바로 그랬던 것이다. 블레셋에서 벧세메스로 향하는 암소가 끄는 수레에 의해 운반되어 돌아온 여호와의 언약궤는 아비나답의 집에서 약 70년간 머물렀다.

그런데 아비나답의 집에서 70년간 여호와의 궤를 모신 결과는 무엇인가? 그 가정이 복을 받았다는 기록이 없을 뿐만 아니라, 소들이 뜀으로 인해 웃사가 궤를 붙잡았다가 죽고 말았다. 70년 동안 여호와의 궤를 모신 결과가 아들 웃사만 잃는 슬픔을 가져왔다. 그 정황을 본 다윗은 여호와를 두려워하여 법궤를 도중에 오벧에돔의 집으로 모셔가게 하였다. 그런데 오벧에돔의 집에 석 달을 머무는 동안 여호와께서 오벧에돔의 온 집에 복을 주셨다. 그 소식이 다윗에게 들리자 다윗은 용기를 내어 법궤를 예루살렘으로 모셔왔다.

여기서 심히 궁금한 것은 오벧에돔이 어떻게 하나님을 섬겼길래 3개월이란 짧은 기간 동안 그렇게 복을 받았을까?

묵상한 바 얻은 결론은 다음과 같다. 오벧에돔은 아비나답의 집에서 법궤가 나올 때 벌어졌던 일, 즉 웃사의 죽음에 관계된 일, 뿐만 아니라 그 이전에 블레셋에서 블레셋인들을 저주로 치셨던 일이나 이스라엘 백성이 법궤를 열어 보려다가 죽은 일 등을 잘 알고 있었다. 그러므로 다윗 왕이 여호와를 크게 두려워하여 궤를 자기 집으로 가져오는 일을 멈추지 않았던가! 그런 여호와의 언약궤를 오벧에돔의 집으로 모시게 된 것은 영광이라기보다는 자칫하면 온 집안이 몰살될 수 있는 두렵고 떨리는 일이었다. 그러므로 오벧에돔은 죽음의 기로에 선 사람처럼, 근신함과 경외함으로,

마음을 다하고, 뜻을 다하고 힘을 다하여 하나님 앞에서 섬겼을 것이다. 그것이 여호와께서 오벧에돔의 온 집에 석 달 동안 복을 부어 주신 이유라고 본다.

반면에 아비나답은 처음에는 엘리에셀을 거룩히 구별하여 잘 섬겼지만 오랜 기간 궤가 머무는 동안 타성에 젖었을 가능성이 있다. 동일한 하나님의 법궤를 모시는 일이지만, 한 사람은 죽음을 맛보았고, 한 사람은 큰 복을 받았다. 오늘날 성령 하나님이 우리 심령에 오셔서 살지만, 성령님을 경홀히 여긴다면 복을 받을 수 없다. 성령님을 모신 전인 자기 몸을 죄에 드려서는 복을 받을 수 없다. 그러나 성령님의 임재를 감사히 여기며 목숨을 걸고 마음과 정성과 힘을 다해 섬긴다면 얼마나 하나님께서 기뻐하시고 놀라운 일들을 이루시겠는가!

> "세계가 다 내게 속하였나니 너희가 내 말을 잘 듣고 내 언약을 지키면 너희는 열국 중에서 내 소유가 되겠고 너희가 내게 대하여 제사장 나라가 되며 거룩한 백성이 되리라"(출 19:5-6).

공동체적 예배와 개인적 예배

우리는 오랫동안 예배는 으레껏 교회당에서 공동체적으로 드려야 하는 것으로 이해해 왔고 그렇게 길들여져 왔다. 예배는 예배당이란 장소가 있어야 하고, 목사나 사제 같은 성직자가 있어야 하며, 예배 의식이 있어야 한다는 종교적인 생각을 해 왔다. 그것은 '신령과 진정으로 예배하라'는 주님의 말씀과는 상관이 없는 우리의 고정관념이다.

물론 공동체가 모였을 때 용이하게 예배드리기 위해 그런 요소들이 필요하고 도움이 되는 것은 사실이다. 그러나 예배의 기원을 보면 공동체적 예배보다 개인적 예배가 훨씬 오래되었으며, 실제 더 중요한 것이다. 우리는 개인적 예배에 대해 인식해야 하며 그것을 우리 생활 속에서 회복시킬 필요가 있다.

아담과 하와는 창조된 직후부터 하나님을 예배하였다. 즉 그 분의 아름다움을 찬양하고 그 분께 감사하며 그 분의 사랑과 선과 자비를 기뻐하였다. 타락한 후 그들은 메시아의 약속을 믿고, 하나님 앞에 개인적 예배를 드렸을 것이다. 타락 이전에는 피 없이 삶과 입술의 고백만으로 예배하였으나 타락 후에는 피 제사가 포함되어야 했다. 가인과 아벨의 제사는 결코 인류의 첫 제사가 아니라 그들의 부친 아담과 하와로부터 보고 듣고 배운 결과였을 것이며, 성경에 기록된 아벨과 가인의 제사는 연속적인 많은 제사들 가운데 일부였을 것이다. 그러므로 처음의 예배는 개인적으로 시작되었고, 모든 시대에 경건한 하나님의 자녀들은 모두 개인적으로 하나님을 찾고 섬기는 개인적 예배생활을 드렸다.

공동체적 예배는 셋이 에노스를 낳은 무렵부터 시작된 듯하다.

> "셋도 아들을 낳고 그 이름을 에노스라 하였으며 그 때에 사람들이 비로소 여호와의 이름을 불렀더라"(창 4:26).

그러나 공동체의 예배는 구약시대에 긴 기간 동안 그다지 성공적으로 이루어지지 못하였다. 족장시대에 간헐적으로 여기저기서 셋의 후손들이 공동체적 예배를 드렸을 것이며, 모세시대에 광야에서 이스라엘은 매일 아침과 저녁으로 성막을 향해 서서 예배하였고, 아마 여호수아 때까지 공동예배는 지켜졌다고 본다. 그러나 오랫동안 끊겨지다가 다윗이 예루살렘에 도읍하고 통일왕국의 왕이 된 이후 그가 세운 장막에서 잘 정비되고 제도화된 예배를 드렸다. 그런 예배는 솔로몬 때까지 이어졌으나 솔로몬이 이방여인들에게 마음을 빼앗기며 영적 생활에 등한히 하면서 점차 감소하다가, 열왕시대에는 아사, 여호사밧, 웃시야, 요아스, 히스기야, 요시아 등 개혁시대에 공동체적 예배의 회복이 간간이 있었다. 북왕국에서는 엘리야에게 하나님께서 "바알에게 무릎을 꿇지 않은 칠천을 남겨두었다"고 하신 것처럼 칠천인이 숨은 곳에서 개인적으로 하나님을 예배하였다는 것을 알 수 있다.

그리고 주전 606년 바벨론의 침공을 받았으며, 포로시대에 성전이 불탄 후 이스라엘 백성들은 흩어진 곳에서 회당 중심의 예배를 탄생시켰다. 포로에서 풀려나 이스라엘로 귀국한 백성들은 성전을 재건하고 다시 예배를 회복하였다. 그 예배는 계속 지속되었으나 시리아의 안티오커스 에비파네스의 통치하에서 멸망의 가증한 것을 예루살렘 성전에 두고 성전을 모독하면서 공동체적 제도적 예배는 3년 반 동안 폐해졌으며, 이 시기에 개인적으로 경건한 종들은 숨어서 하나님을 예배하였다.

공동체의 예배와 개인의 예배는 경건생활에 있어서 중요한 양대 축이다. 양자는 서로 보완적이며 서로 격려를 준다. 많은 사람들은 주일에 공동체 예배의 중요성을 인식하고 열심히 예배한다. 그러나 평일의 개인적 예배를 소홀히 한다면 그의 영혼은 매우 피곤하고 무척 힘이 들 것이며 주일예배도 온전히 예배드리지 못할 것이다.

어떤 이들은 혼자서 예배를 잘 드리면 되지 않느냐고 반문하는 이가 있는데, 그는 개인적 예배도 드리지 않는 자일 것이다. 아마 지구촌에서 공동체의 예배를 드리지 않은 채 개인 예배를 열심히 드리는 이들이 있다면 그들은 핍박 중에 있는 성도들일 것이다. 과거 구소련에서 박해 중에 성도들은 은밀하게 개인적으로 예배하며 기도하였으며, 지금도 북한에서, 이슬람 지역에서 당국의 감시를 피하여 홀로 하나님을 찾는 성도들은 개인적 예배를 드리면서 하나님을 만난다.

그러므로 우리는 공동체의 예배를 열심히 드릴 뿐 아니라, 매일 매일 개인적 예배를 온전히 드려야 한다. 그것은 얼마나 우리의 삶을 복되고 풍요롭게 하는지!

나는 주님께로부터 이 진리를 배운 때부터 열심히 아침과 저녁으로 예배하는 생활을 힘썼는데, 그 때부터 나의 영혼은 과거와 비교할 수 없이 놀랍게 변화되었음은 두말할나위가 없다.

제1계명의 싸움

예배는 이미 제1계명에서 명해진 것이다. "나 외에 다른 신을 두지 말라"는 말씀은 창조주 하나님께만 예배하라는 명령이다. 고대 사회에서 사람들은 타락하면서 하나님 외에 수많은 신들을 만들어 섬겼다. 인류의 역사는 하나님께서 모세를 통해 주셨던 십계명의 제1계명대로 살아 하나님만 예배하느냐 그에 실패하고 사단을 섬기느냐의 치열한 싸움판이었다.

하나님께서는 아브라함을 갈대아 우르에서 불러내어 가나안으로 가게 하셨다. 가나안 사람들은 하나님을 떠나 살며 우상을 섬기는 자들이었다. 그러나 아브라함은 가는 곳마다 항상 하나님을 예배함으로써 하나님을 기쁘시게 하였다. 사단에게 영혼을 바치고 예배를 상실하고 그들의 왕과 주를 잃은 백성들 가운데 살면서 그는 살아계시며 참되신 하나님을 예배하였다. 이것이 곧 선교적 삶이다.

하나님께서는 자기 백성들에게 "나 외에 다른 신을 네게 두지 말라!"고 명하셨다. 하나님께 예배드리지 않는 것은 곧 사단을 숭배하는 것으로 빠지게 된다. 인류의 역사는 사단에게 경배하느냐, 살아계시고 참되신 하나님만 예배하느냐의 싸움이었다. 즉 타락 이후 잃어버린 예배를 회복하고 하나님 중심의 백성을 세우느냐 그렇지 못하고 사단에게 패배하느냐 하는 싸움의 역사였다. 이것이 바로 영적 전투이다.

　노아, 아브라함, 모세, 다윗, 히스기야, 요시야 등은 예배를 회복한 사람들이었으며 하나님께서는 그들을 통하여 그 시대 사람들에게 하나님 나라의 권세와 평강과 구원을 나타내 주셨다. 하나님은 독생자 예수님을 보내 주셔서 우리를 죄에서 구원하셨고, 구원받은 자기 백성들이 온전히 그분을 예배하기 원하신다. 예배를 통해 하나님께 성공적으로 나아가는 것을 돕기 위해 성령께서 오셨다. '신령과 진리로 예배한다'는 말은 성령을 통해 진리이신 그리스도를 중보로 예배하는 것이다. 우리는 예배의 대상이신 하나님 아버지께 그리스도의 의와 이름을 통하여 성령의 도우심으로 예배한다. 이 모든 장치에도 불구하고 그리스도인들이 예배를 소홀히 하기 때문에 사단과의 영적 전쟁에서 패배하고, 예배를 빼앗기고 아버지를 빼앗기고 영적 생명을 도적질당한다. 예배를 회복하고 제1계명을 온전히 성취해야 한다. 주일에 공동체적 예배뿐 아니라, 평일에 그 곳이 어느 곳이든 하나님께 개인적으로 시간과 장소를 내어 드려 하나님을 찾고 높이고 구하고 기도하며 찬양해 보라. 얼마나 하나님께서 기뻐하시는지!

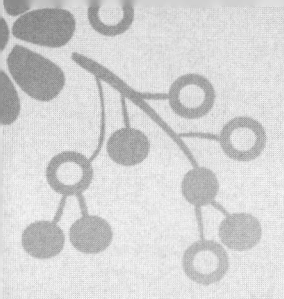

Chapter 3
하나님의 이름을 높이라

Chapter 3
하나님의 이름을 높이라

혹은 병거 혹은 말을 의지하나
우리는 여호와 우리 하나님의 이름을 자랑하리로다" (시 20:7)

    하나님의 존재는 무한하시고 위대하시고 선하시고 아름다우시다. 그 존재가 우리의 찬양의 주제가 되며 찬양할 이유가 된다. 그런데 하나님의 존재는 너무나 무한하여 우리가 그 존재를 인식하기 어렵다. 그러므로 하나님께서는 우리에게 당신의 이름을 계시해 주셨다. 물론 이름이란 어떤 유한성을 지니기 때문에 하나님께 이름을 붙인다는 게 하나님의 무한성을 가리게 할 수 있다는 생각을 할 수도 있다. 그럼에도 불구하고 하나님께서 우리에게 자신의 이름을 계시해 주신 것은 무한하신 당신께서 우리에게 가까이 다가와 주시기 위함이다. 하나님께서는 우리에게 당신의 이름들을 여러 가지 형태로 계시하셔서 그 분의 무한한 속성을 더 쉽게 이해하도록 하시고 우리가 당신을 보다 쉽게 알도록 하셨다.

    주님께서는 주기도문에서 "이름이 거룩히 여김을 받으시며"라고 기도하도록 가르치셨다. 하나님의 이름에 거룩함과 존귀함을 돌리는 것은 곧 예배의 중요한 특징이다.

- "그 때에 사람들이 비로소 여호와의 이름을 불렀더라"(창 4:26).

- "그가(아브라함) 그 곳에서 여호와를 위하여 단을 쌓고 여호와의 이름을 부르더니"(창 12:8).

- "그가 남방에서부터 발행하여 벧엘에 이르며 벧엘과 아이 사이 전에 장막 쳤던 그 곳에 이르니 그가 처음으로 단을 쌓은 곳이라 그가 거기서 여호와의 이름을 불렀더라"(창 13:3, 4).

이와 같이 오래전부터 하나님의 사람들은 여호와의 이름을 부름으로써 여호와 하나님의 존재를 찾고 구하고 높이며 예배하였다. 여호와의 이름은 그 이름을 부르는 자에게 승리와 축복을 안겨 준다.

- "환난 날에 여호와께서 네게 응답하시고 야곱의 하나님의 이름이 너를 높이 드시며"(시 20:1).

- "혹은 병거 혹은 말을 의지하나 우리는 여호와 우리 하나님의 이름을 자랑하리로다"(시 20:7).

하나님의 이름이 그를 높이시고 영화롭게 하신다. 그 이름이 대적을 만났을 때 승리하게 하며 자랑하게 한다. 하나님의 이름을 높이고 예배하는 자에게 주어지는 축복이다. 그러므로 우리가 하나님을 묵상하며 높이기 위해 그 분의 이름을 이해하고 묵상하는 것은 아주 중요한 일이며, 따라서 예배할 때 그 분의 이름들을 한 가지씩 묵상하는 것은 우리의 영이 그 분 앞에 나아가고 그 분을 높이는데 큰 도움을 준다. 성경에 계시하신 하나님의 이름들을 몇 가지 생각해 보자.

1. 엘로힘

고대 근동에서 하나님을 의미하는 단어는 'El'(אל)이었다. 'El'은 '전능한', 또는 '강한'이란 뜻을 가진 고대 근동의 신(god)을 의미하였다. 그런데 '엘로힘'은 그 '엘'의 복수형태이다. 그러므로 엘로힘은 근본적으로 전능하신, 강하신 하나님을 나타낸다. "너희의 하나님 여호와는 신의 신이시며, 주의 주이요, 크고 능하시며 두려우신 하나님이시라"(신 10:17)고 한 대로 전능하신 분이시다.

모세는 창조주 하나님의 이름을 최초로 기록할 때, 당시 통용되던 신명(神名) '엘'의 복수형태인 '엘로힘'을 사용하였다. 그것은 일반적으로 두 가지 해석이 가능하다. 첫째, 하나님은 삼위일체이시기 때문에 삼위로서, 서로 "우리가 우리의 형상대로 사람을 만들자"라고 하신 것처럼, 삼위의 반증이란 해석이다. 또 다른 하나는 장엄성을 나타낸 복수란 것이다. 하나님은 장엄하시기 때문에 단수가 아닌 복수형태를 취했다는 것이다. 예컨대, 히브리어에서 얼굴(פנים: 파님)은 복수이다. 얼굴은 하나이지만, 웃는 얼굴, 찡그린 얼굴, 화난 얼굴, 울적한 얼굴, 심각한 얼굴 등 아주 다양한 표현이 가능하기 때문이다. 바다(מים: 야밈) 역시 복수형태를 취하는데, 바다는 고요함, 요동침, 폭풍이 몰아침 등 아주 다양한 광경을 연출하기 때문일 것이다.

하나님을 복수로 한 것은 하나님의 역사의 광대함과 위대성, 장엄함 등을 나타낸 것이다. 우리는 엘로힘 하나님을 고백할 때, 우주만물을 위대하고 지혜롭게 창조하신 하나님의 장엄하심과 위대하심, 끝없는 지혜를 찬양해야 할 것이다.

사도 요한은 하늘의 보좌 앞에 이십사 장로들이 세세토록 사시는 하나님께 면류관을 벗어 던지며 찬양하는 광경을 보았다.

"우리 주 하나님이여! 영광과 존귀와 능력을 받으시는 것이 합당하오니 주께서 만물을 지으신지라 만물이 주의 뜻대로 있었고 또 지으심을 받았나이다"(계 4:11).

2. 엘 엘리온

하나님의 이름 אֵל עֶלְיוֹן (엘 엘리온)은 아브라함이 그돌라오멜의 군대를 쳐서 포로들을 빼앗고 돌아오는 길에 살렘 왕 멜기세덱이 아브라함을 환영하면서 "천지의 주재시요 지극히 높으신 하나님(엘 엘리온)이여! 아브라함에게 복을 주옵소서. 너희 대적을 네 손에 붙이신 '천지의 주재시요 지극히 높으신 하나님'(엘 엘리온)을 찬송할지로다"(창 14:19-20)라고 한 데에서 비롯되었다. 이에 아브라함은 그 얻은 전리품들의 십일조를 살렘 왕에게 주었으며, 소돔 왕에게 이르기를 "천지의 주재시요 지극히 높으신 하나님 여호와께 내가 손을 들어 맹세하노니… 네게 속한 것은 무론 한 실이나 신들메라도 내가 취하지 아니하리라"(창 14:23)라고 하였다.

여기서 아브라함은 멜기세덱이 지칭한 그대로 하나님의 이름을 지칭하였다. 하나님은 천지의 주재시며, 지극힌 높으신 창조주시다. 그 분은 이스라엘의 구속자시며 지금도 그러한 지존하신 하나님이시다. 그리고 그 분은 인간들의 모든 문제를 주관하고 계시는 하나님이시다.

바벨론의 느브갓네살 왕은 그 진리를 깨달았다(단 4장). 그는 바벨론 제국이 자신의 능력과 권세로 건설된 것이라고 자긍하였다. 그 순간 "느브갓네살아 나라의 위가 네게서 떠났느니라"는 하늘의 음성이 들려왔다. 그는 왕위에서 쫓겨나 일곱 때(아마 7년)를 광야에서 소처럼 풀을 먹고 이슬을 먹으며 야생의 생활을 하였다. 일곱 때가 되었을 때 그의 총명이 돌아오고 다시 왕위에 복귀되자, 그는 지극히 높으신 하나님께서 천지와 세상 나라를 통치하시는 분임을 깨닫고 이렇게 고백하였다.

"그 기한이 차매 나 느브갓네살이 하늘을 우러러 보았더니 내 총명이 다시 내게로 돌아온지라 이에 내가 지극히 높으신 자에게 감사하며 영생하시는 자를 찬양하고 존경하였노니 그 권세는 영원한 권세요 그 나라는 대대에 이르리로다 땅의 모든 거민을 없는 것같이 여기시며 하늘의 군사에게든지 땅의 거민에게든지 그는 자기 뜻대로 행하시나니 누가 그의 손을 금하든지 혹은 이르기를 네가 무엇을 하느냐 할 자가 없도다"(단 4:34-35).

느브갓네살의 깨달은 진리는 하나님은 지극히 높으실 뿐 아니라, 자기 뜻대로, 누구의 조언이나 간섭이 필요 없이 모든 나라를 통치하시는 절대자라는 사실이다.

당신이 어떤 경영자의 위치에 서 있는가? 지극히 높으신 하나님께서 당신을 그 자리에 세우신 줄 알고 그 분을 높이라. 느브갓네살 왕처럼 그 분께 돌려야 할 영광을 자신이 가로채지 마라. 당신의 직업과 위치와 모든 것을 축복하시는 하나님께 모든 경영을 의탁하고 그 분께만 영광을 돌리라. 하나님의 경영에 대하여 성경은 이렇게 말씀하고 있다.

"만군의 여호와께서 말씀하여 가라사대 나의 생각한 것이 반드시 되며 나의 경영한 것이 반드시 이루리라 … 만군의 여호와께서 경영하셨은즉 누가 능히 그것을 폐하며, 그 손을 펴셨은즉 누가 능히 그것을 돌이키랴"(사 14:24, 27).

하나님의 경영은 반드시 이루며 성취된다. 예수 그리스도께 대한 구약의 모든 예언들이 그리스도의 탄생과 생애와 죽음과 부활을 통하여 다 성취된 것을 살펴보면 하나님의 경영이 얼마나 확실한가를 알 수 있다.

> "다니엘이 말하여 가로되 영원무궁히 하나님의 이름을 찬송할 것은 지혜와 권능이 그에게 있음이여 그는 때와 기한을 변하시며 왕들을 폐하시고 왕들을 세우시고 … 깊고 은밀한 일을 나타내시고 어두운데 있는 것을 아시며 또 빛이 그와 함께 있도다"(단 2:20-23).

자식이 없음으로 브닌나에게 시달리며 고통을 당했던 한나는 하나님께 부르짖고 응답받아 사무엘을 낳은 후에 이렇게 찬송했다.

> "여호와는 죽이기도 하시고 살리기도 하시며 음부에 내리게도 하시고 올리기도 하시는도다 여호와는 가난하게도 하시고 부하게도 하시고 낮추기도 하시고 높이기도 하시는도다 가난한 자를 진토에서 일으키시며 빈핍한 자를 거름무더기에서 드사 귀족들과 함께 앉게 하시며 영광의 위를 차지하게 하시는도다"(삼상 2:6-8).

그는 인생의 생사화복에 대한 절대주권자시다.

> "해뜨는 곳에서든지 지는 곳에서든지 나밖에 다른 이가 없는 줄을 무리로 알게 하리라 나는 여호와라 다른 이가 없느니라 나는 빛도 짓고 어두움도 창조하며 나는 평안도 짓고 환난도 창조하나니 나는 여호와라 이 모든 일을 행하는 자니라 하였노라"(사 45:6-7).

그러므로 때로 우리가 환난이나 궁핍에 처할지라도 우리는 절망할 필요가 없으며 불평하지 말아야 한다. 형들로 인해 애굽으로 팔려 갔던 요셉이 형들에게 한 말은 하나님의 주권적 손길을 잘 나타내고 있다.

- "당신들이 나를 이 곳에 팔았으므로 근심하지 마소서 한탄하지 마소서 하나님이 생명을 구하시려고 나를 당신들 앞서 보내셨나이다"(창 45:5).

- "당신들은 나를 해하려 하였으나 하나님은 그것을 선으로 바꾸사 오늘과 같이 만민의 생명을 구원하게 하시려 하셨으니"(창 50:20).

그러므로 당신은 투덜되거나 불평하기 전에 당신의 엘 엘리온에게 달려가서 그 분의 이름을 신뢰하고 감사하라. 지극히 높으신 대 주재께 영광을 올리라.

3. 엘 로이

하갈은 아브라함의 아기를 임신하고 그 여주인 사래를 멸시하였다. 그로 인해 사래의 핍박을 받고 주인의 집에서 도망하였다. 정처 없이 떠나는 그녀의 슬픔과 설움은 말할 수 없었는데, 여호와의 사자가 광야의 술 샘 곁에서 그녀를 만나 사래에게 돌아가라고 하시면서 "내가 네 자손으로 크게 번성하여 그 수가 많아 셀 수 없게 하리라"(창 16:10)고 축복하셨다. 이에 하갈은 자기에게 나타나신 하나님의 이름을 "감찰하시는 하나님"(엘 로이: אֵל רֳאִי God of sight)이라고 하였으며 그 샘의 이름은 "브엘 라해 로이"라고 명명하였다(창 16:13-14).

하갈과 같이 답답하고 하소연할 길 없는 처지에 이를 때가 있다. 그런 때를 만나면 울분하고 좌절하고 타인에게 적개심을 품고 복수를 하거나 자신 스스로의 무능을 비관하여 알코올중독, 마약, 자해행위에 빠질 수 있다. 그럴 때 모든 것을 보시고 아시는 하나님, 공의롭게 판단하시고 인간을 복된 길로 이끄시는 하나님을 만나야 한다. 하갈은 그 하나님을 감찰하시는 하나님(God of sight), 즉 보시는 하나님(God of seeing)이라고 불렀다. 하나님은 안 계시는 곳이 없으시며 모르시는 것이 없는 눈을 가지고 계신다. 그분 앞에는 그 누구도 아무 것도 숨길 수 없다.

과거에 한 미국의 선교단체에서 개최하는 집회에서 찬양단 멤버 가운데 한 흑인 형제가 하모니카를 연주했다. 그는 키가 한국 사람과 비슷하였으며, 뭔지 동양적인 느낌이 있었는지 그 형제에게 이상하게 마음이 끌렸다. 그런데 책임자 목사님이 그 집회 중에 형제에 대하여 이렇게 말하였다. 한국전쟁 때 미군 병사가 한국 여자와 성관계를 하여 아이가 태어났고, 그 아이는 홀트 복지회를 통하여 미국으로 입양되었다. 그런데 10대에 자기의 출생 비밀 즉 자신은 사생아이며 아버지도 모르고 어머니조차 자기를 버렸다는 사실을 깨달았다. 그 때 그는 자신의 정체성과 생명의 중요함을 느낄 수 없었으며, 죽고 싶었으며 알코올중독에 빠져서 방황하였다. 그런 중에 그 목사님을 만나 전도를 받고 예수님을 만나고 변화하여 하모니카 연주자가 되어 하나님을 찬양하게 된 것이라고 하였다. 감찰하시는 하나님께서 그를 만나 주신 것이다. 비록 사생아일지라도, 하나님은 그의 영혼을 사랑하셨다. 그가 태중에 잘못된 임신을 하게 된 그 순간부터 그를 보셨으며 그를 사랑하셨고 그를 소중하게 여기시며 그가 방황하고 배회할 때 더욱 불쌍히 여겨 주셨고, 그로 인해 마음 아파하시며 그를 구원할 때를 기다리셨다. 마침내 그를 구원하시고 그의 입에서 나오는 통곡의 감사와 찬미를 받으셨다.

한 형제는 어린 시절 아버지가 일찍 병사하였으며 어머니는 멀리 떠나고 형과 형수 아래서 생활한 적이 있었다. 그는 내성적이라 표현하지 않았으나 그의 마음 깊이 슬픔이 내재해 있었다. 그가 나중에 구원받고 성령의 은혜를 체험한 후에 그는 자신이 다 치유되었다고 생각했다. 그런데, 그의 마음 깊숙이 숨은 상처는 남아 있었다. 때로 알 수 없는 불안감과 허전함이 그를 엄습하였다. 어느 날, 한 예언사역자가 그에게 하나님께서 당신의 어린 시절을 만지고 치유하실 것이라고 하였다. 얼마 후 멀리 떨어진 도시에서 그를 위해 중보기도하던 한 자매가 그의 내면에 웅크린 상처를 마음에 느끼고 집중하여 기도하였다. 그 시간에 성령님은 그 형제를 만지셨다. 형제가 무릎을 꿇을 때 알 수 없는 통곡이 일어났다. 하나님은 알고 계셨으며, 어린 시절의 그 모든 순간에도 자신을 보셨고 사랑하셨다는 생각에 사로잡혔다. 측량할 수 없는 위로와 감사가 통곡이 되어 터져 나왔다. 그의 심령은 더 없는 평안을 얻게 되었으며 이전의 불안감으로부터 자유하게 되었다.

그 분은 진정 감찰하시는 분이시며 구원하시고 과거속에 파묻혀 버린 상처까지도 치유하시는 분이시다. 다윗은 그 하나님을 이렇게 노래했다.

> "내가 주의 신을 떠나 어디로 가며 주의 앞에서 어디로 피하리이까 내가 하늘에 올라갈찌라도 거기 계시며 음부에 내 자리를 펼찌라도 거기 계시니이다. 내가 새벽날개를 치며 바다 끝에 가서 거할지라도 곧 거기서도 주의 손이 나를 인도하시며 주의 오른손이 나를 붙드시리이다 내가 혹시 말하기를 흑암이 정녕 나를 덮고 나를 두른 빛은 밤이 되리라 할지라도 주에게는 흑암이 숨기지 못하며 밤이 낮과 같이 비취나니 주에게는 흑암과 빛이 일반이니이다"(시 139:7-12).

4. 엘 샤다이

אֵל שַׁדַּי(엘 샤다이)란 말은 '전능하신 하나님'(Almighty God)이란 뜻이다. 이 이름은 하나님께서 아브라함에게 직접 계시해 주신 이름이다.

> "아브람의 구십구세 때에 여호와께서 아브람에게 나타나서 그에게 이르시되 나는 전능한 하나님이라 너는 내 앞에서 행하여 완전하라 내가 내 언약을 나와 너 사이에 세워 너로 심히 번성케 하리라 하시니 아브람이 엎드린대 하나님이 또 그에게 일러 가라사대 내가 너와 내 언약을 세우니 너는 열국의 아비가 될찌라 이제 후로는 네 이름을 아브람이라 하지 아니하고 아브라함이라 하리니 이는 내가 너로 열국의 아비가 되게 함이니라" (창 17:1-5).

하나님께서 아브라함에게 "전능하신 하나님"(엘 샤다이)으로 계시하신 것은 중요한 의미가 있었다. 하나님은 아브라함이 칠십오 세에 하란을 떠나 가나안으로 갈 때 "너로 큰 민족을 이루고 네 이름을 창대하게 하리라"고 약속해 주셨으며(창 12:2), "내가 네 자손으로 땅의 티끌같게 하리라 사람이 땅의 티끌을 능히 셀 수 있을진대 네 자손도 세리라"(창 13:16)고 약속하셨다. 그러나 10년이 넘도록 사라를 통해 자식을 낳지 못하자 그는 사라의 의견을 받아들여 여종 하갈을 씨받이로 하여 이스마엘을 낳았다. 그 때 그의 나이 팔십육 세였다. 아브라함은 사라의 태를 통하여 생산할 수 없다고 생각했기 때문에 자신의 방법을 동원하여 하나님의 약속을 성취하고자 했다.

그 후로 13년 동안 성경은 하나님이 침묵하셨음을 암시한다. 13년 만에 아브라함과 사라가 진정 자식을 생산할 수 없다고 생각할 수밖에 없는 절망적인 즈음에, 하나님께서 나타나셔서 자신을 '엘 샤다이'로 계시하신 것이다. 즉 나는 전능자다. 하갈을 통해서, 너의 방법을 통해서가 아니라, 너와 이미 생산 능력이 끊어진 네 아내 사라를 통해서 자식을 낳게 해 주겠다는 확증인 것이다. 그러면서 그의 이름마저 큰 아버지를 의미하는 '아브람'에서 열국의 아버지를 의미하는 '아브라함'으로 바꾸도록 하셨다. 이 때 아브라함은 하나님의 약속을 확고하게 믿었다.

> "그가 백 세나 되어 자기 몸의 죽은 것 같음과 사라의 태의 죽은 것 같음을 알고도 믿음이 약하여 지지 아니하고 믿음의 없어 하나님의 약속을 의심치 않고 믿음에 견고하여져서 하나님께 영광을 돌리며 약속하신 그것을 또한 능히 이루실 줄을 확신하였으니 그러므로 이것을 저에게 의로 여기셨느니라"(롬 4:19-22).

당신은 하나님의 약속과 능력을 믿지만, 당신이 처한 상황에서 하나님께서 해결하실 것을 불신하고 있는가? 당신의 처지가 희망이 보이지 않고 절망적인가? 절망의 밤에 하갈을 택했던 아브라함처럼 되지 말기를 바란다. 백수의 노인에게 이삭을 아들로 태어나게 하셨던 전능하신 하나님, 엘 샤다이를 바라보고 찬양하라.

우리는 실수하고 실패하지만, 하나님은 완벽하시다. 때로 하나님은 우리의 허물과 약함을 깨닫고 겸손하게 하기 위하여 실수와 실패를 허용하신다. 그리고 하나님을 바라볼 때 완벽하신 능력의 하나님을 체험하게 해 주신다.

하나님께서는 아브라함이 젊었을 때 당신을 엘 샤다이로 나타내 주시지 않고, 아브라함의 나이 99세 때 그의 몸이 절망적일 때 엘 샤다이로 계시해 주신 것을 음미할 필요가 있다. 우리는 능력이 있다고 할 때 하나님께 의지하지 않고 내 지혜와 능력과 방법을 동원하여 해결하려고 덤빈다. 그러나 그 결과는 비참한 실패로 끝나고 만다.

모세는 애굽의 바로 왕의 동생으로 애굽의 제2인자로서 문헌에 의하면 당시 수도경비 사령관으로서 혁혁한 공을 세웠다. 그의 나이 40세에 자신의 권력과 능력을 이용하여 동족을 구원해 보려고 시도하였다. 하지만 그는 오히려 살인만 저지르고 미디안 광야로 도주하는 신세가 되고 말았다. 미디안 광야에서 40년을 지내며 이드로의 양떼를 치던 중 팔십 노인이 되었을 때 그는 더 이상 희망이 없다고 생각했다. 자신의 힘으로는 이스라엘 백성을 구원할 수 없다고 이미 절망하고 포기하였을 것이다. 그런 절망적인 상황에서 하나님은 떨기나무의 불꽃 가운데 나타나서서 모세를 부르시고 내 백성을 애굽에서 구하라는 사명을 주셨다.

모세는 이 때 "내가 누구이기에 바로에게 가며 이스라엘 자손을 애굽에서 인도하여 내리이까?"(출 3:11)라고 대답하였는데, 그것은 자신에 대한 절망감을 나타낸다. 애굽 왕의 권력 앞에서 모세는 아무것도 할 수 없으리라고 생각했다. 광야에 자라난 초라한 떨기나무는 무능한 모세 자신의 모습이었다.

그 때 여호와께서는 모세의 무능함에 대하여 말씀하시지 않고 "내가 정녕 너와 함께 있으리라"(4:12)고 답변하셨다. 모세가 얼마나 무능하거나 유능한가는 문제될 게 없었다. 하나님께서 '엘 샤다이' 즉 전능하신 하나님이시기 때문이다.

오늘날, 당신 앞에 주어진 일들에 대하여, 당신의 사역지에 대하여 당신 스스로가 능력이 있다고 생각하면 당신은 젊은 날의 모세처럼 실패할지 모른다. 당신은 그 일을 하기에 합당하고 족한 백향목이나 종려나무가 못되며 사막의 떨기나무에 불과하다는 것을 인식해야 한다. 그러나, 그 떨기나무에 여호와의 불, 성령의 불이 임재하였다면 상황은 달라질 것이다. 능력은 인간에게 있지 않다. 오직 그 분에게 있다.

그 사실을 깨닫고 오직 엘 샤다이의 하나님을 바라보고 찬양할 때까지 당신의 절망은 지속될 것이다. 하나님은 이 부분에서 확실하게 당신을 연단하신다. 아브람이 99세가 되기를 기다리시고 모세가 80세가 되기를 기다리신 것처럼 말이다. 하나님은 우리가 절망을 인식하고 자신을 내려놓기까지 기다리시는 것을 좋아하시는 것 같다.

그 기다림의 때를 인내하고 견디며 엘 샤다이의 하나님을 바라보아야 한다. 그 때 절망하여 포기하고 방황의 길로 가면 안 된다. 그것만이 그 긴 기다림의 시간을 단축하는 길이다. 하나님은 낙담하게 내버려 두는 잔인한 분이 아니다. 그 분은 자비가 넘치는 분이다. 그리하여 마침내 당신의 위대하신 팔을 나타내시어 찬양하게 하신다.

사사시대에 '엘 샤다이'라는 하나님의 이름을 사용한 한 여인이 있었는데 그는 비운의 여인 나오미였다. 그녀는 남편 엘레멜렉과 두 아들 말론과 기룐과 함께 유복하게 살았다. 그런데 이스라엘 땅에 기근이 들자 모압지역으로 이사를 갔다. 거기서 10년을 지나는 동안 나오미는 남편과 두 아들을 장사지내는 비극을 겪었으며 두 아들 뒤에 남은 젊은 두 며느리 과부들, 오르바와 룻만 데리고 살았다. 그녀는 자신을 따르는 룻을 데리고 조국 이스라엘 땅으로 돌아왔는데, 가난한 처지로 쓸쓸히 돌아오는 그녀의 행색을 보고 떠들며 "네가 나오미냐?"라고 물으며 온 동리에 입소문을 타고 회자되었다. 그 때 나오미는 이렇게 대답하였다.

> "나를 나오미(기쁨)라 하지 말고 마라(고통)라 칭하라 이는 전능자(엘 샤다이)가 나를 심히 괴롭게 하였음이니라 내가 풍족하게 나갔더니 여호와께서 나로 비어 돌아오게 하셨느니라 여호와께서 나를 괴롭게 하셨고 전능자(엘 샤다이)가 나를 괴롭게 하셨거늘 너희가 어찌 나를 나오미라 하느냐!"
> (룻 1:21)

나오미가 물질적 풍요를 찾아 자신의 기업인 이스라엘을 떠났다는 것은 신앙의 요람, 즉 하나님을 떠난 것이다. 그리고 전능자, 엘 샤다이께서 그녀의 남편과 두 아들과 모든 소유를 가져갔음을 깨달았다. 그러나 그녀가 돌아올 때 하나님은 그녀의 모든 것을 회복시켜 주셨다.

엘 샤다이! 그것은 절망 중의 노래이다. 그것은 나 자신을 내려놓고, 자신의 무능함을 인정하는 자기 부정의 노래이며, 오직 전능하신 하나님만을 인정하고 높이는 노래이다. 그 분의 팔만이 애굽의 장자를 치시며, 애굽 군대를 홍해에 수장시킬 수 있다! 그 분만이 당신의 경제적, 정치적, 목회적 상황을 넉넉히 역전시킬 수 있는 유일하신 소망이며 전능자시다! 그 분만이 알파와 오메가요, 영원히 전능자시다!

6. 여호와

'여호와'라는 명칭은 '존재하다'라는 의미를 갖는 아카드어 '하와'에서 유래하였다. 출애굽기 3장에서 하나님께서 모세에게 나타나시어 모세를 애굽으로 보내려고 하시자, 모세가 하나님께 "내가 이스라엘 자손에게 가서 이르기를 너희 조상의 하나님이 나를 너희에게 보내셨다 하면 그들이 내게 묻기를 그의 이름이 무엇이냐 하리니 내가 무엇이라고 그들에게 말하리이까"(출 3:13)라고 질문하였다. 그 때 하나님은 "나는 스스로 있는 자니라"고 말씀하셨다. 이 말은 'I am who I am'으로 영원한 자존자임을 나타낸다. 히브리어에서 여호와(יהוה)란 어원 역시 '존재하다'는 의미의 명사형태로 영어의 Being에 해당된다. 그러므로 여호와는 자존자(自存者), 즉 스스로 존재하는 자란 의미가 있다.

사람은 근본적으로 의존적 존재이다. 태어날 때부터 죽을 때까지 누군가의 도움을 받으며 살 수밖에 없다. 제 아무리 독립심이 강한 사람이라 하더라도 스스로 출생하여 단독자로 존재할 수 있는 사람은 세상에 아무도 없다. 한자의 사람 人자는 두 획이 서로 의지하고 서 있다. 한 획만 있으면 넘어지듯이 사람의 삶 자체가 그러하다. 자식은 부모의 사랑과 도움 속에 성장하고 부부는 서로의 사랑과 도움으로 생존하며 행복을 누린다. 그러나 하나님은 그렇지 않다. 그 분은 스스로 존재하시며 모든 존재들을 가능하게 하시는 창조의 근본이시다.

  Dilthay(딜타이)라는 철학자는 '인간은 결핍존재이며 인간의 모든 활동과 수고는 그 결핍을 채우기 위해 이루어진다'고 하였다. 그처럼 인간은 끝없이 무엇인가 결핍, 부족을 느끼는 존재이자 갈망하는 존재로 살아간다. 그러나 하나님은 스스로 충만하시며 만물에 생명을 주시며 만물 안에서 만물을 충만하게 하시는 분이시다(엡 1:23).

  그리고 이어 "너희 조상의 하나님 곧 아브라함의 하나님, 이삭의 하나님, 야곱의 하나님 여호와라 하라 이는 나의 영원한 이름이요 대대로 기억할 나의 표호니라"(출 3:15)고 계시하셨다. 여기서 '여호와'는 그들의 조상 아브라함과 이삭과 야곱의 하나님으로서 조상에게 말씀하신 언약을 변치 않고 성취하시는 신실하심으로 나타난다.

  그러므로 우리가 여호와를 부를 때 그 분은 스스로 계신 자존자시며, 그 언약을 영원 불변토록 반드시 성취하시는 신실하신 하나님이심을 기억해야 한다. 사람의 감정과 의지는 조석으로 변할 수 있으며 실천의지가 강하고 변함없는 사람일지라도 늙어 육체와 정신이 쇠해지면 그 약속을 성취하지 못할 수도 있다. 그러나 하나님은 스스로 자존하시는 분이시며 온전하신 분이기에 세월의 길이와 공간의 넓이에 제한받지 않으신다.

  하나님께서는 아브라함과 이삭과 야곱에게 "너와 네 후손에게 가나안 땅을 기업으로 주마"라고 약속하셨는데(창 13:14-17; 15:13-21; 26:1-5; 28:13-15), 하나님은 이미 그들의 생전에 그 약속을 이루어 주셨다. 후일 요셉을 통하여 그 후손들이 애굽에 내려갔으며 400여 년을 살았다. 하나님의 약속은 그들이 가나안으로 돌아와 사는 것이었지만, 이미 애굽에 내려온 지 오랜 세월이 흘렀고, 이스라엘의 후손들 가운데 그 누구도 가나안 땅으로 되돌아가야 한다는 생각하지 않았다. 하나님께서 마음을 바꾸시어 그들이 그냥 애굽에서 살도록 놓아두신다고 해서 누구하나 하나님의 신실하심에 이의를 제기할 사람은 없었다. 그러나 하나님은 스스로 존재하시며, 그 분이 하신 언약을 천년만년의 세월이 흘러도 결코 잊지 않고 다 성취하시는 신실하신 분이시다.

그러므로 그 분은 이스라엘이 애굽에서 하나님을 잊고 살려고 할 즈음 바로를 통하여 핍박을 받게 하시고 핍박 가운데서 하나님을 찾게 하시더니 그 부르짖음에 응답하여 구원자 모세를 준비하시고 보내셨고, 애굽에 열 재앙을 내리셔서 이스라엘 백성들이 애굽을 떠나 가나안 땅으로 가도록 하셨다. 한 사람 모세의 힘이나 그 어떤 권력의 힘으로도 불가능해 보이는 일을 하나님은 해 내셨다.

> "나는 여호와니 이는 내 이름이라 나는 내 영광을 다른 자에게 내 찬송을 우상에게 주지 아니하리라 보라 전에 예언한 일이 이미 이루었느니라 내가 새 일을 고하노라 그 일이 시작되기 전이라도 너희에게 이르노라" (사 42:8).

그렇다. 하나님께서는 전에 하셨던 모든 말씀들을 다 이루셨고, 장래를 위해 하신 말씀들도 일점일획이라도 그르침 없이 완전히 성취하실 것이다. 그러므로 우리는 여호와의 이름을 부르며 그 분 앞에 나아갈 때 그 분의 신실하심을 의지하며 담대한 확신을 가지고 나아갈 수 있다.

> "여호와께서 구름 가운데 강림하사 그와 함께 거기 서서 여호와의 이름을 반포하실 새 여호와께서 그의 앞으로 지나시며 반포하시되 여호와로라 여호와로라 자비롭고 은혜롭고 노하기를 더디하고 인자와 진실이 많은 하나님이로라 인자를 천대까지 베풀며 악과 과실과 죄를 용서하나 형벌 받을 자는 결단코 면죄하지 않고 아비의 악을 자여손 삼사 대까지 보응하리라"(출 34:5-7).

천대면 약 2만 년이다. 인류역사의 연대는 아직 6천 년이 채 못 된다. 그런데 여호와께서 그 인자하심을 2만 년이 되도록 베푸신다 하셨으니 역사의 종말에까지 이른다는 것이다. 그러나 그 노염은 3-4대 즉 60년 내지 80년 정도밖에 되지 않는다. 이스라엘 백성이 범죄하였을 때, 여호와께서 징계하셔서 바벨론에 포로로 가게 하셨으나 70년 만에 돌아오게 하셨으니 약 3대 만에 그 노여움을 거두신 것이다. 그 언약에 신실하신 여호와를 찬양하자.

6. 여호와 이레

여호와에 이어 다른 단어들과 합성된 이름들이 여럿 있다. 가장 먼저 등장하는 이름이 '여호와 이레' 즉, '준비하시는 여호와'시다. 이 이름은 여호와께서 아브라함을 시험하시어 독자 이삭을 모리아 산에서 번제로 드리라고 하셨을 때, 아브라함이 여호와의 명령대로 순종하여 이삭을 모리아 산에서 결박하고 번제로 바치려고 칼을 들어 치려하는 순간 여호와께서 제지하시고, 아브라함의 믿음을 인정하셨다. "내가 이제야 네가 하나님을 경외하는 줄을 아노라"고 하셨다. 그 직후 아브라함이 돌아보니 한 수양이 있어서 아브라함은 그 수양을 번제물로 드렸다. 그리고 그 곳을 '여호와 이레'라고 명명한 것인데, 사람들은 "여호와의 산에서 준비되리라"

(창 22:14)고 불렀다.

여호와 하나님은 아브라함을 위하여 소중한 번제의 양을 준비해 주셨다. 그렇다. 진정한 제물은 우리가 준비하는 게 아니라, 하나님께서 준비해 주신다. 하나님께서는 독생자 예수 그리스도를 이 땅에 보내시어 우리를 위한 향기로운 제물과 생축으로 죽게 하셨다. 하나님 스스로 우리를 위한 영원한 속제물을 준비해 주셨다.

뿐만 아니라, 하나님은 우리의 좋은 아버지이시다. 언제나 아버지는 자식들을 위하여 필요한 것들을 준비하듯이, 하나님께서 인간을 창조하셨을 때, 아담과 하와를 위하여 하늘과 땅의 모든 아름다운 세계와 생물들을 준비해 놓으셨다. 지금도 하나님은 우리를 위해 온갖 좋은 것들을 준비해 주신다. 모든 은사를 넉넉히 주시는 아버지이시다.

> "자기 아들을 아끼지 않으시고 우리 모든 사람을 위하여 내어주신 이가 어찌 그 아들과 함께 모든 것을 은사로 주시지 아니하시겠느뇨"(롬 8:32).

> "또 기도할 때에 이방인과 같이 중언부언하지 말라 저희는 말을 많이 하여야 들으실 줄 생각하느니라 그러므로 저희를 본받지 말라 구하기 전에 너희에게 있어야 할 것을 하나님 너희 아버지께서 아시느니라"(마 6:7, 8).

우리 하나님은 우리에게 필요한 것들을 아시고 준비하시고 공급해 주시는 멋진 공급자이시다. 기억해야 할 것은 하나님의 새로운 공급을 요구하기 전에, 이미 주신 것들을 감사해야 한다. 또한, 먼저 하나님께 순종해야 한다. 만일 아브라함이 자기 중심적 생각을 했다면 결코 실천할 수 없었겠지만, 하나님 중심의 생각, 즉 믿음을 가짐으로써 온전히 순종하였을 때, 하나님은 그 믿음을 인정하시고, 기쁘게 아브라함을 위하여 양을 준비해 주셨다. 순종하는 자에게 '여호와 이레'의 준비하심은 항상 풍족하다.

하나님의 명령에 순종하는 것은 첫째, 기록된 말씀에 순종하는 것이다. 최선을 다하여 내게 주신 말씀들, 계명과 명령에 순종해야 한다. 그리고 성령을 통하여 내 마음속에 주시는 말씀에 순종해야 한다. 그에 순종할 때, 여호와께서 언제나 채워 주시는 놀라운 은혜가 있다.

> "나의 하나님이 그리스도 예수 안에서 영광 가운데 그 모든 풍성한 대로 너희 모든 쓸 것을 채우시리라"(빌 4:18).

7. 여호와 닛시

이 이름은 우리가 도저히 이길 수 없는 상대와 싸워 형편없이 넉다운 될 때 승리를 보장하시는 이름이다. 출애굽한 이스라엘 백성이 시내광야를 통과할 때 르비딤에서 아말렉 족속의 기습을 받았다. 모세는 여호수아로 하여금 군사를 동원하여 나가 아말렉과 싸우도록 하였는데, 사실 그것은 싸우나마나 이미 끝난 싸움이었다. 왜냐하면, 침략자들은 잘 훈련된 용사들이자 약탈자들이었으며, 이스라엘 군대는 이제 막 애굽에서 나와 아무런 전투 훈련도 받은 적이 없고 무기도 없는 오합지졸들이었다. 더구나 이스라엘은 먼 여행길에 지쳐서 쉬고 있을 때 갑자기 기습을 당하였다. 그러므로 모세는 하나님 앞에 올라가 기도해야 할 필요성을 더욱 절감하였으며, 산에 올라가 손을 들고 기도하였다.

그 때 모세가 손을 들면 이스라엘이 이기고 피곤하여 손을 내리면 아말렉이 이겼는데, 아론과 훌이 모세를 도와 양손을 내려오지 않게 하니 마침내 이스라엘이 완승하였다. 그러므로 그 싸움은 여호수아의 전략이나 이스라엘 백성의 무술이 뛰어남으로 이긴 것이 아니라, 여호와께서 이기게 하신 영적 승리였다. 그러므로 모세는 단을 쌓고 그 이름을 "여호와 닛시"라고 불렀다(출 17:8-16). 곧 '여호와는 나의 기'(旗:Banner)라는 뜻이다. 전쟁터에서 기는 곧 대장군의 깃발을 의미한다. 여호와께서 이스라엘의 대장이 되셨다는 것이다. 이 사실은 우리에게 중요한 교훈을 준다.

그 날에 여호와께서 맹세하시기를 "여호와가 아말렉으로 더불어 대대로 싸우리라"고 하셨는데(출 17:16), 아말렉은 곧 우리 속에 있는 육체의 모형이다. 육체(σὰρξ)는 바울이 말한 대로 몸(body)이 아니라, 몸 안에 있는 죄성(sinful nature), 즉 죄의 기질을 가리킨다. 육신의 생각으로 하나님을 기쁘시게 할 수 없고 하나님과 원수가 되며(롬 8:7,8) 항상 성령을 거스른다(갈 6:17). 그러므로 영으로써 몸의 행실을 죽여야 산다(롬 8:13). 육신의 생각은 죽이고, 언제나 성령을 앞세우고 성령충만한 상태를 유지하고 성령을 의지해야 육의 지배를 받지 않고 육을 이길 수 있다. "너희는 성령을 좇아 행하라 그리하면 육체의 욕심을 이루지 아니하리라"(갈 6:16).

'여호와 닛시!' 육신을 이길 수 있게 하시는 여호와를 찬양하자. 사단의 전략은 대개 직접 공격하지 않고 우리 속에 육신을 이용하여 우리가 스스로 성령을 거스르고 하나님 앞에 범죄하게 만듦으로써 자기의 종으로 만든다. 사단이 아담과 하와를 망치려고 에덴동산에 미사일 공격이나 불공격을 하지 않았으며, 하와의 마음에 육신적 욕망을 불러일으킴으로써 하나님의 말씀을 범하게 하였다. 그러자 자동적으로 인류를 에덴동산에서 쫓겨나게 하고 파멸시키는, 사단의 목적을 성취하였다.

원죄가 없던 아담과 하와가 사단에게 속아서 육을 이기지 못하고 범죄함으로 파멸하였다면, 하물며 우리가 어떻게 우리 자신의 힘으로 육을 이기고 사단을 이겨 승리할 수 있겠는가! 오직 성령에 의존해야 하며, 우리의 대장이신 여호와 닛시를 높이고 찬양함으로써 승리할 수 있다.

8. 여호와 살롬

이스라엘이 하나님 앞에 범죄하고 악을 행하였으므로 여호와께서 그들을 미디안인들의 손에 파셨다. 그러므로 7년간 미디안의 압박을 당하였는데, 미디안 사람, 아말렉 사람, 동방 사람들이 추수 때가 되면 개미떼처럼 몰려와 진을 치고 농사의 소출과 짐승과 재산들을 남김없이 약탈해 갔다. 해마다 그 지경이니 이스라엘 백성의 탄식과 두려움과 굶주림은 극에 달하였으며 회개하면서 평강을 갈구하는 울부짖음이 하나님 앞에 상달되었다.

이와 같이 하나님의 백성이 범죄하면 사단에게 다 빼앗기고 만다. 내 손으로 수고한 것을 내가 먹지 못하며(시 128:2), 부지런히 일하여 삯을 받아도 구멍 뚫린 주머니에 넣는 꼴이 된다(학 1:6). 회개하고 진정으로 주님께 돌아오는 것만이 소망이다.

그런 고통 중에 어느 날 기드온은 포도주 틀에서 밀을 타작하고 있었다. 포도주를 만드는 웅덩이 속에서 밀을 타작한 이유는 미디안 사람들에게 타작하는 모습을 들키면 다 빼앗길 것이기 때문이었다. 그 때 여호와의 사자가 그에게 나타나서 기드온을 통하여 이스라엘을 구원하실 것이라는 약속을 하셨다. 기드온은 "주여 내가 무엇으로 이스라엘을 구원하리이까 보소서 나의 집은 므낫세 중에 지극히 약하고 나는 내 아비 집에서 제일 작은 자니이다"(삿 6:15)라고 대답하였다. 여호와께서는 기드온에게 표징을 보여주시면서 그가 여호와의 사자임을 나타내 주셨다. 또 기드온이 여호와의 사자를 본 까닭에 죽을까봐 두려워하자 "너는 안심하라 네가 죽지 아니하리라"고 위로하셨다. 이에 기드온은 자기에게 나타나신 여호와를 위하여 단을 쌓고 이름을 '여호와 살롬'이라고 불렀다(삿 6:24).

여호와 살롬! 그것은 모든 것을 약탈당하고 두려움과 공포 속에 갇혀 살던 기드온이 자신을 만나 주신 여호와께 붙인 칭호였다. 여호와는 평강의 하나님이시다.

바울은 로마의 감옥에 감금당한 가운데서도 항상 기쁨이 넘쳐흘러 기쁨의 서신 빌립보서를 기록하였다. 그리고는 갖가지 염려와 근심에 쌓인 빌립보 교인들에게 이렇게 권면하였다.

> "아무것도 염려하지 말고 오직 모든 일에 기도와 간구로 너희 구할 것을 감사함으로 하나님께 아뢰라 그리하면 모든 지각에 뛰어난 하나님의 평강이 그리스도 예수 안에서 너희 마음과 생각을 지키시리라"(빌 4:6-7).

이 약속들은 오늘도 하나님 앞에 나아오는 하나님의 자녀들에게 언제나 누구에게나 주어진 것이다. 당신에게 불안과 두려움이 있는가? 원수가 심어 준 불안이 당신의 마음 깊은 곳에 웅크리고 있는가? 평강의 하나님, 여호와 살롬께 모든 것을 감사함으로 아뢰라.

시편 42편은 불안한 자아를 가진 한 사역자의 슬픔과 그가 그것을 어떻게 극복하였는가를 말하고 있다.

> "내 영혼아 네가 어찌하여 내 속에서 불안하여 하는고 너는 하나님을 바라라 그 얼굴의 도우심을 인하여 내가 오히려 찬송하리로다"(시 42:5).

여기서 그는 스스로 자기 영혼에게 불안해하지 말고 하나님을 바라라고 격려하고 하나님의 얼굴의 도우심을 인하여 찬송하리라고 고백한다. 잠시 후에 이 고백은 이렇게 변한다.

> "내 영혼아 네가 어찌하여 내 속에서 불안하여 하는고 너는 하나님을 바라라 나는 내 얼굴을 도우시는 내 하나님을 오히려 찬송하리로다"(시 42:11).

사람의 마음속에 근심은 얼굴에 나타나는 법이다. 얼굴이란 말은 마음(얼)을 담는 그릇이란 뜻이다. 그런데 하나님의 얼굴을 바라볼 때, 사역자의 얼굴이 영광의 빛을 머금은 환한 얼굴로 바뀌는 것이다. 즉 하나님께서는 하나님의 얼굴을 바라보는 자의 마음을 변화시켜 주시고, 그럼으로써 그의 얼굴이 변화되게 하시는 평강의 하나님이시다.

마음속에 근심이 있는가? 평강의 하나님의 얼굴을 앙모하며 찬양하라. 그 분을 예배하자. 근심이 변하여 춤이 되게 하시며 슬픔이 변하여 희락이 되게 하실 것이다.

9. 여호와 체바옷

하나님의 이름들 가운데 יהוה צְבָאוֹת(여호와 체바옷)이란 이름은 구약에서 279회나 언급이 되었다. צְבָאוֹת(체바옷/ 만군의) 이란 말은 '군대', '전쟁'을 의미하는 צָבָא(차바)에서 나온 말이며, '집단', '대중', '대량', '군대' 등을 의미한다. 체바옷은 '이스라엘 군대'(출 7:14, 12:41, 삼상 17:45), '하늘의 별들의 무리'(신 4:19; 시 33:6), '천군천사의 군대'(창 32:12; 시 13:20-21)를 가리키는 말로도 쓰였다.

출애굽기 7장 14절과 12장 4절에서는 이스라엘 백성을 여호와의 군대라고 하였는데 약속의 땅에 들어가기까지 많은 전쟁을 수행해야 했기 때문이다.

그런데 하나님을 여호와 체바옷, 즉 '만군의 하나님'이라고 한 것은 하나님께서 이스라엘 전쟁에 참여하시고 전쟁을 지휘하시고 주도하신다는 것을 의미한다.

'만군의 여호와'란 이름은 용사이신 여호와와 유사한 의미가 있다. 여호와는 용사이기 때문에 이스라엘 백성을 죽이려고 추적해 온 바로의 군대를 홍해 속에 빠뜨려 수장시키셨다(출 15:1-2).

🌿 "여호와는 용사시니 여호와는 그의 이름이시로다"(출 15:3).

다윗은 블레셋의 거장 골리앗과 맞닥뜨려 전투할 때 이렇게 말했다.

🌿 "너는 칼과 창과 단창으로 내게 오거니와 나는 만군의 여호와의 이름 곧 네가 모욕하는 이스라엘 군대의 하나님의 이름으로 네게 가노라 오늘 여호와께서 너를 내 손에 붙이시리니 네가 너를 쳐서 내 머리를 베고 블레셋 군대의 시체로 오늘날 공중의 새와 땅의 들짐승에게 주어 온 땅으로 이스라엘에 하나님이 계신 줄 알게 하겠고 또 여호와의 구원하심이 칼과 창에 있지 아니함을 이 무리로 알게 하리라 전쟁은 여호와께 속한 것인즉 그가 너희를 우리 손에 붙이시리라"(삼상 17:45-47).

이 말에서 본다면 하나님은 이스라엘 군대를 통솔하시는 하나님이시며, 전쟁을 수행하시는 분이시다. 만군의 여호와가 그들과 함께하면 대적과 싸울 때 그들이 한길로 왔을지라도 일곱 길로 도망갈 것이다(신 28:7).

그 분은 자기 백성을 구원하시고 원수들을 파하시는 하나님이시지만, 자기 백성이 하나님 앞에 바로 서지 못할 때는 도리어 자기 백성들의 대적이 되어 자기 백성들과 싸우시는 분이시다. 예컨대 홉니와 비느하스는 전쟁의 승리를 위하여 만군의 여호와의 법궤를 전투 현장에 가져갔으나 오히려 법궤를 빼앗기고 두 제사장은 죽었으며 전쟁은 패배하였다. 그것은 그들의 죄에 대하여 하나님께서 징계하신 것이다(삼상 4:1-11). 그 이유는 만군의 여호와는 거룩하신 분이기 때문이다.

그러므로 만군의 여호와를 부르는 자들은 죄에서 떠나며 하나님의 편에 온전히 서야 한다. 그렇지 않으면 여호와 자신이 대적이 되신다(수 7:7-11). 그가 하나님의 편에 온전히 선다면 두려울 게 없다. 만군의 여호와께서 그를 위하여 싸우실 것이기 때문이다. 목회나 선교에서 대적자들이 일어날 때 목회자는 대적하는 자들을 미워하고 판단할 게 아니라 하나님께서 자신을 대적하시기 때문에 그런 자를 붙여주신 것이 아닌지 돌아보아야 한다. 솔로몬이 하나님을 버리고 우상숭배의 죄에 빠졌을 때 여로보암이 일어나 반기를 들었으며, 그 아들 대에는 북방 10지파의 권리를 빼앗아 나라가 동강났고, 솔로몬 재위 기간에 에돔 사람 하닷과 수리아와 르손이 일어나 대적하여 크게 괴롭혔는데 이는 다 여호와로 말미암은 것이었다(왕상 11:1-25). 이와 같이 목회자가 하나님 앞에 바로 서지 않으면 여러 형태의 반기들이 일어난다. 그 때 인간적인 방법으로 대적하고 미워하고 싸우기보다는 하나님 앞에서 자신을 돌아보고 철저히 회개하고 바로 서는 자세가 중요하다. 그리고 흠이 없다는 확신이 든다면 하나님께 맡겨야 할 것이다.

10. 여호와 라파

이 이름은 모세와 이스라엘 백성들을 인솔하여 출애굽한 뒤 홍해를 건너고 마라에서 쓴물을 달게 바꾸어 준 후 계시해 주신 하나님의 이름이다.

> "여호와께서 그들을 위하여 법도와 율례를 정하시고 그들을 시험하실 새 가라사대 너희가 너희 하나님 나 여호와의 말을 청종하고 나의 보기에 의를 행하며 내 계명에 귀를 기울이며 내 모든 규례를 지키면 내가 애굽 사람에게 내린 모든 질병의 하나도 너희에게 내리지 아니하리니 나 여호와는 너희를 치료하는 여호와(여호와 라파)임이니라"(출 15:25-26).

여호와 우리 하나님은 '여호와 라파', 치료의 하나님이시다. 이 이름은 질병과 고통이 끊임이 없는 이 세상을 사는 우리에게 얼마나 큰 위안이 되는 약속인가! 사단은 늘 우리를 위협하며 빼앗고 죽이고 멸망시키려고 틈을 노린다. 그러나 우리 하나님은 당신의 생명싸개 속에 우리를 보호하셔서 지키신다. 재앙과 질병이 우리를 해치지 못하도록 방어해 주신다. 뿐만 아니라, 질병에 걸렸을지라도 진실하게 회개하고 믿음으로 간구할 때, 응답해 주시어 치료해 주신다.

> "여호와의 말씀이 내가 네(히스기야) 기도를 들었고 네 눈물을 보았노라. 내가 너를 낫게 하리니 네가 삼 일 만에 여호와의 전에 올라가겠고" (왕하 20:5).

> "내 영혼아 여호와를 송축하며 그 모든 은택을 잊지 말지어다 저가 네 모든 죄악을 사하시며 네 모든 병을 고치시며 네 생명을 파멸에서 구속하시고 인자와 긍휼로 관을 씌우시며"(시 103:2-4).

> "(여호와께서) 상심한 자를 고치시며 저희 상처를 싸매시는도다"(시 147:3).

우리 예수님은 가르치시고(teaching) 전파하시고(preaching) 각색 병들을 치유하셨다(healing) (마 4:23). 복음 안에는 믿는 자에게 영육간의 구원이 약속되어 있다. 죄는 우리를 영육간에 망하게 한다. 그러나 주님 앞에 회개하고 돌아올 때, 복음의 능력은 그 영혼만 구원할 뿐 아니라 육신까지도 치유하고 그의 삶 전체를 건강하게 변화시킨다. 성경은 주님의 고난이 우리에게 치유를 가져다 준다고 약속한다.

> "그가 징계를 받음으로 우리가 평화를 누리고 그가 채찍에 맞음으로 우리가 나음을 입었도다"(사 53:5).

마태는 예수님의 치유사역에 대하여 이사야 53장 4절을 인용하여 "이는 선지자 이사야로 하신 말씀에 우리 연약한 것을 친히 담당하시고 병을 짊어지셨도다 함을 이루려 하심이더라"(마 8:17)고 하였다. 즉 예수님의 십자가 고난과 고통이 우리에게 치유와 회복을 가져다주셨기 때문에 우리는 그 사실을 근거로 치유받을 수 있는 것이다.

A. B. Simpson(심슨)은 믿음으로 치유를 경험하고 중생, 성결, 신유, 재림이란 사중복음(Four folds Gospel)을 주창하였는데, 이 사중복음은 훗날 성결교의 중심 교리가 되었다. 그가 주장한 신유는 信愈 즉 faith healing(믿음치유)이 아니라, 神癒 즉 divine healing(신적 치유)을 의미하는 것이었다. 그는 "신유(神癒)는 하나님의 초자연적인 능력이 인간의 육체 속에 주입됨으로써 원기를 회복시키는 것이며, 육체의 연약하고 아픈 부분을 하나님의 생명과 능력을 통하여 회복시키는 것이다"라고 정의하였다[3]. 그는 치유의 과정에서 하나님이 치료자이시고, 인간의 믿음이 그것을 받는다는 논리로써 실천적 믿음도 중요하게 여겼다.

하나님은 우리를 치유하시는 분이시다. 우리는 그 사실을 믿음으로 받아들이고 질병을 명하여 묶고 치유를 풀 권세를 부여받았다. 치유하시는 하나님의 이름으로 예수 이름의 권세로 치유하실 것을 믿고 치유를 선포하자.

11. 여호와 삼마

이 이름은 에스겔서 48장 35절에서 예루살렘의 영광에 관하여 주신 하나님의 이름인데 '여호와께서 거기 계시다' 혹은 '거기 계시는 여호와'란 뜻이다.

에스겔서에서 여호와의 영광은 아주 중요한 주제이다. 에스겔은 갈대

---

[3] 조귀삼, 『A. B. 심슨의 선교신학』(서울: 예닮마을, 2004), 185.

아 지역의 그발강가에서 그룹들 위에 계시는 여호와의 영광을 보았다(겔 1장). 여호와의 신은 에스겔을 수차례 들어올리셨는데(겔 2:12,14; 8:3; 11:2) 그것은 오늘날 말하는 입신은 아니며, 광야에서 성령에 의해 순간이동을 하며 전도하였던 빌립 집사와 비슷한 현상이라고 보여진다. 여호와께서는 그발강가에 있는 에스겔에게 예루살렘 성전에서 벌어지고 있는 가증한 행위들을 가르쳐 주시기 위해 에스겔을 들어 예루살렘 성전으로 옮겨가서 보게 하셨다.

예루살렘 성전에 여호와의 영광이 머물렀는데, 그 북편에는 여호와의 투기를 결발하는 우상이 있었으며, 벽안에는 각종 곤충과 가증한 짐승들의 우상들을 그려놓았고, 장로 70인이 그 앞에서 분향하였으며, 북문에는 여인들이 담무스를 위해 애곡하였으며 성전 안뜰에서는 25명의 사람들이 동방태양에게 경배하고 있었다. 여호와께서는 그 모든 가증한 일들로 인하여 그들을 멸하시겠다고 선포하시고 마침내 여호와의 영광이 성전에서 떠나 버렸다(겔 11:22-24).

여호와께서는 심판이 이스라엘 백성뿐만 아니라 열방 모든 나라들에게도 임할 것이라고 경고하셨다. 그리고 36장부터 이스라엘의 회복을 약속하셨는데, 하나님의 대언과 성령의 바람으로 마른 뼈와 같던 이스라엘 백성이 일어나 큰 군대가 되는 환상을 보여 주셨다(37장). 그리고 마곡왕 곡의 전투가 소개되고(38, 39장) 그 후에 다시 성전이 등장하는데, 그 성전에 여호와의 영광이 가득하였으며(겔 44:4), 성전 문지방에서 생수가 흘러나와 온 광야로 흘러가서 물이 적시는 곳마다 생물들이 소성하였다(겔 47:1-13). 그리고 그 성전을 중심으로 이스라엘 열두 지파들이 남북으로 일정하게 기업을 받아 살며, 예루살렘성은 열두 지파의 이름을 따른 문들이 있으며, 그 성읍의 이름은 '여호와 삼마'라고 불릴 것이라고 하였다.

여기서 36장의 이스라엘의 회복과 마른 뼈들이 군대로 일어나는 환상은 신약시대에 전개될 복음운동을 통한 하나님 백성의 회복을 예언한 것이다. 마지막 전쟁인 마곡왕 곡이 이스라엘을 침략할 것을 예고하였는데, 이 예언은 계시록 20장 7절에서 사단이 옥에서 잠시 놓여 곡과 마곡을 미혹하여 성도들의 성을 공격할 것이라고 재예언 되었다. 아마 에스겔의 예언과 계시록의 예언은 동일한 현상을 나타내는 것인데, 이것은 지구종말에 벌어질 대전쟁 혹은 기독교 신자들에 대한 총공세를 펴는 사단의 마지막 대박해를 가리키는 것이다. 특이한 것은 마곡 땅에 있는 곡의 여러 왕들의 지명이 로스, 메섹, 두발로서 오늘날의 러시아, 모스크바, 두볼스크와 발음이 유사하다. 그러므로 이것은 마지막 시대에 나타날 적그리스도의 세력인 공산주의를 말하는 것이거나 사단의 세력의 상징이라고 생각되는데, 나는 이 부분에 대하여 아직 이루어지지 않은 예언이기 때문에 분명하게 말할 수 없으며, 그 정도로 조심스레 간주해 본다.

마지막에 여호와 삼마로 특징되는, 여호와의 영광이 영원히 임하여 함께하는 예루살렘 성이 소개되는데, 이것은 복음운동으로 시작하여 그리스도 재림으로 완성될 영원한 신천신지가 도래한 모습을 구약적으로 나타낸 것이다. 세대주의적 입장에서 보는 자들은 이 부분을 문자 그대로 성취될 것으로 보아서 천년왕국의 성소로 해석한다.

여호와 삼마라로 이름 붙여질 예루살렘 성이 말하는 바가 무엇인가! 다시는 인간의 불의로 인하여 하나님의 성전을 더럽히는 일이 없는, 영원히 하나님의 장막이 인간과 함께하는 날이 올 것이란 뜻이다. 떠나셨던 여호와의 영광이 임하여 그 백성들과 영원히 함께하실 것이다.

> "그러므로 그들이 하나님의 보좌 앞에 있고 또 그의 성전에서 밤낮 하나님을 섬기매 보좌에 앉으신 이가 그들 위에 장막을 치시리니 저희가 다시 주

리지도 아니하며 목마르지도 아니하고 해나 아무 뜨거운 기운이 상하지 아니할지니 이는 보좌 가운데 계신 어린 양이 저희의 목자가 되사 생명수 샘으로 인도하시고 하나님께서 저희 눈에서 모든 눈물을 씻어 주실 것임이러라"(계 7:15-17).

이와 같이 에스겔서 40장 이하에 생명수의 흐름과 성전의 척량, 여호와의 영광의 임재는 곧 계시록의 새예루살렘의 도래에 대한 표현과 유사하다. 나의 좁은 생각으로는 그것이 천년왕국이라기보다는 새 하늘과 새 땅의 영광에 대한 구약적 표현이다.

여호와 삼마! 이것은 우리의 소망의 완성이다. 이 땅에서 우리는 하나님 나라의 영광을 체험하기도 하지만 그것은 모두 부분적이다. 우리는 부분적으로 알고 부분적으로 예언하며 부분적으로 경험하고 누린다.

세상에서 약속의 성취를 보지 못한 채 말할 수 없는 고난과 형극의 길을 걷다가 순교한 분들도 많다.

그러나 온전한 영광의 시대가 오고 있다. 그 날은 위로의 날이며 승리의 날이며 환희의 날이다. 우리 그리스도인들은 지금 하나님의 보좌를 앙모하며 그 분을 뵈옵길 구한다. 그럼에도 불구하고 우리는 더 온전한 것, 영원한 주님의 임재 안에 들어가는 '여호와 삼마'의 성읍, 우리 주 예수 그리스도의 재림과 새예루살렘의 도래를 기다려야 한다. 여호와 삼마! 아멘, 주 예수여 오시옵소서! 마라나타!

12. 임마누엘

유대의 아하스 왕은 이스라엘 왕 베가와 아람의 르신이 동맹하여 유다를 침공할 것이라는 소문을 듣고 심히 두려워하고 있을 때 임마누엘의 약속을 하게 되면서 65년 내에 이스라엘은 멸망할 것이라고 듣는다(사 7:9).

> "그러므로 주께서 친히 징조로 너희에게 주실 것이라 보라 처녀가 잉태하여 아들을 낳을 것이요 그 이름을 임마누엘이라 하리라"(사 7:14).

이 임마누엘의 첫 약속은 유다를 위기에서 보호해 주는 것으로 응하였다. 그러나 8장에 가서는 유다 백성들의 불신앙에 대하여 하나님께서는 앗수르의 위력으로 유다 전체에 덮히게 하실 것이라고 예언하면서 "임마누엘이여 그의 펴는 날개가 네 땅에 가득하리라 하셨느니라"(사 8:8)고 말씀하셨다. 무슨 말인가! 이사야는 앗수르 왕의 침공을 임마누엘의 날개를 편 것으로 이해하였다.

임마누엘은 그 분께 피하는 성도들에게 보호와 구원이 되신다. 그러나 그 분을 불신앙하는 자들에게는 도리어 정화를 위한 징계가 되신다는 사실을 보여준다. 이 사실은 중요한 교훈을 준다. 하나님이 우리와 함께하시는 것은 우리가 그 분의 편에 설 때라야 축복와 보호가 되며, 우리가 그 분을 거스르고 불신앙하면 도리어 우리의 대적이 되신다는 것이다. 앗수르의 침공은 인간 앗수르의 행동이 아니라, 유대와 함께하시는 하나님께서 당신의 자녀들인 유대를 깨끗하게 하시기 위해 앗수르 군대를 채찍으로 사용하여 유대를 징계하신 것이다.

이 얼마나 두려운 사실인가! 하나님은 알라딘의 거인같은 분이 아니다. 램프의 거인은 언제나 주인이 부르면 나타나 주인의 명을 받든다. 그러나, 우리 하나님은 우리의 왕(王)이자 주인(主人)이시다. 임마누엘께서 우리와 함께하실 때, 우리는 그 분의 도움을 청하기 전에 먼저 그분에게 경배하며 자신을 드리고 절대 순복해야 한다. 그 분은 우리의 주인이시다.

여호와의 군대장관이 칼을 빼들고 여호수아 앞에 섰을 때, 여호수아는 당돌하게도 이렇게 물었다(수 5:13-15). "너는 우리를 위하느냐 우리의 대적을 위하느냐?" 그 때 여호와의 사자는 이렇게 답하였다. "아니라 나는 여호와의 군대장관으로 이제 왔느니라"

여호와의 임재인 것이다. 그가 누구 편이냐가 문제가 아니라, 내가 그 분 앞에 엎드리고 그 분의 편이 되어야만 하는 것이다. 그것을 깨달은 여호수아는 당장 엎드리며 "나의 주여 무슨 말씀을 하려 하시나이까?"하고 물었다. 여호와께서는 "네 발에서 신을 벗으라 네가 선 곳은 거룩하니라"라고 말씀하셨다.

예수님이 오신 것은 하나님이 우리와 함께 하심이다. 이제 성령을 통하여 우리와 함께, 우리 안에 거하신다.

"보라. 처녀가 잉태하여 아들을 낳으리니 그 이름을 임마누엘이라 하라 이를 번역하면 하나님이 우리와 함께 계시다 함이라"(마 1:23).

이 아름답고 복된 이름을 남용하거나 만홀히 여기면 안 된다. '임마누엘'은 그 분이 언제나 내 도우미가 된다는 뜻이 아니라, 나의 주(主)로서 내 곁에 거하신다는 뜻이다. 내가 항상 그 분 앞에 엎드리고 그 분에게 청종하고 그 분을 섬길 준비를 해야 하는 것이다.

우리는 하나님의 임재와 성령의 충만을 사모한다. 그에 앞서 철저하게 그 분께 순종하지 못하고 거룩하지 못한 영역을 온전히 복종시켜 그 분 앞에 거룩한 산 제사로 드리기를 힘써야 한다. 그 분의 임재를 위한 자리를 내어 드릴 때 임마누엘은 최고의 사랑과 구원과 능력과 위로가 된다.

중국 삼자교회에 가면 예배당의 강단 뒤에 항상 '以馬內利'(이마내리)란 글

귀를 걸어놓는다. 임마누엘이란 뜻이다. 환난과 시련이 많은 땅에서 임마누엘보다 더 큰 위로가 어디 있는가! 요한 웨슬레는 임종 직전 이렇게 말했다. "가장 좋은 것은 하나님이 우리와 함께하심이다."

13. 예수

'예수'는 구원이란 의미의 히브리 이름 '요수아'에서 가져온 헬라어 음역이다. 자기 백성을 저희 죄에서 구원할 분이시기에 이 이름을 주셨다.

이것은 하나님이 인간이 되셨을 때 받은 이름이다. 즉 한 여성, 마리아의 자궁에 임신이 될 때 받은 이름이다. 세상에서 가장 낮아지신 분께 붙여진 이름이다. 그 분이 십자가에서 죽으실 때 명패에 '나사렛 예수 유대인의 왕'(요 19:19)이라고 쓰여 있었다.

그러므로 하나님께서는 그 이름을 지극히 높여 모든 이름 위에 뛰어난 이름이 되게 하시고 모든 무릎을 예수의 이름에 꿇게 하셨다(빌 2:10).

아! 내가 진정 사랑해야 할 이름이요, 높여 드려야 할 귀하신 이름이다! 예수! 아름다운 그 이름, 복된 예수!

14. 기타 별명

이사야 선지자는 장차 이 땅에 오신 그리스도를 예언하면서 그리스도의 이름이 다양하게 불려질 것이라고 말했다. 그 분은 놀라운 이름으로 불려지실 것이다.

> "이는 한 아이가 우리에게 낳고 한 아들을 우리에게 주신 바 되었는데, 그 어깨에는 정사를 메었고 그 이름은 기묘자라 모사라 전능하신 하나님이라 영존하시는 하나님이라 평강의 왕이라 할 것이라"(시 9:6).

따라서 우리는 예수님을 부를 때 이사야가 예언한 대로 부를 수 있다.

- 기묘자 모사(the Wonderful Counselor)
- 전능하신 하나님(Mighty God)
- 영존하시는 아버지(Everlasting Father)
- 평강의 왕(Prince of Peace)

이 얼마나 놀라운 이름들인가! 그 분은 Best Counselor이며, 영원하신 내 아버지이시다. 다함이 없는 평강의 왕이시다. 사단은 항상 분열과 근심과 재난과 격동을 일으키지만, 주님은 항상 평강에서 평강으로, 완전한 평강(perfect peace)으로 인도하신다(사 26:3).

이름이 거룩히 여김을 받으시오며! 하나님의 각양 이름들을 높이고 찬양하자. 그 이름 속에 담긴 약속들이 그대의 영혼에 축복의 눈이 되어 덮힐 것이다.

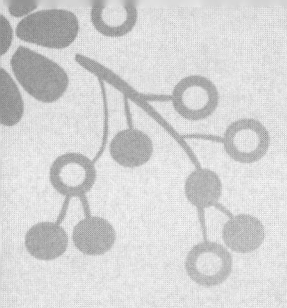

Chapter 4
회복해야 할 다윗의 장막

Chapter 4
회복해야 할 다윗의 장막

내가 주의 권능과 영광을 보려하여 이와 같이 성소에서
주를 바라보았나이다(시 63:4)

1. 왜 다윗의 장막인가?

　이스라엘 역사에서 하나님의 임재가 있었던 예배를 드린 때가 여러 차례 있었다. 가는 곳마다 하나님께 제단을 쌓고 여호와의 이름을 불렀던 아브라함의 예배를 보라. 여호와는 아브라함에게 응답하셨고, 그의 후손의 미래를 약속하셨다. 시내산에서 모세의 예배는 탁월하였다. 여호와께서 직접 나타나셔서 현현하시며 십계명을 반포하시고 모세는 날마다 회막에 들어가 하나님을 뵈었다. 성막이 완성되고 기름을 붓고 첫 제사를 드리던 날, 여호와께서는 불로 응답하시고 그 영광을 나타내셨다. 이스라엘 백성들은 성막에 임재하시는 여호와 하나님의 임재를 보며 그 앞에서 경배하였다. 그러나 모세 때 그토록 많은 하나님의 영광을 보았음에도 불구하고 백성들은 곧 우상숭배로 하나님을 격노하시게 했다. 성막을 만들고 아론과 그 아들들이 거룩한 제사장 위임식을 칠 일 동안 거행한 후, 이튿날 나답과 아비후는 술취하고 잘못된 제사를 드리다가 여호와의 불에

타 즉시하고 말았다. 백성들은 자기들에게 그 영광을 나타내시고 만나를 비같이 내리시며 반석에서 생수를 내어 마시게 하신 하나님께 진정 감사 찬양을 드리지 못하고 오히려 원망하고 불평하다 광야에서 엎드러져 죽었다.

이로 볼 때, 모세시대에 사람들이 가장 많은 하나님의 영광을 체험하였으며 하나님을 만나는 예배의 집인 성막을 만들기까지 하였으나 백성들이 하나님을 온전히 예배하는 데 실패하였다. 성막에서 마음을 다하여 예배하게 된 것은 다윗시대에 와서야 이루어졌다.

다윗은 사울에게 쫓겨 다니는 긴 기간 중 하나님의 사람으로서 불같은 연단을 받았으며, 수많은 고난과 위기 가운데서 하나님께 부르짖고 하나님의 위로와 사랑을 체험하였다. 그는 그 기간 중에 하나님의 존재와 계시를 무수히 받아 시편들을 기록하였으며, 그 가운데는 메시아에 대한 예언적 시들도 있다. 그가 하나님의 영을 통하여 기록한 시편들은 얼마나 하나님께 대한 뜨거운 열정과 열렬한 사랑이 흘러 넘치는지, 시편의 소중한 교훈은 단련 가운데 있는 그리스도인들을 격려하기에 충분하다. 그런 시련을 통과하면서 다윗은 하나님을 찾으며 찬양하며, 개인적 예배를 쉼없이 드렸다. 그는 모든 위기와 고난스러운 상황들을 하나님 앞에 올려드렸다.

그런 다윗이 예루살렘에서 이스라엘의 왕이 되었을 때 가장 힘을 기울여 국책 사업으로 추진한 일은 마음을 다하여, 뜻을 다하여, 힘을 다하여 하나님을 예배하는 일이었다. 다윗왕국 시절에 공동체적 예배는 그 열정 면에서, 그 제도 면에서, 그 규모 면에서 가히 인류역사에서 예배의 절정이었다고 말할 수 있다.

다윗시대에는 왕권이 안정되면서 다윗 왕은 뜨거운 열정으로 온 이스라엘 백성들이 하나님만 예배하도록 성전제도를 완비하였다. 그리하여 하나님 중심의 강력한 리더십과 예배지도자들의 헌신과 은사계발 등이 이루어졌고 수많은 예배를 위한 찬송들이 작곡되었고, 다윗 재위기간을 통하여 하나님께의 예배공동체가 활성화되었다.

그 예배공동체의 핵심 장소인 성소가 곧 다윗의 장막이었고, 하나님께서는 아모스 선지자를 통하여 다윗의 장막을 회복시키실 것이라고 하였다.

> "그 날이 오면 내가 다윗의 무너진 장막을 일으키고 부서진 틈을 막으며 무너져내린 것을 다시 일으켜 세우겠다 옛날처럼 다시 회복시켜 주겠다"(암 9:11).

아모스 9장 11절과 12절의 예언을 신약에서 인용한 사람은 야고보였다. 예루살렘 사도회의에서 의장이었던 야고보는 "하나님이 처음으로 이방인 중에서 자기 이름을 위한 백성을 취하시려고 저희를 권고하신 것을 시므온이 고하였으니"라고 하면서 이 구절을 인용하였다. 이 구절이 성취되었다는 의미로 사용하였는데, 야고보는 이 구절의 뒷부분에 강조를 두어 하나님의 이름을 섬길 이방인들을 일으킬 것이 성취되었다고 하였다. 안디옥에서 많은 이방인들이 그리스도께 돌아왔을 때, 이 이방인들이 주님의 이름을 함께 섬길 백성이라는 것이다.

여기 '다윗의 장막을 다시 일으키시겠다'고 한 것은 이미 이루어졌다는 뜻이다. 어떻게 이루어졌는가. 신약시대에 이스라엘과 이방인들 가운데서 예수 그리스도 복음을 믿는 백성들의 예배 가운데 성령이 강림하심을 통하여 하나님을 기쁘게 섬길 예배공동체가 세워졌다. 하나님께서는 모든 시대에 다윗의 장막이 온전히 회복되고 세워지기를 원하신다.

2. 다윗의 장막이란?

다윗의 장막에 대하여 구약에서 연구해 볼 필요가 있다. 다윗의 장막을 예배의 집, 즉 성소라고 볼 때, 다윗시대에 하나님이 임재하시는 성소는 세 가지 유형으로 등장한다. 물론 지상의 성소는 두 개, 즉 예루살렘의 성소와 기브온 성소였다. 그러나 다윗이 성소라고 깨닫고 불렀던 것은 세 가지 유형이었다.

제1성소(시 11:4, 29:9, 52:8, 63:2): 광야
제2성소(대상 15:25-16:38): 예루살렘
제3성소(대상 16:39-43; 시 132:1-7): 기브온

제1성소 - 광야에서

다윗의 장막을 말할 때, 그가 갑자기 왕이 되어서 사울왕 때 잃어버렸던 법궤를 모셔 오고 열과 성을 다하여 하나님을 예배하였다고 보아서는 안 된다. 그 이면에 다윗이 받은 긴 신앙훈련의 여정을 이해하지 않고는 다윗의 장막을 이해할 수 없다.

다윗은 사무엘을 통해 이스라엘 왕이 되도록 기름부음을 받은 후 여호와의 영이 큰 능력으로 그 위에 임하였다(삼상 16:13). 그 후 여호와를 업신여기던 골리앗을 죽이고 사울에게 인정을 받고 이스라엘 군대의 총사령관이 되고 사울 왕의 사위가 된다. 그러나 다윗이 블레셋과의 전투에서 연전

연승하고 백성들로부터 신임과 사랑이 각별해지자 사울 왕은 다윗을 시기하고 두려워하며, 다윗이 장차 자신을 제거하고 이스라엘 왕이 될 것이라고 의심하며, 다윗을 죽이려고 집요하게 추격한다.

이 때부터 다윗의 생은 고난과 역경으로 점철된다. 거의 하루도 집에서 사랑하는 처자들과 오순도순 이야기하며 잠들 수 없었다. 그의 거실은 거친 광야였고, 침소는 야수의 울음소리가 들려오는 동굴이었다.

다윗이 이렇게 피신다니던 고통의 기간은 약 12년쯤 될 것이다. 왜냐하면 다윗이 사무엘에게 기름부음을 받을 때, 아직 얼굴빛이 붉은 소년이었고(삼상 16:12), 블레셋과의 전투에 군인으로 선발되지 못한 것을 볼 때 그는 20세가 안된 것을 알 수 있으며, 이새의 여덟 아들 중 장자부터 세 아들들 엘리압, 아비나답, 삼마만 전투에 참가했고, 전투에 나가지 않은 나머지 아들들 가운데도 막내였다(삼상 16:13, 14). 그가 골리앗을 무찌르기 위해 사울 왕에게 나아갔을 때, 사울은 "너는 아직 어린아이일 뿐이지만, 골리앗은 젊었을 때부터 싸움을 많이 해 온 뛰어난 군인이다"고 말하였다. 그러나 다윗이 양치기를 할 때 사자나 곰을 쓰러뜨렸다고 말하는 것을 보아 다윗은 20세 이전, 십대의 중반쯤이나 중반을 갓 넘었을 것이다. 사울 왕이 죽었을 때 다윗의 나이는 28세였다(삼하 2:10-11; 5:4-5). 사울 왕이 죽은 후 2년 간 사울의 아들 이스보셋이 이스라엘 열 지파를 통치하였으며, 다윗은 그 기간 동안 유다를 다스렸고, 이스보셋이 죽은 후 서른 살이 되어서 비로소 헤브론에서 이스라엘의 왕이 되었다.

그러니까 다윗이 첫 기름부음을 받을 때를 15세로 잡으면 사울이 죽고 유다 지파의 두령이 되던 28세까지 그는 약 12-3년간 혹독한 피난살이를 하였다. 그 긴 날들의 시련 속에서 목숨의 위기를 수없이 넘기는 가운데 전심을 다해 하나님을 찾고 하나님과 동행하면서 '하나님의 사람' 다윗이 만들어진 것이다. 이런 배경 가운데서 다윗과 성소, 다윗의 예배에 대하여 생각해 보자.

이스라엘에서 성소는 모세가 시내산에서 하나님께 들은 명을 따라 만들었으며, 그 후 가나안 땅으로 들어온 뒤 실로에 성소를 설치하고 제사장들이 관리해 왔다. 그러다 블레셋과의 전투에서 홉니와 비느하스가 전장에 하나님의 법궤를 가지고 갔으나 그들의 죄악에 대해 하나님께서 징계하심으로 법궤를 빼앗겼으며, 두 제사장들은 그 곳에서 죽었다. 이스라엘의 마지막 사사였으며 제사장이었던 엘리는 법궤가 빼앗겼다는 소식을 듣고 충격을 받아 그만 목이 부러져 죽고 말았다. 그 후 실로는 폐허가 되었으며 법궤는 블레셋에 들어갔다가 7개월 후에 돌아와 기럇여아림에 살던 여호나답의 집에 보관되고, 제사장도 법궤도 없이 빈 집이 된 성막은 방치된 채, 행방이 묘연해졌다.

그 후 사울 왕이 통치하는 동안 이스라엘 땅에 성소는 없었다. 그런데, 다윗은 성소가 없던 시절에 성소를 언급하였다.

다윗은 전술한 대로 약 12년 동안 사울의 군대를 피하여 유대 광야를 전전하며 피신 다녀야 했다. 이 때 그는 광야에서 잠을 자야 했는데, 그가 당하는 고난과 두려움을 인하여 하나님만 찾고 부르짖었으며, 그 때마다 하나님의 응답을 경험하였고, 하나님의 임재를 경험하였다. 여기서 그는 하나님께서 온 우주 가운데 계시며 우주와 대자연은 곧 하나님께서 거하시는 성전인 것을 깨달았으며 하나님의 임재 앞에서 감격의 찬양을 드리곤 하였다.

 "여호와께서 그 성전에 계시니 여호와의 보좌는 하늘에 있음이여. 그 눈이 인생을 통촉하시고 그 안목이 저희를 감찰하시도다"(시 11:4).

이 시는 다윗이 사울에게 피해 다닐 때 기록한 것이다. 그러므로 이 시의 초두에 "내가 여호와께 피하였거늘 너희가 내 영혼더러 새같이 네 산으로 도망하라 함은 어찜인고 악인이 활을 당기고 살을 시위에 먹임이며 마음이 바른 자를 어두운 데서 쏘려 하는도다"(1-2절)라고 고백하였다. 이와같이 사냥꾼의 화살을 피하여 다시는 새처럼 도피하고 악인들의 화살이 겨누어지는 상황 속에서, 그는 성전에 계시는 여호와를 바라보았으며, 그 분의 눈이 인생들을 통촉하신다는 사실을 통해 힘을 얻었다.

그러면 당시 성전이 세워지기 전이었으며, 모세의 성소조차 없던 때였는데 '성전'이라고 한 것을 어떻게 이해해야 하는가. 그것은 곧 우주적 성소를 가리키며, 여호와의 보좌는 하늘에 있고, 온 우주는 그 분이 거하시는 성전인 것을 깨달은 것이다. 그는 적어도 온 우주 어느 곳이든 하나님의 눈이 보시고, 하나님의 손길이 미친다는 사실을 인식하였다. 시편 139편에서 다윗은 하나님의 편재성을 인식하고 노래하였다.

> "내가 주의 신을 떠나 어디로 가며 주의 앞에서 어디로 피하리이까 내가 하늘에 올라갈찌라도 거기 계시며 내가 음부에 내 자리를 펼지라도 거기 계시니이다. 내가 새벽날개를 치며 바다 끝에 가서 거할찌라도 곧 거기서도 주의 손이 나를 인도하시며 주의 오른손이 나를 붙드시리이다"(시 139:7-10).

그러므로 다윗은 손으로 지은 성전이 있기 전에 여호와께서 온 우주에 편재하시다는 사실을 성령의 감동으로 깨달았다. 그리하여 온 우주 전체가 하나님의 성소라고 고백한 것이다.

시편 19편도 그런 맥락에서 하나님의 광대하심을 보면서 하나님을 찬양한 시이다.

> "하늘이 하나님의 영광을 선포하고 창공은 주님의 솜씨를 알립니다 낮은 낮에게 말하고 밤은 밤에게 아는 것을 알려줍니다 언어가 없고 말하는 소리도 없고 들리는 소리도 없지만 그 소리들은 온 땅에 두루 퍼지고 땅끝까지 퍼져 나갑니다"(시 19:1-4).

그는 하늘과 창공, 낮과 밤이 하나님의 영광과 위대하심을 선포하는 대성전임을 깨달았다. 이 시에서 "나의 바위요 나의 구원자신 여호와여!"라고 한 고백을 볼 때, 그가 광야에서 사울에게 피난 다니는 기간에 쓴 시임을 알 수 있다. 그는 피난 중에도 저 푸른 창공과 태양빛을 보며 하나님의 영광을 찬양하며 예배하였다.

시편 29편 역시 유대광야에서 쓴 시인데, 우기(雨期)에 장대비가 쏟아지는 광활한 광야를 보면서 쓴 독특한 시로 대자연을 성소로 고백하였다.

다윗은 어느날 광대한 광야에 머물면서 마침 우기 때에 천둥번개가 치고 장대비가 퍼붓고 홍수가 콸콸 넘치는 광경을 목격하면서, 온 땅에 왕으로서 행하시는 놀라운 위엄과 권능을 인식했다(시 29편).

> "영광의 하나님이 뇌성을 발하시니 여호와는 많은 물위에 계시도다"(3절).

뇌성과 함께 번개가 쳐서 거대한 백향목이 꺾이며 그 소리에 놀란 암사슴이 낙태를 하고, 어둡던 삼림이 번개빛에 환하게 드러나는 것을 보았다.

> "여호와의 소리가 백향목을 꺽으심이며 여호와께서 레바논의 백향목을 꺾어 부수시도다… 여호와의 소리가 화염을 가르시도다 여호와의 소리가 광

야를 진동하심이여 여호와의 소리가 암사슴으로 낙태케 하시고 삼림을 말갛게 벗기시니"(5-9절).

넘쳐나는 홍수를 보면서, 그것을 통해 메말랐던 광야를 적시어서 사람들에게 농사와 열매를 맺게 하시는 것을 볼 때, 하나님이 진정 왕이심을 고백하였다.

🌱 "여호와께서 홍수 때에 좌정하셨음이여 여호와께서 영영토록 왕으로 좌정하시도다"(10절).

해마다 홍수가 나면 모든 TV 채널은 홍수의 위력을 방송하며 서울을 관통하는 한강지류의 수량을 조절하기 위해 댐들의 수문을 열어 통제하면서 한강이 범람 할까봐 걱정하며 더 이상의 비가 쏟아지지 않기를 초조하게 기다리는 것을 목격할 때가 많다. 카트리나 대홍수의 위력을 보라. 인간은 달까지 정복하고 우주전쟁을 대비한다고 하지만, 홍수 앞에, 태풍 앞에 어처구니 없이 무력한 모습을 보인다.

무섭고 두려운 홍수와 태풍의 꼬삐를 잡으시고 그것들을 조절하시는 이는 오직 보좌에 앉으신 하나님이시다. 그 분만이 태풍의 진로를 바꾸기도 하시고 소멸하기도 하시고 홍수의 수량을 많게도 하시며 적게도 하신다.

그러므로 다윗은 이 모든 거대한 광야와 대자연이 창조주 하나님, 만왕의 왕을 찬양하고 그 분의 위엄을 찬양하는 거대한 성전이라는 사실을 깨달았다. 그 모든 거대 성전에서 이렇게 외친다. "영광!"

🌱 "그 전(展: temple)에서 모든 것이 말하기를 영광이라 하도다"(in his temple all cry, "Glory!"- NIV, 9절).

그 성전에서 모든 것(everythings)이 '영광!'을 선포한다고 하였다. 우리말 '쉬운 성경'은 이 부분을 "모든 사람들이 말하기를 영광이라"고 번역하여 마치 인간의 손으로 지은 성전에 모인 사람들이 "영광!"이라고 외친다고 하였는데 그것은 잘못된 번역이다. 원문의 의미는 '모든 사람'이 아니라 '모든 것'이다. 유대의 광야에는 다윗과 그를 따르던 소수의 사람들 외에는 지금 아무도 없다. 장마비가 쏟아지고 천둥번개가 친다. 여기서 모든 것들은 무엇인가! 대자연의 모든 것들, 나무와 풀들, 절벽, 들짐승, 산과 계곡 등 대자연을 가리키는 것이다. 그가 본 성전은 벽돌로 지은 성전이 아니라 너무나 장엄한 대자연과 우주의 성전이었던 것이다!

나는 이 시에서 영감을 받아, G자로 시작되는 세 가지 낱말이 떠올라 3G란 제목의 시를 써서 하나님께 영광돌린 일이 있다.

3G

동해의 해변에 발을 담그고
넘실대는 푸른 파도에 옷깃 적시며
끝없는 수평선을 바라볼 때,
그 분의 놀라운 위대함- Greatness!

한 여름의 장대비가 폭포로 쏟아지고
비개인 동편 하늘에 영롱한 무지개 뜨고
두 팔 크게 벌리고 통쾌하게 웃노라면,
그 분의 넘치는 은혜- Grace!

따사로운 태양빛이 온 누리에 엄마의 눈길처럼 내리고
황금 들녘에 영근 열매들은 머리 숙여 추수를 기다리며
석양에 붉은 과일들이 사과향기 토하는 산촌을 거닐 때,
그 분의 거룩한 영광- Glory!

내가 숨쉬는 어디든지
그 분은 거기 계신다!

또 하나의 시를 살펴보겠다. 이 시는 다윗이 사울을 피하여 집을 나와 제사장 아히멜렉의 집에 들렸다가 간 직후, 에돔인 아히멜렉이 다윗을 도왔다는 말을 사울이 듣고 도엑으로 하여금 아히멜렉과 제사장 85인을 살육한 사건을 보고 쓴 시이다. 이 시에서 그는 악인의 삶과 종말(1-5절), 의인의 삶과 소망(6-9절)을 뚜렷히 대조하여 기록하였다. 소망에 대한 부분에서 그는 다음과 같이 고백하였다.

> "오직 나는 하나님의 집에 있는 푸른 감람나무 같음이여 하나님의 인자하심을 영영히 의지하로다!"(시 52:8)

여기서도 '하나님의 집'이란 성소의 개념인데, 아직 성소나 성전이 없던 때에 그는 '하나님의 집'을 말하며 자신은 '하나님의 집에 심겨진 푸른 감람나무 같다'고 고백하였다. 재미있는 사실은 모세의 장막에서도 여호와의 집에는 나무를 심은 적이 없었으며 솔로몬의 성전에도 나무를 심었다는 기록은 없다. 그런데 다윗은 자신을 가리켜 하나님의 집에 감람나무라고 하였다. 시적 상상력이자 다윗의 믿음에서 우러나온 고백이다. 자신은 하나님의 뜰에 심겨진 감람나무처럼 하나님의 특별한 보호와 관리를 받고 있는 사랑받는 자라는 정체성을 밝힌 것이다. 얼마나 놀라운 고백인가!

이제까지는 다윗이 왕이 되기 전에 기록한 '하나님의 성소'에 대한 글들을 살펴보았다. 그런데 왕이 된 후에 기술한 것도 있다.

> "하나님이여! 주는 나의 하나님이시라 내가 간절히 주를 찾되 물이 없어 마르고 곤핍한 땅에서 내 영혼이 주를 갈망하며 내 육체가 주를 앙모하나이다 내가 주의 권능과 영광을 보려하여 이와 같이 성소에서 주를 바라보았나이다"(시 63:1).

이 시 5절에 "골수와 기름진 것을 먹음과 같이"라는 표현이나 "왕은 하나님을 즐거워하리니"(11절)라는 표현을 볼 때 다윗이 예루살렘에서 왕으로서 기름진 음식을 먹던 모습을 추억하는 것을 알 수 있으며, 이미 다윗이 왕이 된 후의 일임을 알 수 있다. 그런데 1절에서 그는 "물이 없어 곤핍한 땅에서 주를 갈망하고 있다"고 고백한다. 표제에 [다윗의 시, 유대광야에 있을 때]라고 한 것을 종합해 볼 때, 이 시기는 다윗이 왕자 압살롬의 난을 피하여 유대광야로 피신한 때이다.

아무튼 이 시기 역시 혹독한 고통의 시기였다. 그는 예루살렘의 성소에서 멀리 떨어진 요단강 건너편에 머물고 있었다. 그런데 그 광야지대에서 "내가 주의 권능과 영광을 보려 하여 이와 같이 성소에서 주를 바라보았나이다"(2절)라고 고백하고 있는 것이다. 이 성소 역시, 우주적 성소에 거하시는 하나님의 영광을 바라본 것이다.

이상과 같은 시들에서 다윗이 하나님의 성전을 고백한 것들을 보면 모두 다윗이 극도의 고통과 환난 가운데 처해 있을 때 고백한 것이다. 하나님의 성소는 곧 하나님의 임재를 가리킨다. 그는 답답하고 힘든 광야생활 가운데서 지치고 낙심하고 불평한 게 아니라, 우주의 성소에 거하시는 하나님의 임재와 영광을 바라보았고 그 분을 통하여 새 힘을 얻었던 것이다.

그렇다. 우리는 반드시 손으로 만들어진 성전이나 기도의 집에 들어가야만 찬양하고 기도할 수 있는 게 아니다. 또 환경이 좋고 평안하며 형통할 때만 찬양하고 감사할 수 있는 것이 아니다. 다윗의 경우를 볼 때, 유대광야에서 내일이 보이지 않던 시절, 하루하루 사울 왕이 보낸 군대가 창칼을 들고 자신을 죽이려고 광야 곳곳을 헤집고 다니며 아슬아슬하게 목숨을 피해야 하던 극심한 고통의 시기에 그는 하나님의 영광을 보았고, 하나님을 찬양하였던 것이다.

특히 압살롬의 반란을 피할 때는 가장 비참하였다. 그런 참담함 가운데서 그가 하늘성소에 계신 하나님의 권능과 영광을 보려고 하나님을 바라보았을 때, 그는 그 모든 환난과 고통 가운데서도 측량할 수 없는 만족과 기쁨을 체험하였다.

> "내가 주의 권능과 영광을 보려 하여 이와 같이 성소에서 주를 바라보았나이다 주의 인자가 생명보다 나음으로 내 입술이 주를 찬양할 것이라 이러므로 내 평생에 주를 송축하며 주의 이름으로 인하여 내 손을 들리이다 골수와 기름진 것을 먹음과 같이 내 영혼이 만족할 것이라
> 내 입이 기쁜 입술로 주를 찬송하되 내가 나의 침상에서 주를 기억하며 밤중에 주를 묵상할 때 하오리니 주는 나의 도움이 되셨음이라 내가 주의 날개 그늘에서 즐거이 부르리이다"(시 63:4-7).

누가 이 시를 왕자가 반란을 일으켜 도피 중에 있는 왕이 쓴 시라고 말할 수 있겠는가!

당신에게 아무에게도 말할 수 없고, 말해 보아도 소용 없는 가슴 아픈 일이 당신의 영혼을 짓누르고 있는가! 당신이 통과해야 하는 터널의 끝이 보이지 않는다고 절망적인 넋두리를 하고 있는가!

눈을 들어 다윗이 저 유대광야에서 바라보았던 하나님, 다윗을 만나 주시어 눈물을 씻기시고 골수에 넘치는 기쁨을 주시며 침상에서 노래하게 하셨던 그 하나님께 나아가라. 당신의 처지가 너무 암담하다면 다윗의 이 고백을 묵상해 들어보라.

> "나의 유리함을 주께서 계수하셨으니 나의 눈물을 주의 병에 담으소서"
> (시 56:8).

얼마나 많은 날들을 그 무서운 광야에서 유리하였던가! 얼마나 많은 눈물을 흘렸기에 나의 눈물을 주의 병에 담아 달라고 하였던가! 하나님은 다윗에게 곧 응답하셨다.

그 하나님께 당신의 가슴에 있는 모든 것들을 쏟아 놓으라. 당신을 만나주시고 당신의 암울한 마음에 빛을 주시고 갈망하는 영혼에 생수를 채워 주실 것이다! 우리는 형통을 구하기 전에, 하나님의 얼굴, 하나님의 임재를 구해야 한다.

다윗은 왕이 되기 전에, 궁궐을 회복하기 전에, 철저하게 하나님의 임재와 얼굴을 구했다. 우주적 성소에 거하시는 하나님의 임재를 경험했다. 그것이 다윗을 다윗 되게 하였으며, 모든 환난을 이기고 왕위에 오르며 세계 최고의 위치로 오르게 한 비결이 되었다.

사랑하는 형제자매여! 당신이 고난 가운데 고독한 자리에 처해 있는가? 하나님은 당신을 보고 계신다. 당신의 계절은 겨울인가? 겨울 뒤에는 화창한 봄이 기다리고 있다. 봄날은 우연히 혹은 저절로 오지 않는다. 당신의 앞날에 아름다운 봄을 예비하고 계시는 하나님을 찾아야 한다. 하나님을 만나야 한다. 그 분을 기다리고 그 분에게 부르짖으라. 그러면 하나님이 예비하신 봄날이 올 것이다(시 40:1).

겨울을 나는 이들에게

잎새 진 자리에
돋아난 새순
겨울이 닥치면 두터운 털옷 여미고
봄날을 기다린다.

기다리는 날들은 결코 초라하지 않는 법
어둡고 두터운 털옷은
감방이 아니라
주님께서 주신 안식처.
조그만 자유의 꿈틀거림 속에
추억이 쌓이는
희망의 땅.

어둡고 두터운 털옷 속에 숨어 있는 생은
나태와 안일이 아니라
봄날을 마중하며
깊은 땅 물줄기 끌어 올려

오늘
부지런히
속알갱이를
채곡히 다진다

왜 서두른 꽃을 피우려 하는가.
왜 섣부른 열매를 맺으려 하는가.
'아직 겨울인가' 한탄하며
왜 분노하는가.

지금
눈발 펑펑 솟구쳐 날리는 서럽고 깜깜한 동짓날이더냐.
절망치 말라.

봄날의 햇살은 그 분만의 것
잠잠히 기다리며
너의 길을 가려무나.

광야의 긴 겨울을 물리치고 마침내 이스라엘의 왕위에 올랐던 다윗처럼, 당신이 광야에 있는가? 강력한 예배자가 되길 바란다. 당신에게 봄날이 곧 올 것이다.

제2성소(대상 15:25-16:38) - 예루살렘

다윗은 유대광야에서 이미 하나님의 임재와 영광을 여러 차례 경험하였다. 그가 예루살렘에서 온 이스라엘의 왕이 되자 그는 가장 먼저 성전을 회복하는 일에 착수했다.

아마 법궤는 아비나답의 집에서 70년 정도 대대로 보관되어 온 것 같다.[4] 다윗 왕은 처음에 군대를 동원하고 아비나답의 아들 웃사가 새로 만든 수레에 법궤를 싣고 소를 몰고 오는 중에 소가 뛰었고 웃사는 법궤를 보호하기 위해 손으로 잡다가 즉사하고 말았다. 그 일로 다윗은 크게 두려워서 법궤를 모시는 일을 잠시 중단하였다(대상 13:1-14). 그래서 도중에 법궤를 가드 사람 오벧에돔의 집에 들였는데, 오벧에돔의 집에 모시도록 한 이유는 그가 그 지역에 살던 레위인이었기 때문이다. 웃사가 죽은 사실을 아는 오벧에돔은 여호와의 법궤를 떠맡았을 때 얼마나 두려웠을까! 그래서 그는 마음을 다하여, 뜻을 다하여, 힘을 다하여 자신을 성별하면서 하나님을 섬겼을 것이다. 그로 인해 여호와께 석 달 만에 큰 복을 받았고, 그 소문이 다윗에게 들어갔을 때 다윗은 용기를 내어 두 번째로 법궤를 모셔오

---

[4] 아비나답의 집에서 20년간 있었다고 하였는데, 그 20년은 법궤가 돌아온 때로부터 사무엘이 선지자로 등장할 때까지의 기간인 듯 하다(삼상 6:2,3). 나의 견해로는 법궤가 빼앗겼을 때는 사무엘이 열 살 미만의 어린 시절이었으며 그가 이스라엘에 나타난 때는 30살쯤 되었을 것이다. 그 기간이 20년이 된다. 사무엘의 말년에 사울을 왕으로 세워 사울이 40년간 통치하였으며, 그 후 다윗이 헤브론에서 7년간 통치한 것을 합치면 최소 67년이 되며, 사무엘부터 사울의 등극 때까지의 기간을 감안하면 70여년이 된다고 본다.

게 된다.

그는 지난번의 실수를 인식하고 이번에는 율법대로 레위인들을 구별하여 어깨에 메고 운반하게 하였다. 그리고 법궤가 예루살렘으로 들어올 때 하나님 앞에서 기쁨으로 춤을 추었다(대상 15:1-29).

여기서 여호와를 섬긴 여호나답, 웃사, 오벧에돔, 다윗 등의 경우를 볼 때 귀중한 교훈을 발견한다. 여호와 하나님을 섬긴다는 것, 예수님을 믿고 섬긴다는 것은 크고 두려운 일이자 놀랍고 엄청난 기회이다. 이것을 잘 알지 못하고 하나님을 업신여기는 태도로, 인위적 방법대로 내 멋대로 섬기면 아비나답처럼 섬기고도 징계를 받고 다윗처럼 실패할 수 있다. 하나님을 예배하고 섬기는 일에 목숨을 건다면 오벧에돔처럼 복을 받을 것이다.

오벧에돔에 대하여

가드 지역은 원래 여호수아가 단 지파에게 기업으로 준 땅이며(수 19:40-49) 그 가운데서 가드는 레위인들에게 주어졌다(수 21:24-24 당시 '가드림몬'이라고 불렀다). 대부분의 단 사람들이 그 지역에서 블레셋과의 싸움이 두려워 북쪽으로 이주했다. 그러나 레위인은 한 사람 외에는 그 곳에 가지 않고 기업의 땅을 지켰다. 그 지역에 배치된 레위인들(고핫 자손들)이 단 지파 사람들을 따라가지 않고 블레셋 지역에서 고통을 겪으면서도 계속 기업을 지키며 살았다는 점은 충성된 모습이다. 오벧에돔이 법궤를 맡게 될 즈음 살던 곳은 원래의 가드 지역에서 동쪽으로 어느 정도 이동한 곳이었다. 그 이유는 그들이 기업으로 받은 지역은 블레셋 땅이었으므로 이스라엘 사람들이 사는 곳으로 이동해 간 듯하다.

다윗이 법궤를 오벧에돔의 집에 맡긴 것은 오벧에돔이 그 지역에 살던 레위인이었으며, 레위인으로서 충직한 사람으로 인정되었기 때문이다. 요세푸스는 오벧에돔을 레위인의 후예이며 의인이었다고 기술하고 있다(요세푸스 유대고대사 7권 4:2:83). 오벧에돔은 부모가 붙여 준 이름 '에돔신의 종'이 아니라 '여호와의 종'(오바댜)이 되었다.

아비나답의 가문이 70년간 법궤를 섬겼어도 복을 받지 못하였으나 오벧에돔은 석 달 만에 큰 복을 받았는데, 그 이유가 무엇이었을까? 아비나답의 경우, 처음에는 거룩하게 구별하여 섬겼고 복을 받았을 것이다. 그러나 대를 이어 집안에서 법궤를 섬겨 오는 동안 신앙적 타성에 빠져 초심을 잃었던 것 같다. 마땅히 법궤를 이동할 때 어깨에 멜 것을 잊었고 수레에 싣고 가던 중에 웃사가 죽는 변을 당하였다. 그런 경황을 보고 다윗 왕이 두려워서 오벧에돔의 집으로 법궤를 보냈을 때 오벧에돔은 도망치고 싶었을 것이다. 그동안 법궤 앞에서 죽은 사람들의 역사를 그는 잘 알고 있었다. 홉니와 비느하스의 죽음(삼상 4장), 블레셋에서 7개월 동안 있을 때 블레셋에 내렸던 재앙들(삼상 6:1-9), 벧세메스 사람들이 법궤를 열어 보았다가 70명이 즉사한 일(삼상 6:19), 웃사의 죽음(삼하 6:7). 오벧에돔이 웃사보다 더 낫다고 보장할 수 없는 것이었다. 얼마나 두려웠을까!

피할 수 없이 운명적으로 맡게 된 법궤를 지키기 위해 그는 경건생활에 목숨을 걸었을 것이다. 그러므로 여호와께서는 오벧에돔의 집에 불과 석 달 만에 복을 쏟아 부어 주셨고, 다윗이 그를 통하여 용기를 얻어 법궤를 다시 궁으로 모셔오게 된다. 그 후 다윗 왕에게 발탁되어 '다윗의 장막'(성소)에서 악기를 연주하며 찬양하는 찬양단과 문지기직을 수행하였으며(대상 15:18-24), 30여 년 후 다윗 왕의 노년에 솔로몬 왕이 즉위하였을 때 다윗은 성소의 제도를 정비하였다. 오벧에돔은 늙은 레위인으로 여전히 성소를 섬겼는데, 오벧에돔의 아들들은 62명으로 모두 능력이 있어 그 직무를 잘하는 자들이라고 역대기 기자는 증거하고 있다(대상 26:4-8). 오벧에돔의 가

문, 그들은 우직하게 하나님 앞에 충성한 자들이며, 목숨을 걸고 하나님을 경외함으로 섬긴 자들이며, 거룩한 노래로 찬양하며 하나님을 사랑한 자들이다. 제사장직에 비하여 문지기라는 작은 일에 충성한 자들이며, 대를 이어 오래도록 변치 않는 신실함으로 하나님께 충성한 자들이다. 다음의 노래는 그들에게 딱 어울린다.

"주의 궁정에서 한 날이 다른 곳에서 천 날보다 나은즉 악인의 장막에 거함보다 내 하나님 문지기로 있는 것이 좋사오니, 여호와 하나님은 해요 방패시라 정직히 행하는 자에게 좋은 것을 아끼지 아니하실 것임이니이다"(시 84:10-11).

이 때 다윗은 법궤를 모셔 오기 전에 예루살렘 성내에 법궤를 모시기 위해 장막을 쳐서 처소를 준비하였다(삼하 6:17; 대상 15:1). 아마 그 장막은 급조되긴 하였지만 다윗 왕국에서 준비할 수 있는 최고의 아름다운 장막이었을 것이다. 크기도 최대한 넓게 만들었을 것이다.

이것이 곧 '다윗의 장막'이다. 다윗은 여기에 법궤를 안치했고, 아침 저녁으로 그리고 항상 그 앞에 나아가서 앙모하며 예배에 힘썼던 것이다. 공간적이며 좁은 의미로서 다윗의 장막은 이 두 번째 성소인 예루살렘에 법궤를 모셨던 장막을 가리킨다.

이 곳에서 어떤 일을 하였을까? 다윗이 법궤를 모시던 날 여호와께 번제와 화목제를 드리고 레위 사람들을 세워 궤 앞에서 여호와께 찬송하며 찬양하도록 하였으며 특별한 감사찬송의 시를 지어 불렀는데 그 시가 역대상 16장 7절부터 36절 까지와 시편 105편에 나와 있다. 그리고 다윗은 아삽과 그 형제들을 임명하여 여호와의 언약궤 앞에 머물며 항상 섬기게 하였고 오벧에돔과 그 형제들을 문지기로 삼았다(대상 16:37-38).

만일 다윗 왕궁에서 밤낮으로 문지기들이 서 있었다면 성전의 문지기들도 그리하였을 것이다. "파숫군이 아침을 기다림보다 내 영혼이 주를 더 기다리나니 참으로 파숫군이 아침을 기다림보다 더하도다"(시 130:6)라는 표현으로 보아 당시 파숫꾼들은 밤에도 성을 파수하였음을 알 수 있다. 밤에 파수하는 병사들이 아침이 밝아 오기를 목마르게 기다렸던 심정을 말해 주고 있다. 그런데 시편 기자는 밤중에 성소를 관리하는 레위인들에게 하나님을 찬양하라고 명하고 있다.

> "밤에 여호와의 집에 섰는 여호와의 모든 종들아 여호와를 송축하라 성소를 향하여 너희 손을 들고 여호와를 송축하라 천지를 지으신 여호와께서 시온에서 네게 복을 주실지어다"(시 134편).

이 시에서 밤에 성소에 서 있던 사람들은 누구였을까? 아마 레위인 찬양단원들과 문지기들이었을 것이다. 시인은(이 시인은 아마 다윗이거나 아삽이나 헤만, 여두둔의 집안에 어떤 영감이 뛰어난 찬양단원들 가운데 한 사람이었을 것이다) 그들에게 성소를 향해 손을 들고 여호와를 송축하라고 격려하고 있다.

역대상 23장에 다윗이 노년에 솔로몬을 왕위에 세우고 제도를 정비하여 솔로몬에게 넘겨주었다. 그 때 가장 먼저 한 일이 하나님의 성소를 섬기는 일이었는데 레위인들을 30세 이상으로 계수하여 2만 4천은 사무를 보게 하고, 4천은 문지기요 4천은 악기로 여호와를 찬송하는 자들로 세웠고(대상 23:3-5), 아삽과 헤만과 여두둔의 자손들로서 수금과 비파와 제금을 잡으며 신령한 찬양을 불러 하나님을 섬기는 자들 288명을 세웠다(대상 25장). 이 역대상 25장은 특별히 찬양하는 자들의 당번과 리더들의 이름들이 소개되어 있다.

이런 사실을 본다면 다윗의 장막에는 24시간 그 성소와 뜰에서 찬양하는 사람들이 당번을 정하여 찬양을 올려 드렸고, 바깥에는 문지기들이 있었는데, 그들도 하나님께 찬양을 드렸을 것이다.

이 주야의 찬양을 시간적으로 24시간 끊임없이 찬양을 불렀다는 표현은 성경에 없지만 고대 다윗 왕국의 심장부 역할을 했던 다윗의 장막에서, 다윗의 애정과 관심을 볼 때, 실제 24시간 하나님을 섬기며 찬양과 기도의 섬김이 있었을 가능성은 거의 확실시 된다. 다윗은 영적 열정으로나 정치-경제적 능력으로나 그것을 충분히 실현시킬 수 있었다.

생각해 보라! 동서고금을 막론하고 어느 나라에서 그토록 열렬하게 밤낮으로 하나님께 찬양과 감사의 찬미를 올려 드렸던 시기가 있었는가! 그렇기에 하나님께서는 다윗의 장막을 일으키시겠다고 하신 것이다.

부흥의 시기에는 많은 찬송이 쏟아져 나온다. 요한 웨슬레의 부흥운동 때 찰스 웨슬레는 수많은 찬송들을 작곡했고, 웨슬레의 회중들은 새로운 찬송들을 불렀다. 다윗 때는 구약시대로서 부흥의 부스러기를 경험한 시대였다[5]. 그래서 성령의 영감을 받은 많은 찬양단원들이 아름다운 찬송시들을 기록하였다. 구약의 시편들의 대다수가 바로 다윗시대에 기록되었다.

그 중의 대부분은 다윗의 시이며, 일부는 찬양단 지휘자였던 아삽(시 73-83)과 헤만(시 88장)과 여두둔(시 89장)의 것이고 나머지는 288인들 가운데 어떤 이들의 곡일 것이다(고라 자손의 시라고 표제 되어 있는 시들이 그들의 곡이며, 그 외에도 91편

---

[5] 나는 신약의 부흥에 비교하여 부스러기라고 표현하였다. 시편 110편에서 "주의 권능의 날에 주의 백성이 거룩한 옷을 입고 즐거이 헌신하니 새벽이슬 같은 주의 청년들이 주께 나아오는도다"라고 하였는데, 그것은 확실한 영적 부흥의 결과이다. '주의 권능의 날'이란 곧 주의 임재가 강하게 임한 날이며, 부흥의 날이다.

제4장 _ 회복해야 할 다윗의 장막 **111**

이하에 많은 무명시인의 시들이 그들의 것일 가능성이 크다).

　오늘날 시편들의 내용을 기초로 한 수많은 새로운 찬양들이 쏟아져 나오고 찬양의 기름부음이 이 세대에 부어지는 것은 바로 다윗의 장막이 회복되는 중요한 측면이라고 볼 수 있다. 지난 세기에 많은 청년들이 주님의 부르심을 받아 목사가 되려고 신학교의 문을 두드렸는데, 90년대부터 점점 찬양사역자로의 부르심을 받는 젊은이들이 많아지고 있다. 그것은 예배 회복을 위해 하나님께서 일하시는 한 단면이라고 할 수 있다. 예배 회복의 중심에는 하나님께의 사랑이 있고, 영감넘치는 찬양이 있다. 다윗의 장막에는 바로 그런 사랑과 찬양이 넘쳤고, 하나님께서는 오늘날 그것을 회복시키고 계신 것이다.

제3성소(대상 16:39-43; 시 132:1-7) - 기브온

　다윗시대에 예루살렘에 있는 다윗의 장막 외에 또 다른 성소가 운영되었다. 앞에서 법궤에 대하여 살펴보았는데, 법궤를 빼앗긴 후의 성막에 대하여 살펴볼 필요가 있다.

　법궤를 빼앗긴 후 실로는 '이가봇'의 쓴 경험 때문에 명성을 상실하였으며, 껍데기만 남은 성막은 아마 블레셋으로부터 보호하고자 놉으로 옮긴 것으로 추측된다.[6] 법궤를 놉으로 옮긴 자는 당시 대제사장이던 아히멜렉이거나(삼상 21:1) 사무엘일 것이다.[7]

　하나님의 임재의 상징인 법궤가 없는 상황에서 성막은 일종의 반 공식적인(semi-official) 경배의 장소가 되었을 것이다. 사무엘조차도 그 성막으로 가지 않고 산당에서 제사한 것을 볼 때 성막의 실질적인 영적 권위를 별로

---

6) 레온 우드, 「이스라엘의 통일왕국사」 윤종훈 역 (서울:기독교문서선교회, 1994), 162.

인정하지 않은 것 같다(삼상 9:12).[8]

그 후 사울 왕의 지시로 에돔인 도엑에 의해 놉의 제사장 85인이 죽었으며, 그 때 아히멜렉의 집안이 전멸하는 가운데 청년 제사장 아비아달 한 사람만 피신하여 다윗에게로 갔다(삼상 22:18-21). 놉의 대살륙 이후 성막은 다시 기브온으로 옮겨졌는데, 누가 언제 어떻게 기브온으로 옮겼는지는 불분명하지만, 제사장 사독에 의해 옮겨진 듯하다.[9] 놉의 대학살 이후에 사독은 이스라엘의 대제사장으로 인식되었을 것이다.[10]

이 시기에 사독은 그 누구도 중요하게 여기지 않았던 놉의 성소를 지키며 기브온 지역에 거하던 레위인들의 힘을 규합하여 성소의 일을 충성스럽게 감당하였다.[11]

다윗은 예루살렘에서 왕위에 즉위했을 때 아비아달과 사독 두 사람의 제사장을 불러 오벧에돔의 집에서 법궤를 운반해 오는 일을 지시하였다(대상 15:11). 그 후 사독에게 기브온 성막의 관리와 제사임무를 맡겼다(대상 16:39-40).

기브온은 예루살렘에서 6마일 정도 떨어져 있는데 다윗은 왜 기브온에 있는 성막을 예루살렘으로 옮겨오지 않고 새로운 장막을 짓고 법궤를 모셨을까 하는 의문이 제기된다.

---

7) Ibid. 레온 우드는 사무엘로 보고, 기독교대백과사전은 아히멜렉으로 보는데, 필자의 소견으로는 사무엘이 성막을 중시하지 않은 것으로 보아 사무엘보다는 대제사장이었던 아비멜렉이 옮겼다고 보는 것이 더 타당하다고 본다.

8) Ibid.

9) 사울이 제사장 85인을 살육할 때 아비아달만 다윗에게로 피신하였기 때문에 사울의 영토에서 대제사장은 공석이 되었다. 그러므로 사울은 이다말 계열이 아닌 엘르아살 계열의 사독을 제사장으로 허락하였다(대상 6:4-8; 24:3). 레온 우드, op. cit., 165. 아마 사울은 아비아달조차 죽은 줄 알았을 것이다. 사울은 성막 일에 대하여 관심이 없었지만, 성막은 그 후 사독에 의해 관리되었을 것이다.

10) Ibid., 267.

11) 앞에서 제1성소를 언급하면서, 다윗의 피신시절에는 성소가 없었다고 하였다. 그런데 이때 기브온에 사독이 관리하는 성막이 있었다는 것은 어떻게 보아야 하는가? 기브온 성막은 이스라엘 중에서 거의 잊혀진 존재였으며 다윗조차도 그 존재를 몰랐을 것이다. 그 곳엔 법궤도 없었고 그 곳을 찾는 백성들도 거의 없었을 것이다. 다윗이 재위에 오른 뒤에야 그것은 빛을 회복했다.

그것은 두 가지 이유에서 설명될 수 있는데 첫째, 다윗은 조만간에 법궤를 모실 만한 웅장한 새 성전을 지을 생각이 있었으며, 다윗의 장막은 임시 처소라고 생각했기 때문일 것이다. 또 다른 이유는 현실적인 이유로 기브온의 성막은 제작된 후 400년이 흘렀으므로 심하게 낡았기 때문이었을 것이다.

예루살렘에 다윗이 장막을 치고 법궤를 모시던 때와 같은 날, 성경은 다음과 같이 말하고 있다.

> "제사장 사독과 그 형제 제사장들로 기브온 산당에서 여호와의 성막 앞에 모시게 하여 항상 조석으로 번제 단위에 여호와께 번제를 드리되 여호와의 율법에 기록하여 이스라엘에게 명하신 대로 다 준행하게 하였고" (대상 16:39-40).

다윗은 기브온 산당에서 제사장 사독과 그 형제 제사장들로 하여금 기브온에 있었던 모세의 성막에서 전통적으로 해 오던 제사제도를 따라 하나님을 섬기도록 했다. 다윗과 솔로몬은 기브온의 영적 권위와 전통을 상당히 인정한 듯하다.

나중에 다윗이 인구 조사로 인해 여호와 하나님께 범죄하였을 때 하나님의 사자가 예루살렘에서 하루에 7만 명을 죽였다. 그 때 다윗은 기브온에 가서 여호와께 묻고 싶었다. 그러나 여호와의 사자의 칼이 두려워 가지 못하였고 아라우나의 타작마당에서 여호와께 번제를 드렸으며 후에 솔로몬 왕은 바로 그 아라우나의 타작마당을 성전터로 잡아 성전을 건축하였다(대하 3:1).

> "옛적에 모세가 광야에서 지은 여호와의 장막과 번제단이 그 때에 기브온 산당에 있으나 다윗이 여호와의 사자의 칼을 두려워하여 감히 그 앞에 가서 하나님께 묻지 못함이라"(대상 21:29-30).

솔로몬이 왕으로 즉위한 후 왕권이 견고하여지자 그는 만조 백관들과 백성들의 지도자들을 거느리고 기브온 산당으로 가서 일천 번제를 드려 하나님께 감사를 올렸다.

> "솔로몬이 온 이스라엘과 천부장과 백부장과 재판관과 온 이스라엘의 각 방백과 족장들을 명하고 온 회중과 함께 기브온 산당으로 갔으니 하나님의 회막 곧 여호와의 종 모세가 광야에서 지은 것이 거기 있음이라"(대하 1:2-3).

이 기록을 볼 때 다윗 때부터 솔로몬이 성전을 건축하기까지 기브온의 성소는 줄곧 운영되었던 것을 알 수 있다.

다윗 왕은 전통적인 기브온 성막을 폐하거나 예루살렘으로 이동시키지 않고 제사장 사독을 통하여 관리하게 하였다(대상 16:39). 이와 같이 다윗 때 예루살렘의 성소와 기브온의 성소 두 군데 모두에서 전통적인 짐승의 제사와 찬양을 올려 드렸다. 그러나 성경의 문맥을 미루어 볼 때, 일반적으로 기브온에서는 전통적인 제사를 주로 드렸고, 예루살렘에서는 찬양 중심의 제사를 드렸다.

그러면 다윗의 제3성소, 즉 기브온 성소의 의미는 무엇인가? 그것은 당시 솔로몬 성전이 지어지기 이전의 과도기라고 볼 수 있다. 그런데 우리는 전통적인 예배와 새로운 예배란 점에서 적용해 볼 수 있다.

기브온 성소는 전통적인 예배를 주로 드린 곳이며, 예루살렘 성소는 찬양 중심의 새로운 예배를 주로 드린 곳이다. 우리의 예배는 전통적인 패턴과 새로운 패턴 모두 존중하는 지혜가 필요하다. 극단적으로 새로운 패턴을 택하는 교회는 나이든 이들이 고통을 겪고, 극단적으로 전통적인 패턴의 예배를 지향하는 교회는 젊은이들이 정착하기 어렵다. 사역자들은 적절하게 균형을 이루며 미래를 향해 나아가야 하지 않을까!

그렇다면 결국 '다윗의 장막'이란 무엇을 가리키는 것인가? 장소적 개념으로는 분명히 예루살렘에 법궤를 모셨던 제2의 성소를 가리킨다. 다윗은 재위 기간 중 예루살렘의 성소를 가장 사랑했으며 항상 그 성소에 나아가 기도하며 찬양하였을 것이다. 그 곳에서 24시간 찬양과 기도의 제사들이 여호와께 올려졌을 것이다.

그러나 의미적으로는 세 가지 전부를 내포한다. 왜냐하면, 다윗이 성소라고 불렀던 세 가지, 즉 광야에서 체험했던 여호와의 임재 가운데 나타난 성소와 예루살렘 장막, 기브온의 성막, 모두 하나님을 예배하는 곳, 하나님의 임재가 있는 곳, 인간과 하나님이 만나는 곳이란 점에서 모두 동일한 의미가 있기 때문이다.

아비아달과 사독에 대하여

역사의 밤낮은 뒤바뀔 때가 많다. 그런데 거기에는 모두 숨은 이유들이 있다. 아비아달과 사독은 다윗 왕 때 두 대제사장이었다. 그런데 이들을 통하여 중요한 교훈을 받게 있다.

어떤 이유인지 모르지만, 아론의 아들 엘르아살의 가문(비느하스계)이 이어받았던 대제사장직이 언제부터인가 이다말 가문으로 넘어갔다. 이다말 가문의 첫 대제사장직 수행자는 엘리였다. 그러나 엘리의 두 아들 홉니와 비느하스가 성소에서 가증한 짓들을 일삼았으므로 하나님께서 진노하시고 그 집안에서 노인이 하나도 없을 것이며, 네 집에 출생하는 모든 자가 젊어서 죽으리라고 저주하셨다(삼상 2:27-34).

그 저주대로 홉니와 비느하스는 전쟁에서 죽었으며, 놉 땅에서 사울에 의하여 대제사장 아히멜렉과 제사장 85인이 학살당한다. 한 아들 아비아달만 달아나 다윗에게 피신하여 후일 제사장이 되었다. 그러나 솔로몬이 왕으로 즉위하기 직전에 솔로몬의 형 아도니야의 반란 때 아비아달도 반란에 가담함으로써 그 죄를 물어 아비아달은 대제사장직을 파면당하고 만다. 이로써 하나님의 저주가 완전히 성취된다.

그리고 그 동안 제사장 가문이면서 야인(野人)으로 살아왔던 엘르아살 가문의 사독이 대제사장으로 추대된다. 엘르아살 가문은 대제사장직을 빼앗긴 지 6대만에 회복되었다.

사독은 엘리의 가문에 대해 저주를 내릴 때 이미 예언된 사람이라고 할 수 있다. "내가 나를 위하여 충실한 제사장을 일으키리니 그 사람은 내 마음, 내 뜻대로 행할 것이라 내가 그를 위하여 견고한 집을 세우리니 그가 나의 기름부음을 받은 자 앞에서 영구히 행하리라"(삼상 2:35). 그리하여 다윗 때 두 대제사장(아비아달과 사독)으로 허용되던 전통은 솔로몬 때 사독 한 사람으로 이어지게 된다. 아비아달은 다윗 왕의 곁에서 다윗의 장막을 섬길 기회가 있었으나 그 조부 때에 내려졌던 저주를 역전시키지 못하고 결국 말년에 잘못된 길을 택함으로써 추방당하고 말았다.

그러나 사독은 10여 년간 아무도 찾지 않고 버려진 껍데기 같은 성막을 관리하며 제사장직을 수호하더니 마침내 대제사장이 되었다.

무대의 조명이 비춰지지 않는 역사의 밤을 지날 때, 하나님 앞에서 인내하며 충성해야 한다. 사독은 그 고독과 고통의 밤을 통해서 준비된 충성된 한 사람이었던 것이다.

3. 다윗의 장막 배우기

다윗의 장막에서 이루어진 일들이 무엇이었냐고 생각하는 것은 오늘날 우리의 예배 회복을 위해 매우 가치 있는 일이다. 다윗의 장막, 즉 다윗의 예배에 관해 몇 가지를 고찰하면서 배우기를 원한다.

24시간 찬양의 예배(대상 16:37, 38; 시 134편)

앞 장에서 설명한 대로 시편에는 다윗의 장막에서 주야로 경배와 찬양을 올렸다는 것을 암시하고 있다.

> "지존자여 십현금와 비파와 수금의 정숙한 소리로 여호와께 감사하며 주의 이름을 찬양하며 아침에 주의 인자하심을 나타내며 밤마다 주의 성실하심을 베풂이 좋으나이다"(시 92:1).

시인은 아침과 밤마다 주의 인자와 성실을 찬양하라고 권면하고 있다.

> "밤에 여호와의 집에 섰는 여호와의 모든 종들아. 여호와를 송축하라 성소를 향하여 너희 손을 들고 여호와를 송축하라"(시 134:1)

다윗은 성전에 많은 문지기들과 찬양단원들을 배치했는데, 다윗 왕국에서 가장 중요하게 여겼고, 온 마음과 힘을 다해 하나님을 사랑하고 사모한 다윗은 성전에 레위인 찬양대와 파수병을 세우면서 "성소를 향하여 손을 들고 여호와를 송축하라"고 격려하였다.

다윗은 그 찬양단과 문지기들이 밤낮으로 하나님을 찬양하게 하였다. 그들은 하나님을 사랑하며 영감을 받아 놀라운 시들을 작사 작곡한 이들이었다. 그러므로 한밤에도 전심으로 하나님 앞에 찬미의 제사를 올려 드렸을 것이다. 그러므로 진정한 의미에서 이스라엘의 왕은 다윗이 아니라, 여호와 하나님이셨으며, 다윗은 하나님 앞에 나아갈 때는 왕이라기보다는 하나님께 찬양과 기도와 예배를 통하여 신령한 제사를 드리는 제사장이었다.

이런 내용을 미루어서 IHOP(international house of prayer)의 마이크 비클(Mike Bickle) 같은 이는 다윗이 24시간 기도와 찬양을 드렸다고 하며, 그것을 근거로 IHOP의 24시간 기도운동을 하고 있다. 그들은 다윗의 장막을 24시간 예배의 기원으로 생각하며, 역사적으로 진젠도르프가 이끄는 모라비안 교도들의 24시간 기도회를 상기한다. 강력한 부흥 가운데 모라비안 공동체는 48명의 남녀들이 교대로 24시간 기도에 헌신하였으며, 그것이 해외선교의 원동력이 되었고 기도 모임은 이후 100년 동안 이어졌으며, 선교도 지속되었다고 주장하고 있다.

IHOP은 예배 회복에 중점을 둔 사역을 하는데 하나님의 강한 임재와 함께 예언과 치유의 은사들이 풀어지고 있다. 그들의 그리스도께 대한 사랑의 찬양과 앙모하는 태도는 예배의 훌륭한 모델로서 매우 아름답다. 일반적으로 찬양 리더들이 회중을 강하게 이끌며 감동을 불러일으키려고 하는 경향이 있는데, IHOP의 찬양에서는 리더들이 그런 태도를 지양하고 찬양단 멤버들 모두가 하나님께 집중하며 찬양을 올려 드린다. 그 결과 강한 임재가 있고 예배 참여자들의 자발성이 높아진다.

우리가 다윗의 시들과 아삽, 헤만, 에단(아마 여두둔과 동일인인 듯하다)의 찬양과 91편 이하에 무명시인들의 찬송시들을 보면 그들은 여호와의 임재와 통치, 하나님의 영광에 집중하고 여호와 하나님을 높이고 있다. 우리도 그런 찬양의 제사를 올려 드려야 한다. 그러므로 나는 교회의 공동체 예배와 개인의 예배에서 찬양의 중요성을 강력히 주장하고자 한다.

첫째, 예배에서 하나님의 얼굴, 그 분 자신에게 여러분의 시선을 맞추고 집중하라. 하나님께만 집중해야 한다.

둘째, 찬양을 올려 드리라. 개인적 예배를 드릴 때나 교회의 예배에서 찬양 선곡에 유의하라. 어떤 교회에서 예배드릴 때 찬양단이 우리 자신을 향해 격려하는 노래들만 부를 때는 유감스럽지만 매우 답답하다. 찬양단 리더나 회중찬송 인도자가 예배의 개념을 갖고 있지 못하여 본인에게 은혜가 되는 곡 위주로 부르는 경우들이 종종 있다. 그런 곡들을 불러서 나쁠 것은 없으며 나름대로의 위안과 유익을 얻는다. 하지만 우리가 예배의 목적을 전지전능하시고 거룩하신 하나님께 나아가 그 분을 높이고 그 분의 임재를 기다리며 찬양하는데 둔다면 바로 그에 합당한 내용의 찬양곡들을 택해서 불러야 할 것이다.

나는 교회에서 새벽기도회 후 혼자 남아서 혹은 집의 골방에서 찬송가 앞쪽에 경배와 찬양곡들을 고요히 부르는 중에 여호와의 임재 속으로 빨려 들어가 눈물로 찬양한 때가 자주 있다.

> 주님의 높고 위대하심을 내 영혼이 찬양하네
> 주 예수 이름 높이어 다 찬양하여라
> 금 면류관을 드려서 만유의 주 찬양
> 주 예수 당한 고난을 못잊을 죄인아
> 네 귀한 보배 마쳐서 만유의 주 찬양

아, 내 귀한 보배가 무엇이던가! 내 생명, 내 마음의 중심을 다하여 주님을 찬양하리라!

찬송가와 복음성가들 가운데 하나님의 임재를 기다리고 높이는 곡들이 아주 많다. 그런 것들을 택하여 주님께 찬양을 힘써서 올려 드리면 성령의 임재를 금방 느낄 수 있다.

> "온 땅이여 여호와께 즐거이 부를지어다 기쁨으로 여호와를 섬기며 노래 하면서 그 앞에 나아갈찌어다"(시 100:1, 2).

> "무릇 여호와를 구하는 자는 마음이 즐거울지로다 여호와와 그 능력을 구 할지어다 그 얼굴을 항상 구할지어다"(시 105:3, 4).

젖뗀 아이(시 131편)

어느 날 골방에서 기도하는데 문득 환상 가운데 귀저기를 차고 앉아 있는 조그마한 어린 아기의 모습이 보였다. 처음에 난 그 모습이 나의 신앙 단계를 보여주는 것인가 의아해하였다. 잠시 후 나는 성경을 묵상하기 위하여 무심코 성경을 폈는데, 시편 131편이 눈에 꽂혔다. 그리고 거기에 방금 보여주신 한 아기의 모습이 담겨 있는 것이었다.[12] 내가 131편을 묵상하는 동안 주님께서 이 말씀은 예배의 핵심을 다루고 있다는 사실을 깨닫게 하셨다. 이 글에서 중심이 되는 것은 젖 뗀 아이이며, 그 아이의 모습을 통해서 예배자의 모습을 나타낸다.

여기서 예배자로서의 다윗의 아름다운 고백을 보는데, 그 모습은 모든 하나님의 자녀들이 가져야 할 예배의 태도이다. 이것은 곧 신령과 진리로 예배드리고자 하는 성도들의 마땅한 태도를 제시한다.

---

12) 나는 상기한 바와 같은 방법으로 주님의 인도를 받는 것을 반대한다. 평상시에 나는 성경을 거의 차례로 읽고 묵상하는 편이다. 그런데 성경을 펼치다가 무심코 어떤 부분이 눈에 들어오면 주님께서 나에게 하실 말씀을 주시기도 한다고 인정한다. 그것은 주님께서 우리를 인도하시고 지도하시는, 일반적이지 않지만 하나의 방법이 될 수 있다고 본다.

첫째, 예배자는 마음을 낮추어야 한다.

> "여호와여 내 마음이 교만치 아니하고 내 눈이 높지 아니하오며 내가 큰 일과 미치지 못한 기이한 일을 힘쓰지 아니하나이다"(시 131:1).

교만한 마음과 높은 눈은 여호와께서 미워하신다. 교만은 철저하게 대적해야 할 최대의 적이다. 교만은 육신에서 나며, 육을 깨뜨리고 부정하지 않으면 금방 교만해진다.

그리고 교만은 예배에서 하나님 앞에 나아가는 것을 방해하는 자아적 요소이다. 부르너(Emil Brunner)는 타락을 방향의 변화란 점에서 보았는데, '창조의 뒤틀림'(perversity of creation), 인간의 자기 충족성, 인간의 독립성이라고 보았다. 즉 인간이 처음 창조되었을 때는 온전히 하나님을 경외하고 사랑하고 앙모하였으며, 하나님 중심으로 사는 게 본능이었다. 그러나 타락하고부터는 그 방향이 하나님 중심에서 인간 중심, 자기 중심으로 바뀌었다는 것이다. 이제 그의 시선은 늘 자기를 구하고 자기 영광을 구한다. 모든 예술과 과학에서도 하나님께 대한 의존적 창의성이 아니라, 독립적 창의성을 추구하게 되었다. 여기에서 방향을 원래대로 돌이켜야 한다.

우리가 예배드릴 때도 항상 우리는 자신을 의식하고, 자신의 어떤 것으로 시선이 떨어진다. 예배는 눈을 들어 하나님만 집중하는 것이다. 하루 종일 우리 의식이 얼마나 자신에게 매달려 있는가를 보라! 얼마나 자기를 추구하는가! 바로 이것이 깨어져야 한다. 자기에 대하여는 '제로'(zero), 즉 죽음을 선포하고 하나님께만 집중하는 것이 곧 예배이다. 그러므로 예배자는 "내가 그리스도와 함께 십자가에 못박혔나니 그런즉 이제 내가 산 것이 아니요 내 안에 그리스도께서 사신 것이라 이제 내가 육체 가운데 사는 것은 나를 사랑하사 나를 위하여 자기 몸을 버리신 그리스도를 믿는 믿음

안에서 사는 것이라"(갈 2:20)라는 고백이 체득되어야 한다. 자기를 죽음에 넘긴 모습이 곧 젖뗀 어린아이와 같이 겸손하고 악의가 없고 오직 하나님만 앙모하게 된다.

왜 주님께서 "천국은 어린아이들과 같은 자들의 것이라"고 하셨는가(마 21:16). 또 "어린아기와 젖먹이의 입에서 나오는 찬미를 온전케 하였나이다"라고 하였는가!(시 8:2) 어린아이는 자기를 높이려고 위선을 부리지 않는다. 순진하고 겸손하다. 하나님 앞에서 그런 겸손하고 온유한 태도를 가지고 나아가야 하나님이 그 예배를 받으신다. 심지어 하나님께 드리는 찬양을 할 때도 성악 실력이나 연주 실력을 뽐내고자 하는 마음이 있다면 그것은 하나님께 열납되는 제사가 될 수 없다. 설교자나 사회자도 비슷한 실수를 저지를 수 있는데, 사람들 앞에서 멋지게 보이려고 말이나 행동을 하는 것은 위선이다. 하나님은 위선을 싫어하신다. 주님의 책망을 받았던 바리새인들이 다 거기서 넘어진 것이다. 순수해야 한다.

최선을 다한 준비는 좋다. 그러나 그 목적이 무엇인가를 늘 점검해야 한다. 자기를 높이려는 것이냐! 주님을 높이려는 것이냐!

둘째, 일체의 야망을 버리라.

🌱 "내가 큰 일과 미치지 못하는 기이한 일을 힘쓰지 아니하나이다."

과거에 나는 이 부분을 싫어하여 시편을 읽을 때마다 서둘러 넘어가곤 했다. 그 이유는 막연하게나마 언젠가는 나도 위대한 일, 내 힘으로 미치지 못한 기이한 일을 하나님의 능력을 받아 해 보고 싶다는 생각이 있었기 때문이다. 젊은 시절, 나도 빌리 그래함같이, 무디같이 위대한 그리스도의 사역자가 되는 꿈을 꾸었다.

그래서 이 구절을 읽을 때마다 마음에 걸렸다. '비전도 다 포기하란 말인가?'라는 의구심이 들었기 때문에 이 구절은 나에게 공감이 되지 않았다. 이 부분뿐만 아니라, 그 뒤에 나오는 '젖뗀 아이' 등의 묘사도 너무 소극적이란 인상을 지울 수 없었다. 그런데, 주님께서 이 구절을 내 마음에 비추어 주셨다.

야망과 비전은 다르다는 것이다. 야망은 자기 뜻과 자기 이름과 자기 생각을 이루는 것이며, 그것이 성취된 후에 자기 영광을 구한다. 그러나 비전은 하나님의 뜻을 바라보는 것이며, 하나님의 이름과 하나님의 생각을 이루는 것이다. 그것이 성취되었을 때 오직 하나님께 영광을 돌리는 것이다. 그렇게 볼 때, 비전이란 말보다는 '소명'이란 말이 낫다.

우리가 비전이라 하지만, 그 속에 얼마나 자기와 자기 야망이 꽉 차 있는가! 하나님 앞에 나아가는 자마다, 그 자기 속에 있는, 자기를 구하는 야망을 깨뜨리고 제거해야 한다. 그것은 비전이란 이름으로 포장된 자기이며, 악이며, 쓰레기뭉치이다!

그러므로 바울은 과거에 신뢰하던 육체에 속한 것들과 이전에 자신에게 유익하던 모든 것들을 다 배설물로 여기며, 그 이유는 그리스도를 얻고 그 안에서 발견되려 함이라고 하였다(빌 3:4-9).

내 학벌, 내 외모, 내 위치, 내 재산 등에 대한 집착과 그런 것으로 인한 자위, 그런 생각들은 모두 자기를 추구하는 것이며, 다 버려야 하는 배설물들이다. 그런 것은 주님께서 주신 선물이므로 그것들 자체를 버리라는 것이 아니다. 집착을 깨뜨리고 시선을 오직 하나님께만 두라는 것이다.

보라! 우리가 예배당에 앉아서 찬송을 부르며 기도하고 말씀을 듣는 중에도 얼마나 우리의 생각의 초점은 자기에게 모아지고 세상에 속한 것들에 빙빙 돌며 허망한 생각들을 하는가! 그런 것들이 모두 예배를 방해하는 것이며, 살아 계시고, 그 곳에 임재해 계시는 하나님을 앙망하지 못하게 하는 것이다.

그러므로 여호와께서 모세와 여호수아에게 "네 발에서 신을 벗으라 네가 선 곳은 거룩한 땅이니라"고 요구하셨는데, 주님은 모든 예배자들에게 동일한 말씀을 하신다. 이스라엘 백성의 풍습에서 신발을 벗는 행위는 권리의 포기를 의미했다. 그러므로 나오미의 기업무를 권리를 그 친척이 포기하고 보아스에게 줄 때 그는 신발을 벗었다(룻 4:4-8). 우리는 하나님 앞에 그 분이 절대주권자요 왕이심을 고백하며 두 손을 다 들고 모든 것을 그 분의 손에 위탁드리고 나아가야 한다. 우리나라 사람들이 절대 항복의 의미로 두 손을 드는 것과 같은 의미이다.

또한 신발을 벗는 것은 추한 과거를 버리라는 의미이다. 온갖 곳을 방황하며 다녔던 신발을 벗어 그 분 앞에서 회개하고 새롭게 하라는 것이다. 그러므로 유혹의 욕심을 따라 구습을 좇는 옛사람과 정욕을 다 벗어버려야 한다. 끝없는 자기 욕망과 자기를 세우는 교만을 깡그리 깨뜨리고 시선을 자기와 세상에게서 옮겨 오직 여호와 하나님만을 앙모해야 한다. 그것이 곧 신을 벗는 일이다.

셋째, 중심을 젖뗀 아이같이 하라.

> "실로 내가 내 심령으로 고요하고 평온케 하기를 젖뗀 아이가 그 어미 품에 있음 같게 하였나니 내 중심이 젖뗀 아이와 같도다"(2절).

다윗은 하나님을 바라보는 자세를 젖뗀 아이가 엄마를 바라보는 태도와 동일시하였다. 젖뗀 아이가 슬피 울 때 엄마는 꼭 껴안아 준다. 그러면 아기는 엄마 품에서 울음을 그치고 고요와 평안을 얻는다. 아기는 모태에서 엄마의 심장박동을 들으며 자랐기 때문에 엄마가 꼭 껴안아 주면 동일한 심장소리를 들으며 평안을 얻는다.

하나님의 자녀들로서 우리는 젖뗀 아이가 엄마를 사모하고 엄마로 만족함같이 겸손하고 온유하며 하나님을 기뻐하고 즐거워해야 한다. 그것이 곧 신령과 진정으로 예배하려하는 자의 마음자세이다.

131편의 1절에서 요구하는 것이 일체의 교만과 자기 야망을 버리라는 것이라면, 2절에서는 하나님만을 기뻐하고 그 분을 신뢰하라는 것이다. 그리스도인은 하나님 앞에 예배할 때 결코 위대한 장군이거나 대단한 기업인이거나 성공한 정치인이 아니며, 오직 엄마 품에서 기뻐하는 젖 뗀 아기의 존재에 불과함을 철저하게 인식해야 한다.

그 분 앞에서는 열방조차 한 방울의 물과 같으며 저울 위의 작은 티끌과 같다(사 40:15). 그러므로 예배에서 인간의 자아와 세상적 성공을 높이고 칭찬하는 일체의 행태를 버려야 한다. 그 분 앞에서 명문대 출신이니 번창한 CEO니 고급관리니 하는 칭찬하고 높이는 말이나 태도가 웬 말인가! 그것들은 다 위험한 망발이다! 그런 것들을 늘어 놓고 칭찬하고 박수를 보내는 일들은 모두 하나님의 임재를 방해하는 장애물이다.

심지어 찬양대가 찬양하고 난 후, 특송한 후에 박수를 치는데 그것은 하나님을 의식하지 못한 데서 나오는 행위이다. 찬양은 결코 사람들 앞에서 하는 공연이 아니라 오직 하나님께 올려 드리는 입술의 제사이다. 그런데 왜 잘했다고 박수를 치는가! 그 찬양이 은혜가 되면 "아멘!"으로 화답하면 족하다. 그러니까, "하나님께 영광의 박수!"라고 멘트를 하는데, 그 중심이 진실하다면 그것은 하나님께서 기뻐하실 것이다. 그러나 찬양대원들에게 박수를 보내기 위한 목적으로 "하나님께 영광의 박수"란 말을 한다면 그것은 옳지 않다.

그런 행위들은 다 하나님께 대한 인식의 결여에서 기인하는 것이다. 거룩하시고 존귀하신 왕, 창조주 하나님이 임재하고 계심을 알고 본다면 어떻게 그렇게 할 수 있겠는가! 그런 행위는 모두 세속주의로 성령의 생수를 흐리게 하는 일임을 인식해야 한다.

오직 온 마음을 다해! 온 목숨을 다해! 온 힘을 다해! 하나님께 집중하고, 그 분을 사랑하고, 하나님의 존재와 이름과 영광을 높여야 한다. 그렇게 할 때, 하나님의 임재를 경험하고 새롭게 하시는 그 분의 손길을 보게 된다. 그 예배에 치유와 회복과 변화가 있다.

인간을 높이고 허영심을 부추기는 칭찬과 박수를 통해서 분위기를 화기애애하게 하는 시도, 거듭나지 않은 연주가들을 고용하여 예배를 예술적으로 만드는 일들, 그런 일들이 주는 보상은 분명히 있다. 그러나 그런 일들은 어리석고 헛된 것임을 알아야 한다. 우리가 그런 것들을 통해서 얻고자 하는 것이 무엇인가! 그런 것이 어떻게 한 영혼인들 진실하게 회개하게 하며, 살아 계신 하나님 앞으로 돌아서게 하고 죄인이 하나님 앞에서 벌벌 떨게 하겠는가! 그것은 인간의 자화자찬밖에 되지 않으며 세상적 즐거움에 불과하다.

오직 하나님께 집중하는 예배를 드리면, 그것은 인위적 행위들을 통해 얻을 수 있는 것과 실로 비교할 수 없이 놀라운 변화를 가져다 준다는 사실을 깨달아야 한다. 하나님의 임재보다 더 위대한 것이 어디 있단 말인가! 하나님의 임재보다 더 확실하게 사람을 변화시키는 것이 어디 있단 말인가!

찬송가집 외에 복음 성가집에 오직 하나님만 높이고 사랑하는 고백을 담은 예배곡들이 많이 있다. 예배시간에는 찬송가만 하고 복음송가를 부르면 안 된다는 생각은 참으로 그릇된 것이다. 왜냐하면 찬송가 중에도 대다수의 곡들은 과거에 복음송가였는데 찬송가에 실렸기 때문이다.

또 '준비찬송'이란 말도 잘못된 것이다. 찬송하며 하나님을 앙모할 때부터 이미 예배는 시작됐다. 즉 찬양팀의 찬양인도가 시작되는 시간부터 예배의 시작으로 삼아야 할 것이다. 그리고 올려 드리는 찬양이 아닌 서로를 격려하거나 결단을 촉구하는 복음송들은 설교 후에 부르는 것이 바람직하다.

넷째, 동료와 이웃으로 하여금 하나님을 바라보게 하라.

> "이스라엘아 지금부터 영원까지 여호와를 바랄찌어다!"(3절)

이스라엘의 최고 통치자요, 왕일 뿐만 아니라, 당시 세계 최고의 권력과 번영과 영광을 누리고 있던 다윗은 백성들에게 "영원히 여호와를 바라라!"고 촉구하고 있다.

이것이 다윗이 다른 영웅들이나 제왕들과 크게 다른 점이다. 다른 영웅들은 자기의 야망에 의해서 영토를 넓혔으나 다윗은 단순히 하나님만 높였고, 하나님의 축복에 의해 영토가 최대로 확장되었다. 다른 제왕들은 죽기 전에 자기를 위하여 기념비를 세워 세세토록 자기 이름을 알리려고 애썼다. 오늘날도 얼마나 많은 대선주자들과 통치자들이 자기 과시에 몰두하는가. 다윗은 그런 일을 일체 하려 하지 않았다.

우리의 본성은 얼마나 자기를 추구하며 높임받기를 구하는가! 모든 이들의 시선이 나를 보아 주기를 원한다. 목회자나 선교사가 진정 하나님의 존귀를 구하지 않고 자기의 이름을 내고 사람들의 시선을 끌기 위해서 어떤 일을 도모한다면 그것은 한낱 하나님의 이름을 빙자한 쇼(show)에 불과하다. 얼마나 많은 예배들이 인간들의 쇼가 되고 있는지를 하나님은 아신다. 하나님 한 분에게 눈이 쏠려지는 예배를 드리고, 진정으로 하나님을 높이는 사업을 하도록 해야 할 것이다.

사울 왕은 아말렉을 쳐서 부순 후에 즉시 자기를 위하여 기념비를 세웠다(삼상 15:12). 하나님께 돌려야 할 영광을 자신이 가로챈 것이다.

수많은 임직식들과 기념예배들을 준비하고 시행할 때, 여러분의 관심은 진정 하나님의 영광에 있는가 사람의 영광에 있는가 반문해 보아야 한다. 하나님 중심의 분명한 의식이 없다면 십중팔구 우리는 하나님의 이름을 빙자한 쇼를 하고 말 것이다. 쇼를 집어 치워라!

반면에 다윗은 백성들에게 오직 하나님만 바라보라고 촉구한다. 다윗은 본질을 알았던 자이기 때문이다. 그는 인간의 보잘것없음과 영화의 허무를 바로 깨달은 자요, 하나님의 영원성과 그 분의 위대하심을 아는 자였다.

> "진실로 천한 자도 헛되고 높은 자도 거짓되니 저울에 달면 들려 입김보다 경하리로다 포학을 의지하지 말며 탈취한 것으로 허망하여 지지 말며 재물이 늘어도 거기 치심치 말지어다"(시 62:9-10).

인간의 부귀영화와 권세 앞에 사람들은 두려워하고 부러워하지만, 다윗은 그것들이 하나님 앞에 입김보다 가벼운 허상임을 인식하였으며, 그런 것들에 마음을 빼앗기지 않고자 했다.

> "하나님이한 두 번 하신 말씀을 내가 들었나니 권능은 하나님께 속하였다 하셨도다"(시 62:11).

다윗은 사람을 가난하게도 하시고 부하게도 하시고 죽이기도 하시고 살리기도 하시는 주권자요, 진정한 권능의 소유자가 하나님이심을 인식하고 그분만 바라보고자 하였다. 그러므로 그가 동양 최대의 왕이라 하더라도 그 분 앞에서는 지푸라기 같은 존재에 불과하며, 그 분 앞에 엎드려야 하며 그 분만을 앙망하여야 한다는 진리를 주님으로부터 배웠다. 우리도 다윗이 배웠던 진리를 배워야 한다.

프렌치스코는 주의 전에 들어가서 기도할 때 자주 이런 고백을 했다. "하나님이여! 하나님은 하늘에 계시고 나는 땅에 있나이다." 하나님의 위대성과 그 분 앞에 있는 인간의 나약성을 정확하게 인식한 고백이다. 그 고백이 곧 예배이다. 그렇다. 하나님만이 지금부터 영원까지 바라보아야 할 참된 대상이다. 예배는 온갖 다른 것들을 바라보던 시선을 옮겨 영원하신 참 하나님만 바라보며 그 분을 높이는 것이다. 자신만 그렇게 할 게 아니라, 다른 성도들도 그렇게 하도록 권면해야 한다.

다섯째, 생활 속에서 예배하라.

이 말씀을 로마서 12장 1절과 연결하여 생활 속의 예배로 확장해야 한다.

> "너희 몸을 하나님이 기뻐하시는 산 제물로 바치라 이는 너희의 드릴 영적 예배니라"(롬 12:1).

우리 생활 전체가 하나님께 드려지도록 노력해야 한다. 예배는 일주일에 한 번 교회당에서만 드려져서는 안 된다. 주님은 매일 종일토록 예배를 받고 싶어하신다. 그것이 곧 천상에서의 예배 모습이다. 그룹들과 천사들은 언제나 하나님을 "거룩하다"고 선포하시며 예배드린다(사 6:2-3; 계 4:8). 구원받은 성도들은 천상의 예배 모습을 배우고 그처럼 주야로 예배해야 한다. 그럴 때, 하나님의 나라가 그 삶 가운데 이루어진다. 그러므로 다윗은 평생 하나님의 장막에서 하나님의 아름다움을 앙망하는 것을 최고의 소원으로 삼았고(시 27:4) 4천 288명의 레위인 찬양대를 세워서 밤낮으로 하나님을 찬양하도록 하였다.

생활 속에서 하나님을 전심으로 예배하면, 그에게는 결코 피곤해 쓰러지지 않도록 하늘의 새 힘이 가슴속에서 솟아날 것이다.

> "오직 여호와를 앙망하는 자는 새 힘을 얻으리니 독수리의 날개치며 올라감 같을 것이요 달음박질 하여도 곤비치 않을 것이요 걸어가도 피곤치 아니하리로다"(사 40:31).

요한 웨슬리는 말을 타고 영국 전역을 다니며 복음을 전하였다. 그런데 어느날, 전도여행 중에 그도 말도 몹시 지쳐 있었는데, 그가 말 위에 서 하나님을 앙망하자 곧 새 힘이 와서 웨슬리는 기운이 솟아났으며, 말도 새 힘을 얻어 힘차게 걸었다고 한다.

나는 자동차를 몰고 장거리 운전을 할 때 피곤하여 많이 졸리곤 하였으며 너무 졸릴 때는 차를 세우고 새우잠을 자기도 하였다. 안력이 약한 편이어서 한 시간이 좀 넘어가면 졸음이 오기 때문이다. 그런데 자동차 안에서 하나님을 앙모하고 찬양하며 예배드릴 때, 그 분의 임재가 느껴지면 녹초가 될 수 있는 상황에서도 전혀 피곤하지 않은 경험을 한다. 하나님의 임재는 새 힘을 솟아나게 한다!

오직 하나!(Onething!), (시 27:4)

위대한 솔로몬 왕은 그의 재위 초기에 여호와께서 꿈에 나타나셔서 "내가 네게 무엇을 줄꼬?"라고 물으셨을 때 "지혜"를 구하였으므로 전무후무한 현군이 되었다. 그러나 다윗은 솔로몬보다 더 위대한 것을 구하였다. 즉 하나님 자신을 구한 것이다.

다윗은 세계적인 제국을 이룬 왕으로서 몹시 할 일들이 많았다. 그러나 그는 자신의 모든 제국의 영광과 번영의 근원이 단 한 분 하나님으로부터 왔으며, 그 분을 구하고 사랑하는 것을 최고의 가치로 여겼다. 그러므로 그는 이렇게 고백하였다.

> "내가 여호와께 청하였던 한 가지 일(Onething) 곧 그것을 구하리니 나로 내 생전에 여호와의 아름다움을 앙모하며 그 전(殿)에서 사모하게 하실 것이라"(시 27:4).

그는 오직 하나, 하나님의 아름다우심을 앙모하는 것을 평생의 소원으로 삼았던 것이다. 여기서, 그가 하나님을 "아름다우신 분"(Beautiful Being)으로 이해했다는 것은 참 특별한 깨달음이며, 구약 사상 처음 있는 고백이다. 그의 고백은 그의 경험을 바탕으로 한 고백이었을 것이며, 그는 모세, 이사야(사 6:1-10)나 에스겔(겔 1장)처럼 천상의 하나님을 직접 혹은 환상 중에 뵈었을 것이다. 그가 본 하나님은 측량할 수 없는 아름다우신 분이었을 것이다.

> "여호와 우리 주여 주의 이름이 온 땅에 어찌 그리 아름다운지요!"(시 8:1, 9)

여호와의 아름다우심!
여호와의 아름다우심이란 주제는 다윗에게서 발견되는 독특한 주제이다. 우리 하나님은 정말 아름다우신 분이시다. 그러기에 하나님의 임재를 상징하는 모세의 성막 내실에는 청색 자색 홍색실로 아름답게 수놓여 있었다. 이사야가 본 천상의 광경에서 스랍들이 높이 들린 보좌에 계신 여호와 앞에서 두 날개로 얼굴을 가리우고 두 날개로 발을 가리우고 두 날개로 창화하면서 "거룩하다 거룩하다 거룩하다 만군의 여호와여! 그 영광이 온 땅에 충만하도다!"라고 찬양하였다(사 6:1-10). 그 영광은 어떤 것인가? 그 영광은 아름다운 영광이다!

에스겔이 본 환상에서도 보좌에 계신 주님의 발 아래 궁창이 있고, 주님의 사방으로 광채가 나며 그 광채의 모양은 비오는 날 구름에 있는 무지개 같더라고 하였다(겔 1:26-28).

그 하나님의 영광 앞에서 천상의 으뜸가는 천사들은 하나님이 단지 두려워서 찬양을 드리는 게 아니라, 그 분의 영광, 그 분의 아름다움으로 인해 늘 찬양드리는 것이다. 천국에서 모든 천군천사들이 하나님과 어린 양 예수님을 찬양하는데 그 분이 단지 무섭거나 보복이 두려워서 억지로 찬양해야 한다면 그 곳은 결코 천국이 될 수 없다. 천국이 아름답고 천국 되는 근본 이유는, 천국의 외적 환경이 좋아서가 아니라 하나님의 속성 자체가 최고의 찬양과 경탄과 감격을 불러일으킬 만한 아름다움을 지니신 분이기에 그렇다. 천국의 모든 아름다움은 곧 하나님의 아름다우심에서 기인된다. 그러므로 우리는 천국에서 그 분의 영광을 접할 때 찬양하지 않을 수 없는 충동을 느낄 것이다.

저 천상의 광경이 그렇다면, 우리가 땅 위에서 구할 수 있는 최고의 가치는 무엇일까! 능력도 신유도 입적도 성공도 다 귀하다. 그러나 가장 귀한 것은 모든 가치의 창조자요 아름다우신 하나님의 영광을 보는 것, 그 하나님의 임재 앞에 있는 것이다. 우리는 하나님을 위해서 위대한 일을 하고자 하는 비전과 의욕이 있다. 그러나 그것보다 우선되는 것이 하나님의 임재 앞에 엎드리는 것이다.

세상에 모든 것을 다 포기하고 딱 하나만 택해야 한다고 할 때 당신은 무엇을 택하겠는가? 하나님 앞에 엎드리는 것을 택해야 한다. 너무 많은 일로 분주하지 마라. 모든 크리스천의 생활과 사역은 그 분의 임재의 축복으로부터 흘러 나와야 한다. 그 분의 임재로부터 흘러나오지 않은 삶과 사역들은 헛된 것이며 지푸라기에 불과하다. 얼마나 많이 속고 있는가! 주님의 임재를 구하지 않고 우리는 주님을 위해 너무 바쁘다. 그렇기 때문에 거룩하신 분의 임재 없는 사역으로 공허하고 지칠 뿐이다. 한 가지를 구하라! 그 아름다우신 임재를!

올인

크리스천은 거룩한 도박사들이다. 즉 하나님께 자신의 모든 것을 건 자들이다. 이 거룩한 도박을 먼저 한 분은 바로 하나님이시다. 하나님의 선택은 무엇을 의미하는가? 하나님께서 올인하기로 결정하신 것이다.

> "하나님이 세상을 이처럼 사랑하사 독생자를 주셨으니 이는 저를 믿는 자마다 멸망하지 않고 영생을 얻게 하려 하심이니라"(요 3:16).

성경은 하나님께서 독생자를 주실까 말까 오랫동안 장고하셨다고 하지 않는다. 아담과 하와가 타락한 직후에 이미 여인의 씨(독생자 예수 그리스도)를 보내주실 것을 약속하셨고(창 3:15), 때가 차매 독생자를 보내셨다.

> "사랑은 여기 있으니 우리가 하나님을 사랑한 것이 아니요 오직 하나님이 우리를 사랑하사 우리 죄를 위하여 화목제로 그 아들을 보내셨음이니라" (요일 4:10).

이렇게 우리와 화목하시려고 우리의 모든 죄를 그 아들에게 담당시키기로 작정하시고 독생자를 화목제물로 보내주신 것이다. 그리고 독생자 예수님을 통하여 구원하신 사람들을 하나님의 자녀로 삼으셔서 영원히 그들을 사랑하시고자 결심하신 것이다.

생각해 보라. 당신과 나와 같이 이기적이고 하나님께 대하여 결단하지 못하고 실수투성이인 모습을 다 아시면서도 나를 택하시고 당신의 자녀로 삼아 주신 것은 하나님의 선택이다. 그 선택이 정말 놀랍지 않은가!

> "하나님이 미리 아신자 들로 또한 그 아들의 형상을 본받게 하려고 미리 정하셨으니 이는 그로 많은 형제 중에서 맏아들이 되게 하려 하심이니라 또 미리 정하신 그들을 또한 의롭다 하시고 의롭다 하신 그들을 또한 영화롭게 하셨느니라"(롬 8:29-30).

> "찬송하리로다 하나님 곧 우리 주 예수 그리스도의 아버지께서 그리스도 안에서 하늘에 속한 모든 신령한 복으로 우리에게 복 주시되 곧 창세 전에 그리스도 안에서 우리를 택하사 우리로 사랑 안에서 그 앞에 거룩하고 흠이 없게 하시려고 그 기쁘신 뜻대로 우리를 예정하사 자기의 아들들이 되게 하셨으니"(엡 1:3-5).

믿기 어려운 일이지만 하나님께서 우리를 자기 자녀로 삼으시려고 아주 오래전부터, 천지창조 전부터 뜻을 정하신 것이다. 그것이 곧 구원의 예정이다. 그래서 우리는 하나님의 예정의 목적을 알아야 한다.

> "그 아들의 형상을 본받게 하려고 미리 정하셨으니"(롬 8:29).

> "그 앞에 거룩하고 흠이 없게 하시려고 그 기쁘신 뜻대로 우리를 예정하사"(엡 1:5).

예수님의 형상을 본받고, 거룩하고 흠이 없게 하려 하심이다. 하나님의 형상을 따라 지음받은 인생이 모두 죄를 지어 공중권세 잡은 마귀의 형상을 닮고 마귀를 따라 육체의 욕심대로 살고 있다(엡 2:2-3). 하나님께서는 거기에서 우리를 불러내어 하나님의 아들 예수님의 형상을 본받게 하여 하나님의 기쁨이 되게 하시려고 우리를 예정하신 것이다!

얼마나 많이 이 예정론이 오용되고 있는지 모른다. 예정론에 대해 우리가 예정받았으니 죄를 짓고 실수해도 결코 지옥에 가지 않고 천당 가도록 정해져 있다고 가르치는 것은 망령된 가르침이며 사단이 퍼뜨린 거짓이다. 예정을 빌미로 죄에 대한 경각심을 약화시키는 가르침은 잘못된 가르침이다. 그런 자들을 위해서 성경은 심각하게 경고하고 있다.

> "우리가 이같이 큰 구원을 등한히 여기면 어찌 피하리요!"(히 2:3)

> "한번 비췸을 얻고 하늘의 은사를 맛보고 성령에 참예한 바 되고 하나님의 선한 말씀과 내세의 능력을 맛보고 타락한 자들은 다시 새롭게 하여 회개케 할 수 없나니 이는 자기가 하나님의 아들을 십자가에 못박아 현저히 욕을 보임이라 땅이 그 위에 자주 내리는 비를 흡수하여 밭가는 자들의 쓰기에 합당한 채소를 내면 하나님께 복을 받고 만일 가시와 엉겅퀴를 내면 버림을 당하고 저주함에 가까워 그 마지막은 불사름이 되리라 사랑하는 자들아 우리가 이같이 말하나 너희에게는 이보다 나은 것과 구원에 가까운 것을 확신하노라"(히 6:4-9).

그렇다면 예정론은 잘못일까? 아니다. 하나님이 우리를 사랑하셔서 우리를 자녀로 삼으시기 위해 예정하셨다고 밝히는 것이다. 그렇다면 어떻게 해야 하는가! 우리는 성경대로 믿어야 한다. 하나님의 예정을 생각할 때 우리는 벅찬 가슴으로 나 같은 자를 택하신 하나님께 전부를 다 바쳐,

살리라고 하는 마음을 가져야 한다.

> "그리스도의 사랑이 우리를 강권하시는도다 우리가 생각건대 한 사람이 모든 사람을 대신하여 죽었은즉 모든 사람이 죽은 것이라. 저가 모든 사람을 대신하여 죽으심은 산 자들로 하여금 다시는 저희 자신을 위하여 살지 않고 오직 저희를 대신하여 죽었다가 다시 사신 자를 위하여 살게 하려 함이니라"(고후 5:16).

진정 하나님의 아들로 택함을 받고 구원받았다면 이제 나를 위하여 죽었다가 다시 사신 그 분을 위해 살기로 결심해야 한다. 그 분이 내 인생의 목적이며 내 인생의 전부임을 깨닫고 주님만 위해 살고 뒤돌아보지 않겠다고 결심해야 한다. 작은 예수로 살고자, 예수님의 형상을 본받고 거룩하고 흠이 없이 살려고 힘쓰고 애쓰며, 그게 내 힘으로 내 이성으로 안 되니 성령의 도움을 구하고 기도해야 한다.

그런데 '나는 예정받았으니 죄지어도 멸망받지 않을거야' 하고 안일과 죄에 빠진다면 속고 있는 것이며 부르신 자의 가슴에 못을 박는 것이다. 예정은 하나님의 사랑에 대한 감격과 찬미, 예배의 고백이지, 타락해도 된다는 자기 위안용 안정장치가 결코 아닌 것이다. 히브리 기자는 하나님을 사랑하고 주님을 섬기는 성도들에게 "사랑하는 자들아 우리가 이같이 말하나 너희에게는 이보다 나은 것과 구원에 가까운 것을 확신하노라"(히 6:9)라고 격려하고 있다.

그렇다. 진정으로 회개하고 죄와 싸우고 하나님 앞에 나아가기를 힘쓰는 자들은 구원에 가까운 것이다. 우리는 우리의 구원을 확신하며 날마다 전진하고 전진해야 한다. 만일 연약하여 죄에 빠진다면 가슴을 치고 애통하며 깊이 회개하여야 한다. 신속히 죄에서 돌이키고 하나님과의 교제와 친교를 회복하고, 예배와 기도의 자리로 나아가야 한다. 죄에 빠짐으로써 성령님을 심히 근심하게 하고(롬 8:26; 엡 4:30) 예수님의 마음을 아프시게 하고 마귀를 기쁘게 한 것을 애석하게 여기고 통한히 여겨야 한다.

사단은 당신으로부터 예배를 빼앗고 구원의 기쁨을 빼앗고(시 51:12) 당신을 죽일 의도로 죄를 짓도록 유혹한다(요 10:10). 당신이 하나님께 올인 하지 못하고 하나님과 세상 사이에서 방황하는 동안 사단은 당신의 영혼을 흔들어 대며 거짓 위안을 주고 결단을 미루게 한다. 당신은 세상에서의 성공과 행복을 위해서 머뭇거리고 있는가? 사단의 속삭임, 육체의 유혹을 뒤로 하고 하나님께 올인 하라. 예배의 자리로 나아가라. 그것이 곧 성공이요, 행복의 지름길이다. 헛된 자리, 사망의 기운이 감도는 자리를 즉시 떠나라. 당장 예배의 자리로 나아가라!

그러므로 매일 시간과 장소를 정하여 하나님을 예배하라. 뿐만 아니라, 무시로, 성령께서 예배하라는 감동을 주실 때 즉각 예배하라(엡 6:18). 그것만이 사단에게 틈을 주지 않고 하나님의 사랑에 합당하게 반응하는 길이다. 삶 속에서 '하나님을 예배해야 되겠구나. 기도해야 되겠구나' 하는 생각이 문득 들 때가 있다. 그것은 성령님이 부르는 순간이다. 성령님은 내 생각 속에 작동하신다. 그것이 감지되는 순간 즉각적으로 기도의 처소를 찾거나 그 곳에서 기도하라. 그러면 성령님의 임재를 경험할 것이다.

올인은 그것의 가치에 해당하는 행복을 준다. 한 여인이 한 남자를 사랑하기로 결심하면 드디어 결혼할 수 있다. 과거에 사귀고 지내던 다른 일체의 관계를 떠나 보내야 한다.

그 여인이 계속 여러 남자와 교제한다면 결코 행복하지 못할 것이며 그 가정은 깨어지고 만다. 여인은 한 남자를 택할 때 모든 애정을 그 남자에게 올인 하기로 결심하는데, 그 때 진정한 행복과 기쁨이 솟아난다.

하나님과의 관계도 그렇다. 우리는 결정해야 한다. 먼저 나에게 올인 하기로 결정하신 하나님의 위대한 결심, 그 사랑 앞에 나를 내던지고자 결단해야 한다. 그렇게 할 때, 우리는 측량할 수 없는 하나님의 사랑의 가슴속으로 안기게 된다. 그 보상은 헤아릴 수 없다. 그것의 영광을 솔로몬과 포도원 지킴이였던 술람미 여인의 이야기, 왕세자비가 된 신데렐라 이야기와 비교할 수 없는 것이다!

> "나는 나의 사랑하는 자에게 속하였구나! 그가 나를 사모하는구나!"(악 7:10).

올인 테스트

그러므로 하나님께서는 당신의 자녀들이 당신께 진정으로 올인하는가를 보고 싶어하신다. 그래서 아브라함을 시험(test) 하셨다. 때로 하나님께서 우리에게 오는 시험들을 허락하시는 것은 우리를 단련하시어 하나님께 진정으로 올인 하도록 하기 위함이다. 시험은 우리를 순수하게 하나님만 사랑하도록 연단시키는 효과를 가져온다.

> "내 형제들아 너희가 여러 가지 시험을 만나거든 온전히 기쁘게 여기라. 이는 너희 믿음의 시련이 인내를 만들어 내는 줄 너희가 앎이라 인내를 온전히 이루라 이는 너희로 온전하고 구비하여 조금도 부족함이 없게 하려 함이라"(약 1:2-3).

> "시험을 참는 자는 복이 있도다 이것에 옳다 인정하심을 받은 후에 주께서 자기를 사랑하는 자들에게 약속하신 생명의 면류관을 얻을 것임이니라"(약 1:10).

이 원리를 모르면 우리는 예배를 이해하지 못한다.

과거에 나는 상당히 실용적인 측면에서 예배와 신앙생활을 오해하였던 것 같다. 그래서 실용적이지 않은 예배 태도나 행위들을 비정상적인 모습으로 보고 의구심을 가진 적이 있었는데, 이제는 그런 마음을 버렸다. 그 예로, 자정기도회를 하는 분들이다. 강원도 강릉 어느 기도원에는 연중 무휴 자정기도회를 한다. 쉽지 않은 일인데 수십 명이 강릉 시내에서 와서 참석하고 있었다. '기도회는 저녁이나 새벽에, 그리고 우리가 편리한 시간에 맞추어 모여서 드리면 되는데 왜 하필 한참 잠을 자야 하는 밤 12시 정각에 모여서 예배를 드릴까'라는 생각을 했다. 원장님께 왜 그 시간에 예배를 드리냐고 물어 보니 하나님께서 그리하라고 지시하셨다고 하며 그 자정예배를 드리면서부터 많은 하나님의 응답과 역사하심을 경험하였다고 한다.

IHOP의 24시간 기도도 그렇다. 365일 24시간 기도회(엄밀하게 말하면 찬양과 기도의 예배이다), 내가 그 곳을 방문한 것은 2007년 초 2월이었는데, 처음 이 프로그램과 행위를 대하였을 때 신기하기도 하면서 한편 실용주의적 입장에서 '꼭 저래야 하나. 출혈이 정말 많다'고 생각했다. 성도들도 낮에 일을 해야 하고 교회로서 할 일들이 많은데, 24시간 릴레이 기도회에 온 마음을 쏟아 모든 프로그램들이 24시간 기도와 찬양을 중심으로 돌아가는 것이다. 교회의 모든 에너지가 24시간 예배에 집중되다시피 하였다. 그런데 그것 역시 하나님께서 마이크 비클 목사님께 1994년도에 지시하셨다고 한다. 나도 의구심을 많이 가졌으나, 그 곳에서 하나님의 임재와 성령이 강하게 역사하셔서 치유와 예언적 말씀과 영적 회복이 많이 일어나고 사역이 확장되는 것을 보고 '이 분들의 열정은 그 이상의 보상을 받고 있구나'라는 깨달음을 가지게 되었다.

시간적 헌신만이 아니다. 바나바는 자기의 밭을 모두 팔아 사도들의 발 앞에 드렸다. 아나니아와 삽비라는 탐심을 숨겨둔 채 흉내를 내다가 죽었다. 스탠리 탬 장로님은 처음 십일조를 드렸는데 하나님께서 기뻐하시는 것을 보면서 점점 더 드리기 시작하여 나중엔 10의 10조를 드리게 되었다고 한다. 그의 회사는 전 세계 3000명이 넘는 십자군 전도대의 훈련생들의 생활비 절반과 훈련비 전액을 후원하고 있다. 그의 회사 전면 벽엔 'Christ is the Answer"라고 쓰여 있다.

그와 같이 하나님께의 예배와 헌신은 실용적 가치로는 도무지 이해가 어려우며 우리 인간생활에 무리한 헌신을 요구하는 경우들이 많다. 그것은 무엇을 의미하는가? 모두 하나님께의 올인, 전적 사랑, 전적 포기, 전적 헌신을 의미하는 것이다. 나를 향해 올인 하신 하나님께서 너도 나를 향해 올인 할 수 있느냐고 물으시는 것이다. 바로 그 질문에 대답하는 것이 진정한 예배이다.

신앙생활은 바로 이 훈련의 과정이라고 생각한다. 나는 하나님께 올인 하고 있는가? 우리는 '하나님, 아직요!' 하면서 버티고 세상에 더 좋은 것이 남아 있을 것이라고 미련을 가진다. 그러나 그 분께 올인 하는 것을 빨리 하면 할수록 좋다. 요즘 한 남성에게 올인 하기 싫고 매이는 게 싫어서 이 남자 저 남자와 사귀며 방황하는 싱글들이 있으며, 스스로를 화려한 싱글이라고 하는데, 그것은 어리석고 딱한 일이다. 하나님께 올인 하지 못한 그리스도인들이 그처럼 딱하다. 멋진 한 남자에게 올인 한 여인이 행복하듯이 우리 하나님, 정말 멋진 우리 주님께 올인한 사람은 누구보다도 행복하다. 이게 바로 믿음의 비밀이요, 예배의 비밀이요, 사랑의 비밀이다!

올인 맨

성경에 보면 하나님 앞에 올인 한 사람들이 줄줄이 등장한다. 이 사람들 하나 하나를 보면 모두가 상식에 맞지 않고 실용성과 이치를 초월한 예배와 봉사를 한 사람들이다. 몇 사람들만 생각해 보자.

노아는 50여 년간을 온 가족들과 함께 방주를 예비하는데 젊음과 인생을 완전히 소비했다(창 6장)[13].

주님 발 앞에 나아와 옥합을 깨드려 값진 향유를 몽땅 예수님의 머리에 부어 드렸던 마리아를 보라. 그녀를 보고 300데나리온에 팔아 가난한 자들에게 나누어 주는 편이 낫다고 했던 유다와 제자들의 논리가 타당하지 않았던가. 그러나 주님은 여인이 좋은 일을 하였다고 칭찬하셨다(마 26:6-13).

어떤 가난한 과부가 두 렙돈을 연보궤에 넣는 것을 보시고 주님께서 이 가난한 과부가 모든 사람보다 많이 넣었다고 하셨다. 부자들은 그 풍족한 중에서 헌금을 하였지만 그 과부는 그 구차한(가난한) 중에서 자기의 생활비 전부를 넣었기 때문이라고 하셨다(눅 21:1-4).

가난한 가운데 생활비 전부를 드린다는 것은 곧 굶주림을 의미하는 것이다. 그러나 그녀의 사랑을 아시는 주님은 그 이상으로 채워 주셨을 것이다. 그 과부는 주님의 시선을 받았고 칭찬을 받았던 것이다! 이같이 상식과 이성을 초월한 사랑은 주님의 인정과 칭찬을 받는다.

구약에서 그와 비슷한 과부의 이야기가 또 나온다. 엘리야가 사르밧에 도착하였을 때 한 과부가 나뭇가지를 줍고 있었다. 그녀는 기근으로 인해

---

13) 창세기 5장 32절에 노아가 오백 세 된 후에 셈과 함과 야벳을 낳았다고 하였으며, 창세기 6장 6절에 홍수가 땅에 있을 때에 노아가 육백 세라고 하였다. 오백 세 후에 세 아들을 낳고 노아에게 세 자부가 있었던 것이다(창 6:13). 방주를 짓기 시작한 시점은 적어도 노아의 세 아들들이 결혼한 이후, 즉 약 노아의 나이 550세 내외였을 것이며, 홍수전 까지 방주를 만든 기간은 50년 안쪽이 될 것이다. 고대사회에 결혼기가 늦은 것을 감안한다면 방주 제작기간은 더 줄어 들 것이다.

양식이 다하여 마지막으로 떡을 해 먹고 자식과 함께 죽으리라고 생각하고 있었다.

그런데 엘리야는 그 마지막 남아 있는 밀가루와 기름을 가지고 떡을 만들어 자기에게 가져오라고 요청하였다. 벼룩의 간을 빼먹을 일이다. 오늘날 그렇게 요청하는 목사가 있으면 대부분의 신자들은 시험에 들고 말 것이다. 그런데 그 여인은 그 말에 따랐고, 3년 6개월 동안 통에 가루가 그치지 않고 기름병에 기름이 떨어지지 않는 하나님의 공급하심을 누렸다.

하나님께 대한 사랑, 하나님을 위한 포기, 헌신, 하나님을 향한 올인, 이 모든 것에는 놀라운 보상이 따른다. 물론 그들은 보상을 바라고 그렇게 하는 것은 아니다. 그러나 하나님은 사랑을 아시고, 가장 좋은 사랑으로 응답해 주신다. 사랑스러워서 어쩔 줄 모르는 대상에게 무엇을 해 주고 싶은가! 그것이 바로 하나님께 올인 한 사람을 향하신 하나님의 흥분이다.

때로 하나님을 감동시키는 예배가 되게 해 달라고 기도하는 소리를 들으면 나는 어림도 없는 소리를 한다는 생각을 하곤 했다. 인간이 어떻게 하나님을 감동시킬 수 있단 말인가! 되먹지 못한 발상이라고 생각하였다. 그러나 이제 와서 뒤돌아보면 하나님의 무한성을 인식한 나머지 너무 철학적으로 하나님을 생각했던 것이다. 하나님께서도 거룩한 기쁨으로 기뻐하시며 때로는 진노도 하신다. 하나님은 사랑이시다. 사랑은 흥분하고 감동하는 것이다. 언제 하나님께서 감동하실까! 바로 우리가 올인 할 때이다. 그것을 확인할 때 우리 주님이 너무 기뻐하시고 감동 하신다.

순교가 그렇다. 스데반 집사가 자기를 돌로 치는 자들을 위해 용서를 구하고 순교의 제물이 되기 직전에 하늘을 바라보았다.

> "스데반이 성령이 충만하여 하늘을 우러러 주목하여 하나님의 영광과 및 예수께서 하나님 우편에 서신 것을 보고 말하되 보라. 하늘이 열리고 인자가 하나님 우편에 서신 것을 보노라 한대"(행 7:55-56).

스데반은 하나님 우편에 서 계신 예수님을 보았다. 예수님은 분명 하나님 우편에 앉아 계신다(히 8:1). 그런데 스데반이 죽을 때 주님은 일어나셨다. 그것은 주님이 스데반의 생명을 던지는 순간을 지켜보시며 감동하신 것이다. 그 영혼을 받기 위함도 있지만, 주님의 감동을 말하는 것이기도 하다.

> "너의 하나님 여호와가 너희 가운데 계시니 그는 구원을 베푸는 전능자시라 그가 너를 인하여 기쁨을 이기지 못하여 하시며 너를 잠잠히 사랑하시며 즐거이 부르며 기뻐하시리라"(습 3:17).

당신을 인하여 기쁨을 이기지 못하여 하시고 기쁨을 감추지 못하여 싱글벙글 하시는 주님, 즐거이 부르며 기뻐하시는 주님의 모습을 생각해 보라. 이 시간 주님의 마음에 기쁨이 되는 예배자가 되리라고 결심하자!

친밀함과 계시

다윗은 하나님을 경외하고 사랑하였기 때문에 하나님께서 개인적으로 그를 가까이 해 주셨고, 은밀하게 많은 계시들을 주셨다.

> "여호와의 친밀함이 그를 경외하는 자에게 있음이여 그 언약을 저희에게 보이시리로다"(시 25:14).

이 말씀에서 '친밀함'은 단순히 '친근하다, 가깝다'는 의미를 넘어선 것이다. 그것은 다른 이들에게 하지 않는 비밀이야기를 털어놓는 관계라는 것이다. NIV성경은 이 단어를 confide로 번역하였는데, 다른 사람에게는 하지 않는 비밀스러운 이야기를 털어놓는 것을 뜻한다.

선지자들은 보통 사람들이 알지 못하는 하나님의 비밀들을 하나님으로부터 듣거나 본 자들이다. 그게 곧 계시이다. 하나님께서 하고자 하시는 일들을 자기의 친구들에게 나타내 보이신다. 그것이 꿈과 환상과 계시와 예언으로 나타난다(욜 2:28). 하나님께 온전한 찬양과 예배를 드리는 자들, 여호와를 경외하는 자들에게 그런 은혜를 주신다.

여호와께서는 소돔과 고모라를 심판하러 가시기 전에 아브라함에게 그 사실을 미리 말씀하셨다(창 18:17). 그것은 아브라함을 하나님께서 친구로 여기셨기 때문이다(사 41:8).

"주 여호와께서는 자기의 비밀을 그 종 선지자들에게 보이지 아니하시고는 결코 행하심이 없으시리라"(암 3:7)고 말씀하셨다. 하나님은 자기가 행하고자 하는 비밀을 선지자들에게 나타내시고 행하셨다. 비밀을 이야기할 수 있는 대상은 곧 하나님의 각별한 친구들이다.

다윗은 여러 차례 하나님의 친밀한 말씀들을 듣거나 하나님께서 보여주시는 환상을 보았다.

> "너희는 내 얼굴을 찾으라 하실 때에 내 마음이 주께 말하되 여호와여 내가 주의 얼굴을 찾으리이다 하였나이다"(시 27:8).

다윗은 하나님께서 "너희는 내 얼굴을 찾으라"고 하시는 조용한 음성을 들었다.

> "하나님이 한두 번 하신 말씀을 내가 들었나니 권능은 하나님께 속하였다 하셨도다"(시 62:11).

특히 그는 전쟁에 나갈 때, 전략을 미리 하나님께 여쭈었고 전략을 지시받았다(대상 14:8-17). 뿐만 아니라, 그 아들 솔로몬이 짓게 될 성전의 설계도도 모두 여호와께서 다윗에게 보여 주신 양식대로 그렸다.

> "다윗이 전의 낭실과 그 집들과 그 곳간과 다락과 골방과 속죄소의 식양을 그 아들 솔로몬에게 주고 또 성신의 가르치신 모든 식양 곧 여호와의 전의 뜰과 사면의 모든 방과 하나님의 전 곳간과 성물곳간의 식양을 주고"(대상 28:11, 12).

하나님과의 친밀함은 그에게 환난 중에도 견뎌낼 수 있는 확고한 버팀목이 되었을 것이다. 또한 전쟁에서 적을 이길 수 있는 탁월한 전략을 얻거나 성전양식을 전수받음으로써, 삶의 실제적 분야에서 주님의 인도하심을 받았다.

다윗은 구약시대의 사람으로서 하나님과 그토록 친밀하게 지냈던 하나님의 친구였다. 하나님은 오늘날 성령을 백성들에게 부어 주심으로 성령으로 말미암아 지혜와 계시를 얻게 하신다. 성령을 물붓듯이 부어 주셔서 자녀들이 예언하고 청년들이 환상을 보고 노인들은 꿈을 꾸게 하신다(욜 2:28; 행 2:17).

이런 계시에 대해 언급하면 신비주의나 이단으로 보려고 하는 이들도 있는데, 그렇게 본다면 다윗, 다니엘, 아브라함, 구약의 선지자들과 바울도 다 신비주의자요, 이단이라고 해야 할 것이다. 그들에게 하나님께서 친밀함을 나타내시어 계시를 열어 주셨다면 이 시대에도 마찬가지이다.

물론 그런 예언은 일종의 은사를 통하여 풀어진다. 은사라고 한다면 모든 이들이 동일한 은사를 받는 것은 아니다. 즉 하나님과 친밀하고 성령께서 임하셨음에도 불구하고 예언이나 환상을 보지 못할 수 있다는 것이다. 그러나 확실한 것은 어떤 형태로든지, 하나님께서 당신의 친밀함을 그를 경외하는 자, 그를 예배하는 자, 그의 사랑하시는 자들에게 특별한 언약적 은총으로 나타내신다. 객관적인 계시인 신구약 성경의 말씀뿐만 아니라, 주관적으로 그 말씀과 그 은총을 경험하게 하신다. 하나님은 옛적에 선지자들과 사도들을 통하여 하신 말씀으로만 끝내지 않으시고 지금 여기서, 나에게 말씀하신다.

'예수, 예수 믿는 것은 받은 증거 많도다! 할렐루야!'

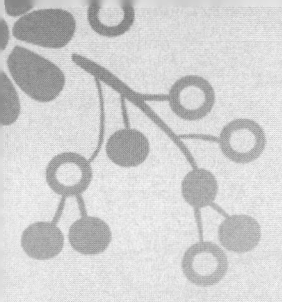

Chapter 5
여호와의 전쟁과 영적 전투

Chapter 5
여호와의 전쟁과 영적 전투

여호와는 나의 반석이시요 나의 요새시요…
나의 피할 바위시요… 나의 산성이시로다(시 18:1)

1. 용어에 대하여

성경적 근거

여호와의 전쟁은 구약의 용어이며, 영적 전투 혹은 영적 전쟁은 신약적 용어이다. '여호와의 전쟁'이란 말은 아비가일이 다윗에게 한 이야기 가운데 등장한 말이다(삼상 25:28).

아비가일이 말한 대로 다윗은 여호와의 싸움을 한 사람이었다. 골리앗과 싸울 때도 그는 만군의 여호와의 이름으로 나아갔고, 전쟁은 여호와께 속하였다고 선포하였으며(삼상 17:45-47), 블레셋의 침략에 대항하여 나아갈 때 여호와 하나님께 전략을 물었고, 그대로 행하여 그 때마다 대승했다(삼하 5:17-25).

여호와의 전쟁이란 주제는 다윗에게만 국한되는 것이 아니라, 구약 전체에서 매우 중요한 주제이다. 여호와는 용사이시며, 만군의 여호와이시다. 그 대적들을 파하시고 자기 이름을 위하여 싸우신다. 선지서에서는 여호와께서 최종적으로 여호와의 전쟁을 수행하시며, 그 결과 영원한 샬롬을 성취하신다고 예언하고 있다.

구약의 역사서에서 여호와는 이스라엘의 대적들을 흩으시거나 모세, 여호수아, 다윗 등과 함께하여 대적들을 파하시고 이스라엘에 승리를 주셨다. 여기서는 영적 원리를 바탕으로 실제적인 군사적 승리를 가져왔다. 이것이 신약에서는 육체적이며 군사적인 전투가 아니라, 하늘에 있는 악한 영들과의 영적 전투로 바뀌게 된다.

> "우리의 씨름은 혈과 육에 대한 것이 아니요 정사와 권세와 이 어두움의 세상 주관자들과 하늘에 있는 악의 영들에게 대함이라 그러므로 하나님의 전신갑주를 취하라 이는 악한 날에 너희가 능히 대적하고 모든 일을 행한 후에 서기 위함이라"(엡 6:12-13).

그러므로 이제는 여호와의 전쟁을 영적 의미로 해석해야 한다. 이슬람에서는 코란에 있는 대로 이슬람의 대적들에 대하여는 성전(Jihad)을 하라고 지시하였다[14]. 그러므로 이슬람 원리주의자들은 알라와 이슬람을 위하여 육체적 전투를 하며 자기들의 대적들에 대하여 테러를 자행한다.

그러나 우리는 성경에 여호와의 전쟁을 영적 의미로 받아들이며, 오늘날 악과 사단, 그 수하인 악한 영들과 육적 소욕에 대하여 싸우는 영적 전쟁으로 이해한다.

---

14) 『성 꾸란 의미의 한국어 번역』 (메디나: 파하드 국장 성 꾸란 출판청). 불신자와 위선자들에 대해 성전하라고 촉구한다. 9장 타우바: 73; 66장 타흐림: 9; 25장 푸르깐: 52.

영적 전투에 대한 오해

기독교 선교에서 영적 전투라는 용어는 오해를 불러일으킬 수 있다. 즉 이슬람이나 타종교 세력과 부딪혔을 때, 그들은 기독교가 공격한다고 받아들이기 때문에 기독교를 더욱 적대시할 수 있다. 영적 전투는 선교 현장에서 타종교의 영들이나 불신의 영들을 묶고 파쇄하며 가시적 능력을 나타내어 타종교를 믿던 사람들을 기독교 신앙으로 인도하는 일에 사용되었다. 영적 전투는 선교 현장에서 매우 실질적인 일이다. 선교 현장은 하나님의 영과 사단의 영들 사이에서 벌어지는 Power encounter이며, 진리의 싸움인 것이다.

그러므로 세계 복음주의 진영의 주요한 기독교 지도자 대회들인 로잔 대회(1974년), 마닐라 대회(1989), 이구아수 대회(1999)에서 채택한 선언서에서 항상 이 주제를 언급하였다. 그런데, 로잔 대회와 마닐라 대회에서 "영적 전투"라고 표현한 것을 이구아수 선언에서는 "영적 갈등"이라고 표현하였다. 나의 생각으로는 집필진이 영적 전투라는 용어가 기독교를 이슬람 원리주의자들처럼 전투적인 자들로 비춰게 할까봐 감안한 것이라고 생각한다.

그럼에도 불구하고 우리가 어떻게 표현하든지 영적 전투는 실재한다. 물론 우리는 영적 전투를 육신적 전쟁으로 오해해서는 안 될 것이다. 우리의 싸움은 선으로 악을 이기며, 그리스도의 이름으로 평화를 선포하고 그리스도의 복음으로 영혼들을 건져내는 일이기 때문이다.

2. 예배와 영적 전투

앞장에서 다윗의 장막을 살펴 봄으로써 온전한 예배의 회복을 강조하였다. 그런 다윗의 회복, 즉 예배 회복은 영적 전투의 승리로 이어진다.

온전한 예배는 하나님의 임재를 가져온다. 임재는 무엇을 가져오는가? 그것은 말할 수 없는 놀라운 축복을 풀어낸다! 하나님의 임재는 천상의 능력이 풀어지는 통로이다. 하나님의 임재는 사단의 결박을 끊어 버리고 파쇄하는 능력이 있다. 그를 대적하는 권세가 나타난다. 구약의 역사서에서 다윗의 전쟁기를 보면 흥미진진한 승전의 연속이었다.

> "다윗이 어디를 가든지 여호와께서 이기게 하시니라"(삼하 8:6; 대상 18:6).

> "다윗이 어디를 가든지 여호와께서 이기게 하셨더라"(삼하 8:14; 대상 18:13).

바로 이것이 곧 다윗왕국의 번영과 위대한 승리의 비결이었다. 그의 왕국의 위대성의 배경은 다윗의 비전과 탁월한 리더십 때문이 아니라, 다윗의 온전한 예배와 하나님과의 친밀함에 있었다. 그는 전쟁에서도 항상 하나님으로부터 작전을 지시받았다(삼상 23:2; 삼하 5:19, 23). 주목할 사실은 성경 기자가 사무엘하 8장에서 다윗의 백전백승의 승전기사를 소개하기 앞서, 다윗이 하나님의 법궤를 모시고 하나님을 예배한 일들을 소개하였다는 점이다(삼하 6, 7장). 그것은 곧 하나님을 구하며 사랑하는 예배생활이야말로 다윗의 모든 승리의 기초요, 근거였음을 보여주는 것이다.

다윗은 결코 세계적인 제국을 이루고자 다른 나라들에 대해 정복전쟁을 일삼지 않았다. 대부분의 전쟁들은 이웃나라들이 다윗을 선제공격 해 시작되었으며 다윗은 방어전을 하여 승리를 거두었으며, 왕국의 권세를 확장시킨 것이다(삼하 8장). 그것들은 모두 하나님께서 하신 일이다. 즉 하나님을 사랑하고 예배하며 친밀히 하는 삶이 다윗왕국에 하나님의 축복과 번영과 확장의 비결이었다. 다윗이 온 세계 위에 가장 위대하신 하나님을 이스라엘의 왕으로 모시고 높였을 때 이스라엘은 온 세계 위에 높아졌던 것이다.

찬양이 임재를 가져와서 큰 승리를 거둔 사실을 여호사밧 왕의 전쟁기에서도 발견할 수 있다(대하 20장). 그 전모를 보면 이렇다. 모압 자손과 암몬 자손과 마온 사람들이 연합군을 조성하여 유대를 치러 왔을 때 여호사밧은 두려움에 사로잡혔다. 그리하여 첫째, 자신이 여호와께 얼굴을 향하고 온 유대 백성들에게 금식을 공포하였다(3절).

둘째, 하나님의 언약에 기초하여 하나님의 도움을 간구하였다(5-11절).

셋째, 하나님만 절대절명으로 의지하고 모든 유대인들은 남녀노소 어린아이까지 여호와 앞에 섰다.

> "우리 하나님이여 저희를 징벌하지 아니하시나이까 우리를 치러 오는 이 큰 무리를 우리가 대적할 능력이 없고 어떻게 할 줄도 알지 못하옵고 오직 주만 바라보나이다 유다 모든 사람은 그 아내와 자녀와 어린 자로 더불어 여호와 앞에 섰더라"(12-13절).

여기 여호와 앞에 섰다는 것은 여호와를 앙망하는 것이며 기다리는 것이며, 예배하고 기도하는 모습이다.

넷째, 여호와의 신이 레위 사람 하사엘에게 임하여 하나님의 전략을 말씀하였다(14-17절).

🌿 "이 전쟁은 너희에게 속한 것이 아니요 여호와께 속한 것이니라 내일 너희는 마주 내려가라"(15절).

그 싸움은 영적 싸움이었다. 오늘날 영적 전투에서도 하나님으로부터 전략을 받는 것, 하나님의 말씀을 받는 것이 중요하다.

다섯째, 여호사밧과 온 유대 백성들이 엎드려 경배하고, 찬송하였다. 그리고 군대 앞에 찬양단을 세워 찬양하며 전진하도록 하였다(대하 20:21-26).

그 결과는 완전한 승리였다. 그들은 싸울 필요조차 없었으며, 전리품들을 거두는 데만도 사흘이 걸렸다. 나흘째 되는 날 골짜기에 모여서 여호와 하나님을 송축하였고 이후 골짜기 이름을 브라가(송축) 골짜기라고 붙였다.

이러한 사실들은 신약에 와서 영적 전투로 변화되며, 모든 시대에 교회 성장과 선교의 원리가 되어야 한다. 즉 하나님이 교회의 왕이 되실 때 교회는 영적 승리를 거두고 그 결과 놀라운 부흥이 나타나는 것이다. 하나님께서 선교의 주체가 되실 때, 선교가 이루어지는 것이다. 이것이야말로 진정한 '하나님의 선교'(Missio Dei)이다.

오늘날 영적 전투란 주제가 한동안 회자되었는데, 영적 전투에 깊이 관여했던 에디 스미스(Addi Smith) 목사와 그의 부인 앨리스 스미스(Alice Smith)는 공중권세에 대한 대적기도보다 더 효과적인 영적 전투는 곧 하나님께 대한 온전한 예배라고 주장하였다[15]. 그들은 체험을 통하여 무분별한 대적기도가 매우 위험한 것이며, 하나님의 임재를 찬양하는 예배야말로 가장 능력 있는 영적 전투라는 사실을 깨달았다.

에디 스미스는 미국의 휴스톤에서 있었던 초교파 대형집회를 소개했다.

---

15) 그들의 저서로 다음 책들이 우리말로 출판되었다. 에디 스미스, 『하늘을 사로잡는 기도』, 앨리스 스미스, 『왕의 침소로』 (과천: WLI, 2008).

1991년(아마 그렇게 기억한다)에 초교파적인 연합집회를 하였는데 그 때 집회에서 줄곧 사단을 대적하는 찬양을 부르고 설교 후에는 목사님들이 한 사람씩 강단에 나와서 그 도시의 영들에 대하여 꾸짖는 대적기도를 하였다고 한다. 그런데 그 후 대적기도를 했던 목사님들의 상당수가 질병에 걸리거나, 교회 내에서 곤경이 닥치는 등 다양하게 어려움이 닥쳤다. 그래서 이듬해엔 주축을 이룰 목사님들이 참석할 수 없기 때문에 집회가 불가능하게 되었다. 에디 목사님은 연합회장 목사님에게 요청하여 청중을 모아 집회를 열도록 하였다. 그리고 이번에는 지난 해와 다르게 진행하도록 하였는데, 에디가 찬양을 맡아 먼저 집중적으로 하나님의 임재를 구하며 찬양하였으며 설교 후 회개기도를 하고, 성찬식을 하고, 사단의 권세를 묶는 선포식을 하였다고 한다. 선포가 끝나는 시점에 휴스톤의 하늘에 수분간 번쩍이는 빛무리 현상이 일어났다. 그 원인모를 빛무리 현상은 NASA에서도 확인되었다. 그 후 10년간 도시의 범죄율이 전보다 10%로 떨어졌다고 한다.

찬양을 통해 하나님께서 강력하게 임재하시고 하나님의 권세로 사단을 묶었을 때 도시를 덮던 공중권세들이 번개같이 떨어졌으며 도시의 범죄율이 크게 저하된 것이다. 즉 에디가 말하는 요지는 사단의 세력에 대한 대적기도보다 하나님의 임재를 구하는 게 더 유익한 결과를 가져올 수 있다는 것이다. 하나님께서 임하시면 사단은 더 이상 발을 붙일 수 없다.

이 점은 우리 개인의 영성에서도 동일하게 적용될 수 있다. 과거에 대학부를 지도할 때 어떤 형제로부터 이런 고백을 들은 적이 있었다. "저는 하나님께 더 이상 회개기도 하는 것을 포기했습니다. 더 이상 하지 않기로 했습니다. 왜냐하면 죄를 짓고 자백하고 나면 얼마 안 가서 그것을 죄인 줄 알면서도 이기지 못하고 또 죄를 짓는 것입니다. 또 자백을 합니다. 그러나 또 죄를 짓는 거예요. 하나님께 뻔뻔스럽게 반복해서 죄를 짓는 겁니다. 그러는 것보다는 차라리 회개를 하지 않고 그냥 지내는게 마음이 편합니다."

나는 그 형제의 고민이 수많은 그리스도인들에게 해당된다고 믿는다. 나 역시 그런 고민을 수없이 했었다. 그것이 우리의 연약함이며, 그렇기 때문에 주님이 십자가에서 죽으신 것이다. 나는 귀신이 그 사람 속에서 발판을 마련하고 반복적인 죄에 빠지도록 역사하기 때문에 그런 현상이 일어났다고 생각한다.

> "분을 내어도 죄를 짓지 말고 해가 지도록 분을 품지 말며 마귀로 틈을 타지 못하게 하라"(엡 4:26).

여기서 '틈'이란 헬라어는 τόπος(topos)로 '발판'을 의미하는데, 사단은 우리 속에 발판을 마련할 수 있다. 그 발판은 우리의 의지가 죄를 선택하는 영역이다. "해가 지도록 분을 품지"말라고 하였다. 순간적으로 분이 일어나는 것은 감정의 영역이다. 그러나 분노를 계속적으로 품는 것은 의지의 영역에 해당한다. 그 자신이 분을 계속 품기로 의지적으로 선택하면 사단이 들어와 거할 수 있는 발판이 마련되는 것이다. 그러므로 분을 내어도 곧 풀어야 한다. 주님의 말씀대로 분노를 처리해 버려야 한다.

이런 틈을 이용하여 사단은 들어와 그의 몸 어디엔가 숨어 공생한다. 지금 당장 성령충만하고 깨어 기도할 때 마귀는 그 사람 속에서 잠잠할 수밖에 없다. 그러나 얼마 안 되어 그가 좋아하는 어떤 환경이 닥치면 사단은 다시 그를 충동질하여 죄를 짓게 한다.

반복적으로 죄에 빠지는 경우는 대부분 귀신의 역사이며 그런 현상에 대하여 축사가 필요하다. 어떤 이들은 믿는 자들도 누구나 귀신들이 그 몸에 숨어 있으므로 축사를 해야 한다고 가르친다. 그러나 믿는 자들의 축사에 대하여 케네스 헤긴은 반대한다. 나는 믿는 자들도 귀신들릴 수 있다는 점을 인정한다. 그러나 심각한 증상의 경향이 아닌 경우에 타인의 축사사역을 통하여 물리치려고 하기보다는 죄를 철저히 회개하고 성령의 임재가 충만해지기를 구하는 것이 좋다고 생각한다.

그가 반복해서 죄에 빠지는 이유는 귀신에게 틈을 주기 때문이다. 동시에 동전의 반대 측면처럼 하나님의 원리에 충실하지 않기 때문이라고도 할 수 있다. 즉 온전히 회개하고 말씀을 깊이 묵상하며 계속하여 깨어 기도하고 성령충만하면 죄가 다시 일어나 그를 주장할 수 없다. 전술한 예의 그 형제가 죄를 깊이 회개하고 성령충만받을 때까지 간절히 기도했더라면 성령께서는 그가 죄를 이길 수 있도록 이끌어 주셨을 것이다. 죄가 쉽게 그를 주장하는 것은 그가 하나님께서 가르치신 원리에 충실하지 않고 하나님을 멀리 하기 때문이다.

또 한 가지 방법은 자신의 입으로 선포하는 것이다. 우리의 말에는 권세가 있다. 반복적인 죄에서 벗어나려면, 주님의 임재를 확신하며 믿음으로 귀신을 명하여 선포하라. "나는 사랑한다! 나는 용서한다! 나는 거룩하다! 나는 깨끗하다!" 죄의 유혹이 일어나는 문제에 대하여 담대하게 믿음의 선포를 열 번쯤 하면 영이 빠져나가는 것을 느낄 수 있다. 갑자기 심령이 시원해지는 것을 느끼는데 그것은 악한 영이 빠져나가기 때문이다.

계속적으로 성령충만을 유지하기 위해 기도와 찬양에 힘써야 한다. 우리가 성령으로 충만해지면 귀신은 머물 수 없다. 그러나 성령충만하지 못하면 귀신은 축사했다가도 다시 들어올 수 있다.

그러므로 축사보다 중요한 것은 주님을 예배하며 그 분의 임재 앞에 나아가는 것이다. 그 임재로 점점 충만해지면 자연스럽게 귀신의 역사도 발

붙일 수 없게 되고 승리적인 생활을 할 수 있게 된다. 귀신이 주는 탐심이 일어날 때 즉각적으로 분별하고 예수 이름으로 명하고 선포해야 한다. 더러운 것을 중오해야 한다. 그래야 임재의 영광을 기뻐하게 되고, 주의 우편에 있는 기쁨과 주의 앞에 있는 즐거움으로 충만해지고 죄의 유혹은 틈하지 못한다.

3. 온 마음을 다하여!

전심을 다하여!

영적 전투에서 최상의 태도는 온 마음을 다하여 하나님을 사랑하며 예배하는 일이다.

> "예수께서 가라사대 네 마음을 다하고 목숨을 다하고 뜻을 다하여 주 너의 하나님을 사랑하라 하셨으니 이것이 크고 첫째 되는 계명이요 둘째는 그와 같으니 네 이웃을 네 몸과 같이 사랑하라 하셨으니 이 두 계명이 온 율법과 선지자의 강령이니라"(마 22:40).

이 두 계명이 온 율법과 선지자의 강령이라고 한 부분에 대하여 NIV는 "모든 율법과 선지자들이 이 두 계명에 매달려 있다"(All the Law and Prophets hang on these two commandments)라고 번역하였는데 그것은 옳다. 즉 모든 율법들과 선지자들의 가르침들이 이 두 계명에 뿌리를 두고 나온 것이다. 그러므로 이 두 계명은 성경 전체의 핵심, 인간을 향해서 하나님께서 요구하시는 것들의 핵심이라고 할 수 있다.

그렇게 중요한 첫째 계명은 어떻게 보면 상당히 가혹하게 보이고 하나님이 독재자처럼 느껴진다. 하나님께서는 왜 그토록 가혹한 요구를 하실까? 마음을 다하고 목숨을 다하고 내 의지를 다하여 하나님을 사랑하라니! 어떻게 살란 말인가! 그렇게 해서 어떻게 내 행복이 보장될 수 있단 말인가!

우리는 이 계명을 하나님의 사랑의 차원에서 이해해야 한다. 이 요청은 하나님 자신의 마음이 반영된 것이다. 하나님께서 먼저 우리들을 그렇게 열렬히 사랑하시는 것이다. 우리를 향하신 하나님의 사랑은 순전하고 온전하시다. 그 분께서 우리를 구하기 위해 자기의 독생자를 십자가에 내어주신 사랑을 생각해 볼 때, 그 사랑이야말로 마음을 다하고 목숨을 다하고 뜻을 다하여 사랑하신 것이라고 말할 수 있다. 그래서 그 측량할 수 없는 사랑을 깨달은 성도는 노래했다.

> 하늘을 두루마리 삼고 바다를 먹물 삼아도
> 한없는 하나님의 사랑 다 기록할 수 없겠네
> 하나님의 크신 사랑 그 어찌 다쓸까
> 저 하늘 높이 쌓아도 채우지 못하리
> 하나님 크신 사랑은 측량다 못하며
> 영원히 변치 않는 사랑 성도여 찬양하세

하나님께서 우리를 향해 그토록 절대적인 사랑을 하시기 때문에 우리에게도 자기를 그렇게 온 마음과 몸을 다해 사랑하라고 요구하시는 것이다. 이성을 짝사랑해 본 사람은 짝사랑이 얼마나 괴로운 것인가를 안다. 나는 그를 열렬히 사랑하는데 그는 나에게 시큰둥 하거나 심지어 다른 사람을 사랑한다면 참으로 괴로운 일이 아닐 수 없다. 하나님께서는 그런 심경을 호세아 선지자를 통하여 잘 나타내셨다. 호세아는 하나님의 명령을 따라 음란한 여인인 고멜을 아내로 취하였다. 호세아는 그녀를 사랑했고 이스르엘, 로루하마, 로암미라는 세 자녀(2남 1녀)를 낳았다(호 1장). 그러나 그녀는 과거에 행하던 뭇남성들과의 음란한 행실을 잊지 못하여 호세아를 버리고 가출하였다(호 2:1-5). 그녀가 술집에 창기가 되었는지는 정확히 알 수 없지만 그와 비슷한 행색을 하였다. 바로 하나님을 떠나 이방우상들에게 눈이 팔려 혼합주의적 신앙생활을 하는 이스라엘 백성들의 모습이 그 고멜과 같음을 보여준 것이다.

그런데 하나님께서는 그 백성을 여전히 사랑하시기 때문에 호세아에게 타인에게 연애를 받아 음부가 된 여인 고멜을 사랑하라고 요구하신다(호 3:1). 아마 고멜은 다른 남자의 첩이 되었거나 술집의 창기가 되었을 것이다. 이스라엘 백성을 향한 변함없는 하나님의 사랑을 나타내시기 위해, 호세아는 고멜을 향해 그녀의 불륜에도 불구하고 여전히 그녀를 사랑한다는 것을 나타내야 했다. 그래서 그는 은 열다섯 개와 보리 한 호멜로 그녀를 사서 데려왔다(호 3:2, 3).

남편의 사랑에 만족하지 않고 제비족이나 그리워하는 고멜을 볼 때 호세아의 마음은 얼마나 분노하며 고통스러웠을까! 호세아는 고멜이 진정 지난날을 뉘우치고 자기에게 온 맘을 다하여 돌아오길 얼마나 목말라 했을까! 그것이 곧 우리를 향하신 하나님의 사랑이다. 그러므로 하나님은 우리에게 마음을 다하고 목숨과 뜻을 다하여 하나님을 사랑하라고 요청하신다.

또한 이 요청은 우리에게 가장 좋은 것이 무엇인지 아시는 하나님의 제안이 우리가 전심으로 하나님을 사랑하면 그것이야말로 우리에게 최고의 행복이요, 최선의 성공이 보장되는 길이다. "악인의 꾀를 좇지 않으며 죄인의 길에 서지 않으며 오만한 자의 자리에 앉지 않으며 오직 여호와의 율법을 즐거워하여 밤낮으로 그 율법을 묵상하는 자"가 복이 있는 자요, 여호와께서 인정하시는 자이며, 그의 삶은 강가에 심기운 나무가 시절을 따라 과실을 맺으며 그 입사귀가 청청한 것같이 번성하고 번창하는 것이다(시 1편).

> "내가 오늘날 네 행복을 위하여 네게 명하는 여호와의 명령과 규례를 지킬 것이 아니냐"(신 10:13).

'네 행복을 위하여!' 우리가 사단의 종노릇하고 패배와 절망에 사로잡혀 산다고 하더라도 주 예수를 믿고 죄를 회개하고 온 마음을 다하여 여호와를 사랑하기 시작할 때, 영혼뿐 아니라, 모든 생활에 천국의 부요와 축복이 흘러 들어오기 시작한다.

요한 웨슬리와 횟필드의 회중은 탄광 광부들이었고 가장 가난한 자들이었으나, 웨슬리는 그들이 복음안에서 변화받았으므로 분명히 신분이 상승될 것을 내다 보고, 신분 상승이 되면 신앙적 타락이 있을 것인데, 그것을 방지하기 위한 대안으로 구제와 봉사를 계속 할 것을 요청한 것은 바른 처방이었다.

그렇다. 우리가 주님 앞에 바로 살고 주님을 사랑하면 주님의 축복이 우리 삶에 흘러 들어와서 범사에 복을 받고 신분도 상승되는 것이 일반적인 사실이요, 진리이다. 다윗의 생활, 아사, 여호사밧, 히스기야 등의 삶의 평강과 축복들이 다 그런 것을 증거한다.

금(Gold)을 찾아 남미로 간 스페인과 포르투갈 사람들은 당시에 당당했고 잘 살았으나 그 후손들은 가난하게 되었다. 그러나 비슷한 시기에 하나님(God)을 더 잘 섬기기 위해 본토에서 쫓겨나 북미로 간 청교도들은 당시에는 엄청난 시련을 겪었으나 그 후손들은 세계에서 가장 넓고 비옥한 대륙을 차지하여 풍족하게 살고 있다. 전심으로 하나님을 구하고 사랑하는 것이 가장 좋은 것으로 보상받는 길임을 얼마나 많은 개인과 민족들이 간증하고 있는가!

물론 어떤 경우에 주님 때문에 물질적 축복이 아니라 도리어 박해를 당하고 재산을 몰수당하고 심지어 순교를 당하는 경우도 있다. 그럴지라도 우리는 그것이 불행이 아니라 최상의 축복임을 안다. 주님을 위해 박해를 순교의 길을 걸었던 종들에게 주님은 세상에서 맛볼 수 없는 참 평안과 기쁨과 영광을 보상으로 주시지 않았는가!

> "여호와의 눈은 온 땅을 두루 감찰하사 전심으로 자기에게 향하는 자를 위하여 능력을 베푸시나니"(대하 16:9).

> "뒤로 물러가면 내 마음이 저를 기뻐하지 아니하리라 하셨느니라"(히 11:38).

하나님은 속지 않으신다. 두 마음을 품는 자들을 싫어하시며, 우리가 예배로 나아갈 때, 전심으로 앙모하기를 원하신다. 그러므로 우리가 예배할 때 하나님 외에 마음을 빼앗기게 하는 일체의 것들을 정비해야 한다. 오직 그 분만을 마음에 바라볼 때, 그 예배를 통하여 나의 영과 몸과 마음이 그 분께 드려지며, 성령의 임재와 하나님의 응답의 역사가 시작된다.

영혼의 밤

때로 하나님은 우리 속에 하나님을 향한 뜨거운 갈망을 일으키시기 위해 우리에게 고통의 밤을 허락하신다. 밤이 오면 우리의 사역에 열매가 없고, 능력이 나타나지 않고 기도하고 찬양해도 기쁨이 없다.

주의 백성들이 성령충만할 때조차도 그런 밤이 올 때가 있다. 그것은 범죄의 결과로 오는 것이 아니다. 욥이 범죄치 않았으나, 주님을 찾아도, 주님께서 낮에도 밤에도 옆으로 돌아 누워도 그 분은 침묵하셨다.

이 고통스러운 밤에 할 일은 오직 기도밖에 없는 것이다. 그 분을 갈망하는 것이다. 그 분을 다시 찾기 위해 갈망할 때, 그 탄식이 그 분께 열납될 때, 그 분의 은혜는 다시 폭포수와 장마비와 같이 임하게 된다.

하나님께서 그런 밤을 허락하시는 것은 우리가 더욱 간절히 그 분께 집중하고 사랑하도록 하시기 위함이다. 때로 우리가 교만에 빠지지 않게 하기 위해서 그런 밤을 주신다. 왜냐하면 항상 우리에게 주의 빛과 은혜가 충만하여 기쁨이 넘치게 되면 우리는 영광을 그 분께만 돌리지 않고, 자신에게 돌리며, 연약한 지체들을 긍휼히 여기거나 체휼하지 못하고, 자만심에 빠지기 쉽기 때문이다. 우리가 영혼의 밤을 만남으로써 나 자신은 아무것도 아니며, 주님이 전부임을 인식하게 되고, 나 자신의 상태에 대해 자만하지 않고, 오직 주님만을 바라볼 수 있기 때문이다.

이런 영혼의 밤을 만났을 때, 응답이 지체되더라도 우리는 낙심하거나 불평하지 말고 그 분의 신실하심을 신뢰하고 그 분 앞에 계속하여 나아가야 한다. 마치 베드로 일행이 밤새도록 한 마리의 고기도 잡지 못하는 허탈하고 힘든 밤을 지난 후에 주님께서 풍성한 어획으로 찾아오셨듯이, 주님은 더 풍성하고 놀라운 축복으로 찾아오시기 위해 우리 앞에 어두운 밤을 허락하신다.

그런 밤을 지날 때 끈기 있게 포기하지 말고 전심을 다하여 주님을 향해 부르짖고, 주님을 찬양하고 주님을 기다려야 한다. 그리하여 "전심을 다해! 마음을 다하여, 뜻을 다하여, 목숨을 다하여, 힘을 다하여!" 라는 표현들이 나 자신의 태도가 되도록 하여야 한다. 그럴 때, 주님은 마침내 멋진 새 아침을 안고 찾아오신다!

육신과의 싸움

영이냐! 육신이냐! 이 싸움은 치열하고 끈질기다. 하나님께서는 "내가 아말렉과 더불어 대대로 싸우리라"고 하셨다. 아말렉과의 싸움은 우리가 육신을 벗는 날까지 결코 방심할 수 없는 싸움이다. 사단은 우리의 육적 소욕을 통해서 우리를 공격해 들어올 때가 가장 많다. 삼손을 쓰러뜨릴 때, 블레셋의 군대로 불가능했으나 드릴라의 매력으로 가능했다. 소년 시절에 골리앗을 물맷돌로 쓰러뜨렸고 오직 믿음과 눈물의 기도와 찬양으로 사울의 시대를 물리치고 새 이스라엘의 시대를 열었던 다윗, 그토록 지혜와 용맹과 믿음이 탁월했던 그 다윗을 블레셋의 침략, 무수한 동방의 연합군이 이기지 못하였으나 밧세바라는 한 여인을 통하여 육체의 정욕으로 무너뜨렸다. 그로인해 그가 당한 고통은 이루 말할 수 없다. 그가 올랐던 영광만큼이나 그가 쓰러진 데 대한 댓가는 혹독했다. 사랑하는 여인 밧세바를 통해 낳은 첫 아들이 병들어 죽는 것을 보아야 했으며, 압논의 연애 사건을 통해서 압살롬에 의해 첫째 왕자 압논을 잃은 비극, 압살롬의 반란으로 이어지는 일련의 사건들은 다윗을 연속적으로 괴롭혔고 마침내 반란을 피하여 버선발로 요단강을 건너 피신해야 하는 고통을 겪어야 했다. 피난 간 사이 아끼던 궁녀들이 모두 왕궁의 옥상 위에서 악한 자에게 그것도 아들 압살롬에게 강간당하는 극단의 수모도 겪어야 했다.

하나님의 사람이 육체의 소욕을 따르고 육체에 넘어지는 것이 얼마나 큰 비극이며, 육체의 소욕을 따르는 것은 얼마나 헛된 것이며, 얼마나 큰 손실이며, 얼마나 큰 낭패인가를 철저히 인식해야 한다. 그것은 물고기가 낚시의 미끼를 무는 것과 같고, 새가 곡식알을 먹으려고 내려앉았다가 그물에 걸림과 같다. 그는 신속히 그 유혹의 덫에서 빠져나와야 한다.

> 🌿 "여호와 내 하나님이여 나를 생각하사 응답하시고 나의 눈을 밝히소서 두렵건대 내가 사망의 잠을 잘까 하오며 두렵건대 나의 원수가 이르기를 내가 저를 이기었다 할까 하오며 내가 요동될 때에 나의 대적들이 기뻐할까 하나이다"(시 13:3).

영적 잠에 빠져 육신에게 지면 우리의 원수 마귀가 기뻐 날뛰게 될 것이다. 육신에게 져서 그토록 은혜스럽던 교회가 아수라장이 되어 목회자가 피눈물을 흘리며 떠나고 교회가 산산조각나는 일들이 얼마나 많은가! 이런 일들이 다 육신과의 싸움에서 패배한 데서 야기되는 것이다.

> 🌿 "육신의 소욕은 성령을 거스르고 성령의 소욕은 육체를 거스르나니 이 둘이 서로 대적함으로 너희 원하는 것을 하지 못하게 하느니라"(갈 5: 24).

이것은 지배의 원리이다. 성령께 지배당하면 육신의 소욕을 이길 수 있고, 육신의 소욕에 지배당하면 성령의 인도를 받을 수 없다. 그러므로 육체의 소욕에 지배당하기 전에 성령께 자신을 내어 드려야 한다. 이 둘은 모두 우리 안에 있다. 거듭난 그리스도인이라면 모두 성령이 내주하신다. 또한 우리 안에 육체의 소욕이 욕망을 감추고 똬리를 틀고 있다. 성경은 육신의 소욕들에 대하여 이렇게 말한다.

> 🌿 "육신의 일은 현저하니 곧 음행과 더러운 것과 호색과 우상숭배와 술수와 원수를 맺는 것과 당짓는 것과 분리함과 이단과 투기와 술취함과 방

탕함과 또 그와 같은 것들이라 너희에게 경계한 것과 같이 경계하노니 이런 일을 행하는 자들은 하나님의 나라를 유업으로 받지 못할 것이요" (갈 6:19-21).

육체의 소욕들을 분류해 보면 다음과 같다.

첫째, 성적인 죄악들이다.

"음행과 더러운 것과 호색"이 여기에 해당된다. '음행'은 외적 행동으로 드러난 성적 불륜이다. 간음과 성폭력과 같은 것들이다. '더러운 것'이란 외적으로 간음까지 가지 않더라도 음욕으로 행하는 추한 행위들이다. 법적으로는 성폭행이라고 부르는 행위들이다. '호색'은 행위적이지 않지만 눈과 상상으로 그런 것들을 즐기며 탐하는 것들이다. 호색은 더러운 행위로, 더러운 행위는 음행으로 발전될 수 있다. 이 본문에서 음란을 가장 먼저 언급한 것은 그만큼 사람의 육적 본능으로서 범하기 쉬운 죄이기 때문이다. 본인이 직접 그런 일을 하지는 않지만, 그런 직업을 알선한다거나 그런 일을 통해서 수입을 얻는 포주와 같은 사람들도 모두 같은 류에 해당되는 죄악이다.

둘째, 영적 간음들이다.

"우상숭배와 술수"를 뜻한다. 하나님이 아닌 다른 신에게 절하거나 숭배하거나 추종하려는 태도들이다. 술수 역시 속임수를 동반한 악한 영들이 개입된 행위들이다. 우리 생활 속에 이 영역들은 매우 다양하게 발전되어 침투해 있다. 타종교의 우상제단은 두말할 것도 없고, 점을 치는 행위도 만연해 있다. 요즘은 인터넷 점, 주간 스포츠지의 '오늘의 운세' 등을 쉽게 접할 수 있고 현대인들은 호기심을 자극받아 접촉하게 된다.

또한 주술도구들을 구매한 학생들은 주술을 외워 보다가 귀신에 들리는 예들도 있다. 어떤 학생이 학교 뒤뜰에서 주술책에 있는대로 주술을 외웠더니 귀신이 들려 학업을 할 수 없었다. 부모가 목사님을 청하여 기도하고 축사하는데, "너 왜 이 아이에게 들어왔느냐?"고 물으니 귀신이 답하길 "나는 전라도 ○○지역에 사는데 이 아이가 불러서 들어왔다"고 답했다고 한다.

과거에 목회할 때, 한 자매님이 공장을 한다 해서 심방을 갔는데, 공장 상품들을 둘러 보다가 깜짝 놀랐다. 온갖 귀신들과 악귀 형상을 한 가면들이 수북히 쌓여 있었다. 그것을 어디에 쓰느냐고 했더니 미국에 수출하는 것이라고 하였다. 수입도 짭짤하다고 했다. 그것은 미국의 할로윈 데이 때 쓰는 것으로 당시 유행하던 귀신놀이를 위해 만든 것이었다.

보기에도 흉측하기 그지 없는 그런 악귀가면을 만들어 수출하는데, 한국의 성도, 그것도 집사가 그 공장을 운영하다니 어이가 없었다. 개업한 지 얼마 안됐는데 당장 그만두라고 하기도 난감했지만 하나님이 기뻐하시지 않는다고 분명히 말했다. 얼마 후 그녀는 폐업하였다. 그리스도인들이 돈이 된다고 악한 일을 해서 수입을 얻으려 해서는 안 된다.

요즘은 눈속임을 통한 마술들이 유행하고 심지어 교회의 전도 프로그램에도 이용되는데, 그런 것이 과연 바람직할까 의문을 제기한다. 모든 거짓은 하나님께로부터 온 것이 아니며 사단은 거짓말쟁이라고 하였는데, 거짓을 이용하여 전도하는 것은 바람직하지 않다.

셋째, 인격적인 살인의 범주에 속하는 것들이다.

"원수를 맺는 것과 분쟁과 시기와 분냄과 당짓는 것과 분리함과 이단과 투기"들이다. 이 영역은 아주 넓은데 이 부분 역시 인간의 시기심이란 육적 본능에서 나오는 것들이다. 사단이 예수님을 시험할 때도 성전 꼭대기에서 뛰어내리라고 하였다. 당장의 인기와 추종자들을 얻는 명예로 시험하였다.

우리 인간의 속성 가운데 명예심, 이기심, 남보다 내가 더 인정받고 싶어 하는 마음이 있다. "사촌이 땅을 사면 배가 아프다"는 속담도 그런 것을 반영한다. 어떤 목사님의 설교 가운데 "우는 자들로 함께 울라"는 것보다 "즐거워하는 자들과 함께 즐거워하라"는 말씀(롬 12:15)이 더 지키기 어렵다고 했다. 남이 잘되는 것을 보고 축하해 주어야 하는데, 진심으로 축하해 주기란 참으로 어려운 일이기 때문이다. 그만큼 우리 본성이 악하다.

세례 요한을 따르던 제자들은 많은 사람들이 예수께로 가는 것을 보고 불평하였다. 그 때 요한은 분내지 않고 "신부를 취하는 자는 신랑이나 서서 신랑의 음성을 듣는 친구가 크게 기뻐하느니라 나는 이러한 기쁨이 충만하였노라 그는 흥하여야 하겠고 나는 쇠하여야 하리라"(요 3:28-29)고 말하였다. 그런 요한의 태도는 육신의 본성에 사로잡히지 않고 성령의 생각을 그대로 드러낸 것이다. 그는 성령으로 충만했기 때문에 자기 정체성과 사명을 알았고, 예수님의 정체를 분명히 알았기 때문에 인기에 연연하지 않고, 자기의 추종자들이 예수님께 가는 것을 크게 기뻐하였다.

목회자가 이웃교회의 부흥을 보고 자기도 부흥을 위해 회개하고 기도에 힘쓰지 않고, 그 교회가 이단이니 사이비니 하며 헛소문을 만들어 퍼뜨리는 것은 육신의 행위이며, 이기심의 발로요, 회개해야 할 일이다. 또

한 '이단'이 된 사람들이 진리를 연구하다 보니 이단이 되었다기보다, 명예심 때문에 남과 다른 진리를 말해 보고자 하는 욕심 때문에 이단이 되는 경향도 있다. 박태선도 예수의 이름과 성령을 빙자하여 수많은 사람들을 끌어 모으더니 결국 신앙촌을 만들어 자기 왕국을 세웠고, 자신을 참 아버지라 하고 심지어 예수를 욕하기까지 하다 지옥에 가 버렸다.

스스로를 높이다 이단의 길을 가도 안 되고, 시기심 때문에 건전한 목회자를 이단으로 몰아서도 안 된다. 다 육체의 소욕에 굴복하는 악한 행위들이다.

또한 교회 안에서 시기와 투기에서 나오는 여러 가지 경쟁적 행위들을 일소해야 한다. 서로 우두머리가 되려고 당을 짓는 여인들이 있다. 교회 내에 사모와 여전도사, 세력 있는 권사 등의 투기심들은 크게 회개해야 한다. 또 목회자가 구역인 교구간에 경쟁심을 유발시켜 열심을 내게 하는 것도 죄짓게 하는 일이다. 그래서 심지어 거짓보고를 하고 남을 모함하는 마음 아픈 일까지 벌어진다. 그렇게 되면 그 곳은 거룩한 교회가 아니라 혼란한 전쟁터이다.

모든 사역자들이 어떤 동기로 열심을 내어야 하는가? 교회라는 이름을 위해서가 아니고 담임목사의 명예를 위해서도 아니고, 구역장이 목사에게 인정받기 위함도 아니다. 그런 것은 모두 바리새적인 일이며 종교의 영, 육신의 영에 매인 모습이다. 우리 그리스도인들의 열심의 동기는 오직 하나, 나를 사랑하사 자기 몸을 버리신 예수 그리스도를 위해서이다. 그 열심은 결코 내 육신이 만들어 낼 수 없다. 경쟁심을 부추겨 만들어내는 열심은 오래가지 못할뿐더러 좋은 열매를 맺지 못한다. 그런 열심은 하늘에 상급이 없다. 우리는 성령의 충만을 받아 주의 일을 하도록 해야 한다.

목사로서 교회를 담임할 때 성도들이 열심히 기도하도록 도전하고 격려하여 주님 사랑 때문에 열심을 내게 하지 않고, 인간적인 경쟁심을 유발하게 하여 자기를 더 추종하게 하고 교인들끼리 경쟁하게 하는 것이 있다면 회개해야 한다. 교회의 사역자들이나 교인들도 은근히 그런 것을 즐기는 이들이 있다. 교회는 오직 성령에 의해, 주님의 사랑에 따라 움직여야 한다. 심리적 방법을 동원하여 경쟁심을 자극하는 것은 결코 신실한 주의 종들이 할 일이 아닌 것이다. 내 생활 속에서, 우리 목회 현장에서 육체의 일을 끝장내야 한다!

다섯째, 술취함과 방탕이다.

"술취함"은 술이란 수단을 통해서 세상의 근심 걱정과 시름을 잠시 잊게 되는 일종의 마취 상태이다. 사람들은 그 맛에 취할 뿐 아니라, 잠시 취기에 빠짐으로써 판단력이 흐려지고 죄의식에 괴로워하지 않고 죄를 지을 수 있어서 술을 좋아한다. 주색잡기란 말은 일리가 있다. 맨 정신으로 색을 탐하기 어렵지만 술에 정신이 몽롱해지면 죄의식 없이 즐길 수 있기 때문이다.

그리스도인들은 이런 것들을 일체 멀리해야 하며, 비슷한 종류로 흡연, 마약 등도 모두 피하고 삼가야 한다. 누군가 걱정과 근심에 사로잡혀 있다면 오직 사시는 하나님께 그 문제를 아뢰야 한다. 걱정을 잊으려 할 게 아니라, 하나님의 도움을 받아 해결하려고 해야 한다. 술이나 흡연으로 심리적 이완의 효과를 일시적으로 거둘 수는 있으나, 열매는 없으며 도리어 더 많은 죄악에 연루되기만 할 뿐이다. 하나님만이 진정 우리의 도움이시며 그리스도만이 우리의 난제에 해답을 주시는 분이시다.

그러면 어떻게 육신의 소욕을 물리칠 수 있을까? 스스로 육신의 소욕을 다스릴 수 있는 능력이 있다면 얼마나 좋을까? 그러나 고도로 훈련된 자이거나 천성적으로 자기 통제력이 뛰어난 자가 아니면 불가능하다. 우리는 누구나 참으로 약하다. 누구든지 선 줄로 생각하는 자는 넘어질까 조심해야 한다. 우리가 삼손이나 다윗보다 낫다고 생각해서는 안 된다.

먼저, 성령님이 자신을 다스리도록 성령께 자기를 드려야 한다. 육신의 소욕이 자기를 지배하기 전에 성령님이 나를 지배하고 주도하시도록 해야 한다. 구체적으로 어떻게 할까?

첫째, 하루의 첫 시간을 하나님께 드려 예배하며 기도하라. 첫 시간을 기도로, 찬양으로 주님과의 교제로 열 때, 기름부음이 당신을 지키실 것이다.

둘째, 시험에 들지 않기를 기도하라(마 6:10). 성령께서 도우셔서 유혹이 나를 사로잡지 못하며 성령님이 나를 주장하시도록 기도하라.

셋째, 우리가 홀로 처해질 때, 사단의 사방공격이 있는 사망의 음침한 골짜기와 같은 곳을 갈 때, 유혹이 나의 마음을 두드리기 전에 먼저, 나의 몸을 하나님이 기뻐하시는 산 제물로 드리는 예배를 드리고 주님께 경배하라.

지배의 영

어느 공간이든 그 곳을 지배하는 영들이 있다. 기도와 예배가 살아 있는 교회당에 가면 기도가 절로 되는 것을 느낀다. 우리가 예배를 드리고자 할 때, 공간에 따라 예배가 잘되는 곳이 있고, 졸음이 쏟아지고 힘든 곳이 있다. 그것은 지배의 영 때문이다. 평소에 기도와 예배가 많이 드려지는 장소는 기도와 예배가 잘된다. 성령이 지배하고 계시기 때문이다. 그러나 그렇지 못한 공간이 있는데, 주술자들이 있다거나 죄악이 넘치는 장소일수록 더욱 힘이 든다. 이 세상에는 그런 지대가 아주 많다. 그런 곳을 출입하면 더러운 영들이 따라 붙기 때문에 죄를 범하지 않아도 그런 영에 접촉되고 자꾸 더러운 마음의 충동을 받게 된다. 숙박업소들은 대개 더러운 영들이 기숙한다. 그러므로 주의 자녀들이 혼자 모텔이나 호텔에서 잠을 자야 할 경우, 먼저 예배하며 더러운 영들을 묶고, 주님의 보혈로 자신을 덮어주시길 기도해야 한다. 더러운 생각에 미혹되기 전에 먼저 주님 앞에 자신을 드려야 한다.

외적 공간뿐 아니라, 컴퓨터의 사이버 공간도 마찬가지이다. 사이버 공간의 더러운 곳에 접촉될 때, 그것은 나의 의사와 달리 그 악하고 더러운 곳에 계속 빠져 들게 된다.

성경은 "음란을 이기라"고 하지 않고 "음란을 피하라"고 말씀하였다. 육체의 소욕은 피하고 물리쳐야지 이기려 해서는 안된다. 그것은 나 자신 속에 들어와 이미 내가 되었기 때문이다. 그 속에 빠지면서 그것을 이길 수 있다고 생각하는 것은 교만이요, 착각이다. 그러므로 먼저 성령께 지배할 수 있는 자리를 내어 드려야 한다. 지배당하기 전에 먼저 지배해야 한다. 겸손히 성령님의 도움을 구하고, 주님께 예배하고 주님의 보혈을 의지할 때 우리는 지배의 영에 대하여 승리할 수 있다.

다스려야 할 게으름

주님을 섬기는 데 있어서 우리는 게으름과 싸워야 한다. 게으름의 주소는 곧 육신이다. 게으름은 육신의 소욕의 하나이다. 우리는 육신의 소욕들이 하나님의 성령을 거스르는 것을 잘 안다. 하지만 게으름이나 탐식에 대하여는 잘 깨닫지 못하는 경우가 많은데, 이 부분들도 지혜롭게 정리해야 한다.

내가 대학원에서 강의할 때의 일이다. 서울에서 목요일 야간 수업을 마치고 금요일 아침 첫 수업을 해야 하기 때문에 천안에 있는 집에 내려오지 않고 다른 교수님의 연구실에서 잠을 잤다. 하루는 목요일에 잠을 자고 금요일 새벽기도를 한 후 첫 수업 시간까지 약 세 시간의 공백이 있었고 몸에 피곤기가 있었기에 침대에 좀 더 눕기를 청했다. 침대는 전기장판을 깔아서 따스했다. 나는 10여 분 후에 일어나야 하는 것을 알았지만 추웠기 때문에 침대 위 이불 밖으로 나오고 싶지 않았다. 이내 잠이 들어 한 시간 반이나 잤다. 잠이 깨자 나는 곧 세수를 하고 서둘러 강의실로 갔다.

그런데 그 날 강의는 여느 때와 달리 종일토록 어딘가 모르게 잘 풀리지 않았다. 정말 2%가 부족했다. 내가 충분히 새벽기도를 했고 죄를 지은 것도 없는데 줄곧 강의가 풀리지 않고 꼭 학생들 가운데 두세 명이 졸기까지 하였다. 그 날 저녁 강의를 다 마치고 천안의 집으로 내려올 때 피곤이 몰려 왔다. 나는 하나님께 약간 불평을 하였다. "오늘 너무 피곤합니다. 왜 강의가 그렇게 잘 안 되었습니까!" 성령님은 그 불평에 응답해 주셨다.

새벽에 꿈속에서 나는 다른 몇몇 성도들과 함께 무릎을 꿇고 기도하고 있었다. 그런데 광택을 머금은 흰 비둘기 한 마리가 파다닥 거리며 날아 내려와 내 앞에 앉았다. 나는 즉각 그 흰 비둘기가 성령님인 줄 깨달았으며 "성령님 오셨군요!" 하고 소리쳤다. 꿈속이지만 그 분의 오심은 온유하고 친절이 넘치고 빛과 사랑과 따스함이 넘쳐났다. 그 분은 왼쪽 어깨 위로 오시더니 나의 귓속에 대고 말씀하셨다.

"주의 종이 그렇게 늦잠 자면 돼?"

성령님은 분명히 그 날 새벽 꿈을 통해서 나를 방문해 주셨으며, 나의 게으름을 꾸짖으셨다. 나는 그 꿈을 통해 성령께서 얼마나 인격적이신가를 깨달았다. 다른 이들이 듣지 않고 나만 깨닫게 하시려고 꿈속에서조차 귀엣말로 말씀하셨다. 특이한 점은 그의 음성은 바로 내 음성이었다. 그것은 그 분께서는 우리 안에서 우리와 동일시하고 계시다는 증거이다. 나와 다른 목소리를 내신다면 우리는 금새 알아차릴 것이다. 그러나 그 분은 겸손하셔서 나 자신과 동일시하시기 때문에 그 분의 음성이 내 음성인지 그 분의 음성인지 알아차리지 못할 정도인 것이다.

그러므로 우리가 성령의 음성을 들으려면 하늘로서 들리는 어떤 위대한 목소리를 들으려 해서는 안 된다. 성령님은 내 안에서 나 자신의 소리와 같이 동일시하여 말씀하시기 때문에 그 분의 음성을 들으려면 내 속의 소리를 잘 들어야 한다.

그리고 그 때 깨달은 것은 게으름은 성령을 거스른다는 것이다. 특히 중요한 사역을 앞두고 하나님의 사역자는 더욱 근신하며 최선을 다하여 자신의 사역을 성령께 의탁하여야 한다. 주님은 우리가 육신이 약하여 피곤할 때 쉬는 것을 허용하신다. 그러나 주님은 피곤하여 쉬어야 하는 것과 그것을 넘어서 게으른 것을 정확히 구분하고 아신다.

성경은 게으른 것이 죄라고 지적한다. 한 달란트 받았던 종에게 주인은 "악하고 게으른 종아!"(마 25:26)라고 책망하였는데, 그 종이 윤리적으로 흉악한 죄를 범한 것은 아니었지만, 그의 게으름을 악한 것이라고 책망하였다. 잠언에서 여러 가지 죄들을 열거하며 간음, 교만, 어리석음, 탐식 등을 지적하는데, 그 가운데 하나가 게으름이다. 솔로몬은 게으름을 강력하게 비판하고 있다(잠 13:4; 15:19; 22:13).

"게으른 자는 가을에 밭갈지 아니하나니 그러므로 거둘 때에는 구걸할지라도 얻지 못하리라"(잠 20:4).

> "너는 잠자기를 좋아하지 말라 네가 빈궁하게 두려우니라 네 눈을 뜨라 그리하면 양식에 족하리라"(잠 20:13).

게으름은 육신의 소욕에서 나오는 것이며, 그것은 성령을 거스른다. 항상 근신하는 것이 성령의 충만함으로 주님을 섬기는 마땅한 태도이다. 나는 게으름이 나를 주장하여 또 다시 침대 위에서 머뭇거리고 싶은 욕구를 느낄 때마다 "주의 종이 그렇게 늦잠 자면 돼?" 하시던 음성을 쟁쟁히 듣는다.

예배와 영적 전투

예배는 영적 전투이다. 누가 왕이냐의 싸움인 것이다. 우리가 계속 전심을 다해 하나님을 예배하고 높일 때 우리는 하나님만이 우리의 왕이심을 선포하는 것이다. 사단은 계속해서 자기를 숭배하게 하려고 애쓴다. 자기가 존영과 찬사를 받으려고 한다.

예배의 실패 - 우상숭배

자기 스스로를 하나님처럼 높이고자 하는 것은 언제나 사단의 속성이며, 사단은 인간에게도 늘 교만을 부추겨 하나님께 영광을 돌리지 못하게 한다. 이사야 선지자는 바벨론 왕에 대한 심판에서 사단의 정체를 이렇게 밝혔다.

> "너 아침의 아들 계명성이여 어찌 그리 하늘에서 떨어졌으며 너 열국을 엎은 자여 어찌 그리 땅에 찍혔는고 네가 네 마음에 이르기를 내가 하늘에 올라 하나님의 뭇별 위에 나의 보좌를 높이리라 내가 북극 집회의 산 위에 좌정하리라 가장 높은 자와 비기리라 하도다 그러나 이제 네가 음부 곧 구덩이의 맨 밑에 빠치우리로다"(사 14:12-15).

바벨론 왕의 심판을 예고하는 중에 사단의 정체와 심판을 언급한 것은 바벨론 왕이 사단의 지배 아래 조종당하였으며, 따라서 그의 모습은 사단의 속성들을 그대로 드러냈기 때문이다. 그러므로 여기서 바벨론 왕의 모습과 그에 대한 심판은 곧 사단의 모습과 사단에 대한 심판과 동일하다.

사단은 하나님의 뭇별들, 곧 하나님의 모든 천사들 위에 자신을 높이고자 했다. 그러므로 교만이 사단의 속성이기 때문에 타락한 천사들인 귀신들은 언제나 자신이 높임과 숭배를 받기를 원한다. 귀신들은 숭배받기를 좋아하기 때문에 자기를 섬기던 자가 그것을 등한히하거나 거절하면 재앙으로 친다. 무당들과 귀신 섬기는 이들은 귀신을 사랑하기 때문이 아니라 귀신의 보복이 두려워서 계속해서 섬기는 것이다. 그러나 살아계신 하나님의 아들 예수 그리스도께로 돌아오면 예수님은 만왕의 왕이요 만주의 주이시기 때문에 그를 사단과 귀신들의 보복으로부터 온전히 지켜주신다.

그러나 천사들은 그렇지 않다. 천사들은 아무리 큰 영광을 가진 천사라 하더라도 자신이 경배받고자 하지 않고 오직 모든 영광을 하나님께만 돌린다(계 22:8-9). 천사들은 부리라고 보냄받은 영들로서 항상 자기의 처소에서 하나님의 명을 따라 하나님의 자녀들을 섬긴다.

> "모든 천사들은 부리는 영으로서 구원얻을 후사들을 위하여 섬기라고 보내심이 아니뇨"(히 1:14).

뿐만 아니라, 우리 주 예수님께서 세상에 오셨을 때 섬김의 본이 되는 삶을 사셨다. 그 섬김은 단순한 본이 되기 위한 목적이 아니라, 우리를 향한 사랑이 동기가 된 섬김이었다(요 13:1).

그러므로 그리스도 안에서 구원받은 성도들은 교만하여 자신이 영광과 칭찬을 받고자 추구해서는 안 된다. 그런 욕망들은 사단의 속성에서 온 것이며, 타락의 속성이다. 그러므로 시편에 복있는 사람은 "오만한 자의 자리에 앉지 않는다"고 하였다(시 1:1). '오만한 자의 자리'는 자기가 높임받는 자리이며, 교만하여 스스로를 하나님과 같은 자리에서 높임받고자 했던 사단과 동일한 속성이다.

인류의 역사는 하나님께 영광을 돌리느냐 사단에게 영광을 돌리느냐 라는 예배의 싸움이요, 영적 대결이었다. 그러므로 사단은 지속적으로 우상숭배와 자기숭배를 만들어 냈다.

바울 사도가 탐심은 곧 우상숭배라고 한 이유도 거기에 있다(골 3:5). 내 속에 하나님보다 더 사랑하고 고집하는 것이 있을 때, 그로 인해 하나님께 합당한 영광을 돌리지 못하게 되며 결과적으로 세상과 육신을 사랑하고 자기 숭배에 빠져 사단의 의도를 따르는 것이 되기 때문이다.

예수님께서 공생애를 시작하시기 전 광야로 나가 40일간 금식하셨다. 그 직후에 사단이 와서 세 번 시험하였는데, 세 번째 시험은 자기에게 엎드려 절하라는 것이었다(마 4:9).

주님은 "사단아 물러가라 기록되었으되 주 너의 하나님께 경배하고 다만 그를 섬기라 하였느니라"(마 4:10)라고 하시며 사단을 물리치셨다. 주님은 하나님만 경배의 대상임을 분명히 하셨다. 결국 영적 전투는 예배의 싸움인 것이다. 살아계신 하나님께만 경배하느냐? 사단의 계략대로 우상과 마귀와 귀신들에게 경배하느냐의 문제인 것이다.

이스라엘 백성들이 북조와 남조로 갈라진 후에 앗수르와 바벨론에 의해 멸망되기까지 그들을 멸망으로 몰아간 죄악은 곧 우상숭배였다. 그런데 그들은 한 번도 여호와 하나님을 버리거나 그 분께 대한 예배를 외면하지 않았다.

> "여호와께서 말씀하시되 너희의 무수한 제물이 내게 무엇이 유익하뇨 나는 수양의 번제와 살진 짐승의 기름에 배불렀고 나는 수송아지나 어린양이나 수염소의 피를 기뻐하지 아니하노라 너희가 내 앞에 보이러 오니 그것을 누가 너희에게 요구하였느뇨 내 마당만 밟을 뿐이니라"(사 1:11-12).

그들은 이스라엘 역사의 모든 시대에 항상 하나님께 부지런히 제사하였던 것이다. 그런데 하나님께서는 진노하셨다. 그 이유는 그들이 하나님께만 경배하지 않고, 하나님과 우상을 겸하여 섬겼기 때문이다. 그들의 예배는 하나님이 절대적 왕이자 창조주 되심을 고백하는 참된 예배가 아니었다. 자기들의 욕심을 채우기 위해 각종 우상들을 겸하여 섬긴 두 마음이었다. 여호와께서는 혼합주의를 매우 싫어하신다. 그것은 하나님의 절대성과 왕이심을 부정하는 것이기 때문이다. 하나님께만 드려야 할 경배를 도적질당하는 것이기 때문이다. 그러므로 우리는 우리의 예배가 오직 하나님께만 향하여 집중하는가를 점검하여야 한다. 특히 예배를 통해서 자기 만족을 얻고자 하는 자기 도취나 자기 숭배에 빠지지 않도록 주의해야 한다. 마음의 초점을 자기에게 두는 것은 탐심이요, 우상숭배이다. 시선을 항상 하나님께 두어야 한다. 그것이 하나님께서 찾으시는 예배이다.

> "나는 내 영광을 다른 자에게 주지 아니하리라"(사 48:11).

🌿 "이 백성은 내가 나를 위하여 지었나니 나의 찬송을 부르게 하려 함이니라" (사 43:21).

그러나 보라! 세계 도처에서 얼마나 사단이 경배를 많이 받고 있는가를! 베트남에 봉사활동을 위해 방문했었다. 봉사활동을 했던 달랏(Dalat city)뿐 아니라, 호치민, 하노이, 긴 해안선을 따라 있는 나뜨랑, 호이안 등의 도시들은 얼마나 아름다운지. 베트남을 방문한 사람들이면 누구나 그 곳의 아름다운 자연환경에 매료되고 만다. 그런데 호치민과 달랏에 있는 대부분의 호텔과 가게에는 작은 우상제단을 상설해 놓고, 주일 아침이면 로비에서 제단에 제사를 드리고 있었다. 하노이 시내 중심부에 위치한 호수에 자리잡은 우상의 전각에서도 안밖에 제사하는 향내와 연기가 진동하였다. 투숙하는 호텔의 옥상에 전망을 보러 올라갔다가 키높이 만큼이나 커다란 우상제단이 있는 것을 발견하고 그들의 종교심이 얼마나 열심인가 놀랐으며, 이 아름다운 자연환경을 주신 하나님을 알지 못하고 하나님께 드려야 할 경배를 각종 우상에게 돌리는 그들이 참으로 안타까웠다.[16]

그런 현상은 베트남뿐만 아니라, 불교 국가인 캄보디아, 태국, 힌두교와 이슬람이 혼합된 인도의 발리 섬, 아시아와 아프리카, 세계 모든 곳에서 사단은 긴 역사 속에서 하나님께 대한 경배를 찬탈하고 자신이 숭배받는 데 성공을 거두었다. 인간들을 범죄하게 하여 하나님을 알지 못하게 할 때 인간은 자신의 근본을 갈구하는 심령으로 하나님이 아닌 다른 것을 만들어 예배하게 된다.

---

16) 그러나 베트남에 하나님의 찬송을 부르는 주님의 자녀들이 많이 일어나고 있다. 공산화로 폐쇄되었던 교회들이 90년대 이후 다시 문을 열기 시작하였으며 아직은 철저한 감시로 복음전도와 선교가 어려운 가운데도 부흥의 조짐이 곳곳에서 일어나고 있다. 2005년도에 발간된 베트남 교회 통계에 따르면 전국에 884개 교회와 46만가량의 신도들이 있는 것으로 집계되어 있다. HOI THANH TIN LANH NIET NAM TONG LIEN HOI, 2005.

그러므로 선교와 복음전파는 우상과 사단에게 빼앗겼던 영혼들을 되찾아 올바른 경배의 대상이신 하나님께로 돌아오게 하는 것이다. 즉 빼앗겼던 예배, 상실했던 예배를 회복시키는 것이다. 그러므로 주님은 복음이 전파되는 모든 곳마다 마리아의 행한 일을 말하여 기억하게 하라고 명하셨다(마 26:13). 즉 모든 선교와 복음전파를 통해 주님께 돌아오는 자들마다 마리아처럼 모든 것을 다 헌신하여 주님께 온전한 예배, 신령과 진정의 예배를 드리도록 가르치라는 것이다.

예배의 회복은 창조주를 찾는 것이며, 왕의 앞으로 나아가는 길이며, 피조물로서 창조주의 사랑과 생명을 받는 길이며, 그 분 앞에 서야 할 합당한 자리로 돌아오는 것이다.

온전한 예배 - 전투의 승리

우리가 신령과 진정으로 마음을 다하고 뜻을 다하고 목숨과 힘을 다하여 하나님을 예배할 때 그 곳에 하나님 나라의 능력과 권세가 임하고 사단은 쫓겨난다. 그러므로 사단은 하나님께 온 열정을 다하여 예배하는 것을 싫어하고 미워하고 방해한다. 그 예배를 통하여 자신의 진지가 무너지며 쫓겨나기 때문이다.

예배는 단지 의전행사가 아니라 하나님을 높이고 그 분의 왕 되심을 선포하는 것이다. 사단에게 주어졌던 자리를 빼앗아 하나님께로 되돌리는 영적 전투이다. 그러므로 오늘날 다윗시대처럼 하나님을 높여 찬양하고 송축하는 찬송의 예배를 드리는 것은 지극히 성경적이며 매우 중요한 발견이다.

YWAM의 초기 스텝들이 인도네시아의 한 도시를 방문하였을 때 그 도시는 많은 그리스도인들과 교회들이 있음에 불구하고 영적으로 가라앉아 있었고 사회의 각종 죄악들이 사라지지 않았으며 매우 억눌려 있어서 기도를 해도 답답했다. 그런데 몇몇 형제들에게 찬양하라는 주님의 말씀이 있었기 때문에 그들은 함께 모여 여러 시간 동안 온 열정을 다하여 하나님의 왕 되심을 높여 찬양하였는데, 마침내 사단의 진이 무너져 내리는 것을 깨달을 수 있었다. 그 이후 교회들이 자유케 되고 많은 죄악들이 사라지는 것을 경험하였다.

1990년대 천안에서 한 선교단체가 단국대학교의 강당을 빌려 집회를 하였는데 나도 초대받아 참석하였다. 싱어들이 먼저 한 시간 정도 춤을 추며 힘을 다하여 찬양하였는데, 이상하게도 강당에 여러 차례 전기가 다운되었으며, 찬양팀도 춤을 추는데 너무나 힘겨워 보였다. 찬양이 도무지 올려지지가 않는다는 느낌을 받았다. 아주 힘들고 어려운 찬양을 하다가 설교시간이 되었으며 설교가 시작되면서 서서히 영적으로 분위기가 잡히는 것을 느꼈다. 그것은 그 대학의 분위기가 거의 복음적이지 않을 뿐 아니라, 대중적 행사만 하던 강당에서 처음 하나님을 높이는 예배를 드렸기 때문에 사단의 진이 견고하였으며 사단의 방해가 심해서 라고 생각한다.

나는 그 광경을 보면서 그 설교자가 아주 강력한 영적 권세를 덧입고 있었다는 생각이 들었다. 그는 성령으로 충만한 설교자였다. 그러므로 악한 세력이 그의 메시지의 선포에 물러갈 수밖에 없었던 것이다.

이로 볼 때, 교회의 설교자 뿐 아니라, 찬양을 맡은 이들이 다 성령의 충만을 힘입어야 하며, 권세 있는 찬양을 드리도록 준비해야 한다. 한 번도 예배가 없었던 그 장소에서 미리 기도모임을 가졌더라면 좋았을 것이란 생각을 한다. 찬양을 맡은 자들은 중요한 사역자들이다. 능력이 넘치는 찬양을 통하여 공중권세를 깨뜨리고 하늘 문을 열게 된다. 그런 찬양을 통하여 "이스라엘의 찬양 가운데 거하시는 하나님"(시 22:3)의 임재와 영광을 체험하게 된다.

설교 앞에 찬양대가 찬양을 부른다. 흔히 성가대라는 명칭보다 찬양대란 명칭이 올바르다. 그들은 거룩한 노래를 부르는 것이 아니라, 하나님께 찬양을 드리는 것이기 때문이다. 찬양대 역시 연습만으로 순서를 감당하는 것이 되어서는 안 된다. 여호사밧 군대 앞에 찬양대가 찬양을 시작할 때 모압과 암몬과 세일산의 군대가 섬멸되었다(대하 20:21-23).

찬양대원들은 충분한 기도와 함께 찬양을 준비하여 악보에 연연하지 않고 온전히 하나님께 집중하는 찬양을 올려 드려야 한다. 그럴 때 공중권세가 깨뜨려지고 하나님의 강한 임재가 나타나며 온 회중이 하나님의 신령한 축복을 받게 된다.

과거에 나는 하남시에 있는 한 교회에서 부목사로 시무했었다. 갑자기 내가 맡은 교구의 한 성도로부터 연락이 왔다. 얼마 전 해장국집을 열어 장사를 잘하였는데, 옆집 음식점 주인이 시기심이 나서 그 성도가 주일에 교회에 간 사이에 굿판을 벌였다고 한다. 무당은 굿을 하는 중에 해장국집의 가마솥에 오이다발을 집어 넣었다. 그들은 알지 못했는데 다음 날 국을 끓이다가 발견하였다. 그런데 이상하게도 그런 후부터 손님의 발길이 딱 끊기고 대부분의 손님들은 이웃집으로 가더라는 것이었다. 우연이려니 하고 기다렸는데 사흘을 지내도 개미새끼 한 마리 얼씬 하지 않는 것이었다. 영적으로 묶인 것을 감지하자 두려움이 생겨 교회로 연락한 것이었다. 그리고 예배를 드려 달라고 부탁했다. 그래서 기도 준비를 하고 몇몇 집사님들과 함께 그 집을 방문하고 예배를 드렸다. 마음을 다하여 찬양을 하며 하나님을 높이고, 예수 그리스도의 이름으로 악한 영들의 결박을 끊고 물러가도록 명하였다. 그리고 축복을 선포하였다. 그런데 우리가 예배를 마치는 주기도문의 순서가 미처 끝나기도 전에 사람들이 마구 밀어닥쳤다. 곧 점심시간에 모든 좌석은 가득 찼고, 장사는 활기를 되찾았다. 귀신을 섬기던 옆집 주인은 예수를 이기지 못한다고 하며 결국 얼마 후에 이사를 하였다고 한다.

영적 전투는 생생히 실제하며, 전투의 패배로 모든 좋은 것은 다 빼앗기며, 예배를 통해 영적 전투의 승리를 얻을 때 다시 회복되는 것이다.

이와 같이 우리나라는 아직도 많은 귀신 숭배자들과의 영적 전투 현장에 있으며, 영적 전투는 비단 목회자나 선교사들만 부딪히는 것이 아니라, 평신도들도 삶의 현장에서 얼마든지 부딪히는 문제이다. 우리 성도들이 목회자를 의지하지 않고 악한 세력들의 공격을 예수 이름으로 막아내고 주님을 예배함으로써 주님의 보호를 받으며 승리할 수 있도록 훈련되고 성숙할 필요가 있다.

예배의 실패는 당연히 그리스도인의 사역과 사업의 실패를 가져온다. 삼손은 성령의 권능을 통하여 엄청난 능력을 행사할 수 있었지만, 예배를 등한히 하고 드릴라의 품에 빠져 있다가 결국 하나님과의 약속을 범하게 되고 두 눈이 빼인 채 가사에서 원수들의 맷돌을 돌려야 했다. 예배의 자리에 나아갈 때 원수의 능력을 제압할 권세가 보장되고 발휘된다. 그러나 예배를 등한히 할 때 원수가 파놓은 함정에 빠지게 되고 뼈아픈 고통을 당하게 된다. 삼손은 원수들이 집결한 다곤신전에서 하나님을 향해 부르짖을 때 다시 힘을 얻어 다곤신전을 무너뜨리고 원수들을 죽였으며 자기도 죽고 말았다. 그가 기도함으로 인해 복수한 곳이 바로 우상의 전각이었다는 것은 인상적이다. 자기를 패배시켰던 사단의 진영에서라도 온전한 마음으로 하나님을 바라볼 때 원수를 패배시킬 수 있는 능력을 얻는다는 것을 보여준다.

불놀이

겨울이 흰 눈처럼
사위는 시절,
카작의 대평원에
불을 지르면
풀밭이 끝나는 곳까지
불꽃은 들판을 사르고
바람과 함께 달린다.

거룩한 불놀이꾼들이 모여들면
영은 타오르고
육은 소멸된다
비전은 하늘처럼 열리고
야망은 물거품이 된다
잔재주는 거룩한 은사로 바뀌고
터럭 같은 천 마디 언어의 파편들은
침묵 속에 잠긴다.

거룩한 불놀이꾼들이여!
갈멜산에 올랐던
엘리야처럼
엘리사처럼
달띠꼬르간의 저 언덕에 함께 오르자!
이 불이 꺼지지 않게 하라!
이 불이 멈추지 않게 하라!

– 카자흐스탄 달띠꼬르간에서 김oo 선교사를 만난 후

상실과 분노, 그리고 예배

K라는 형제는 매우 신실하고 듬직하였다. 그의 외모는 안정적이고 많은 사람들을 즐겁게 해 주고 다정다감했다. 그런데 그가 사모했던 자매가 그에게 마음을 다 주지 않고 다른 형제를 좋아하게 되었다. K는 교회의 사역자였는데, 그는 갑자기 균형을 잃게 되었다. 슬픔과 분노로 인해 도저히 사역을 더 할 수 없었다. 사역도 사임할 뿐 아니라 방황하며 심지어 잠깐이기는 하지만 울분에 술을 입에 대기까지 하였다. 가까운 친구에게 죽고 싶다는 말도 하였다. 여러 날들이 지나서야 서서히 안정을 얻을 수 있었다.

우리의 삶에서 때로 크고 작은 상실을 경험할 때 우리는 어떻게 반응하는가? 이런 상실을 통하여 우리 속에 뼈아픈 영적 전투가 진행된다. 전쟁은 상처가 있게 마련이다. 사단은 우리 속에 천국을 빼앗아 가기 위하여 침노할 때 인간적 물질적 상실을 이용할 때가 있다.

모든 것이 풍요할 때, 평안할 때, 주님은 나의 기쁨이며 나의 모든 것이라고 고백한다. 사랑이 내게 다가 왔을 때 주님의 은혜는 더욱 달콤하고 감사하다. 재물과 명예가 늘어날 때 교만하지 말고 주님께 더욱 감사하고 예배해야 한다.

그런데 갑자기 상실이 찾아온다. 내가 깊이 관여해 오던 소중한 것에 변화가 오면 위기를 느낀다. 사랑하는 연인이 배신할 때, 사랑하는 배우자가 다른 이성에게 호감을 가지고 만난다는 의심이 들 때, 가슴은 독이 묻은 바늘로 찔리듯 아파 오며, 천길 깊은 나락으로 떨어짐을 느낀다. 그로 인해 분노하고 있는 동안 그의 영혼은 한없이 추락하고 인격적 중심을 잃게 되기도 한다. 그래서 극단적인 경우, 자포자기하는 상태에 빠져 잘못된 성적 유희를 추구하거나 우울증, 타인에 대한 잔학성 등으로 표출되

기도 한다.

현대인들은 농업사회 때보다 물질을 더 많이 필요로 한다. 물질이 부족하면 재정적 위기를 느끼고 좌절감을 느끼게 된다. 때로 그런 고통이 연이어 오는 경우도 있다.

내가 주택에 관계된 일로 알게 된 J라는 사람은 잘 나갈 때 여러 채의 부동산을 소유하고 있었다. 나는 그의 집에 세를 주고 살고 있었다. 그의 말에 따르면, 그의 아내는 대단한 미인이었으며 아들은 중국에 유학 가 있었다. 모든 것이 넉넉하고 행복해 보였다. 그런데 그의 아름다운 아내는 다른 남자의 유혹을 받아 그의 곁을 떠나 버렸다. 한동안 방황하던 그는 재혼을 했다. 그런데 친구의 사업을 위해 빚보증을 서 주었는데 그 친구가 부도가 나면서 가지고 있던 모든 부동산들을 압수당하고 재산을 다 날려버렸다. 그러자 그는 모든 것을 포기하고 한적한 산 속으로 들어가 개들을 사육하게 되었다. 그의 심정이 어떠했을까!

상실! 그리스도인에게 상실의 의미는 무엇일까! 철학적 질문처럼 들릴 수 있지만, 이것은 우리의 현실에서 때때로 아주 실제적이고 중요한 문제이다. 주님은 나에게 상실은 영적 전투이며 예배의 문제라고 가르쳐 주셨다. 이런 상실을 통한 사단의 공격에 대하여 그리스도인들이 대처하는 방법은 대체로 세 가지 코스가 있다.

A 코스 - 방황, 그리고 예배

갑작스러운 상실을 당하면 많은 그리스도인들이 분노하고 방황한다. 자신에게 왜 이런 일이 일어났는지 꼬리를 물고 반문하며 그 분통터질 사건을 수도 없이 재연하며 곱씹어 본다. 그리고 울분을 토하고, 정신적으로 깊이 방황한다. 이 때 과거에 버렸던 악한 습관을 다시 고의로 행하기도 한다. 중심을 잃고 토했던 옛 행실로 돌아가 본다. 정신과 육체는 깊이 황폐해진다.

이런 과정에서 그는 그런 자신의 방황이 전혀 도움이 안 되며 자신을 더 해칠 뿐이란 사실을 점점 깨닫게 된다. 그것을 알면서도 쉽게 헤어나오지 못한다. 그러나 진정 주님의 은혜를 체험한 그리스도인이라면 그 곳에서 결코 오래 머물 수 없다. 그는 결국 그리스도의 보좌 앞에 나아가 회개하며 방황의 종지부를 찍고 주님의 자비를 구한다. 주님 앞에서 그에게 일어난 상실의 의미를 깨닫고 극복하려고 애쓴다. 그는 많은 상처를 받고 깊은 절망감을 극복한 후에 결국 은혜에 이르게 되고 다시 주 앞에 예배자로 선다.

그러나 그 동안 그는 사단의 공격에 여지없이 실패하였고, 긴 시간 동안 전인격에 치명적인 상처를 받았으며, 많은 시간을 낭비하였음을 발견한다. 이 코스는 많은 수의 미성숙한 그리스도인들이 범하는 실수이다. 당신이 이제까지 이런 과정을 밟았다면 다시 그렇게 하지 않기를 바란다.

둘째 코스 - 불평, 그리고 기도

훨씬 더 성숙한 그리스도인들은 상실을 당했을 때 방황하며 죄악에 빠지지 않는다. 나름대로 중심을 잡는다. 그리고 기도한다. 그렇지만, 믿음의 기도가 나오지 않는다. 기도와 감사와 찬양이 아닌 원망과 넋두리로 일관한다.

L목사와 함께 C국 선교지에 지도자 세미나를 갔었다. 현지의 선교사는 L목사의 친구로 L목사의 교회로부터 전적인 후원을 받고 있었다. 그리고

그 지역에 목사의 교인인 신실한 K집사가 사업을 하고 있었다. 그런데 선교지에 와서 보니 자신이 후원해 주고 있는 선교사가 진실하지 못하고, K집사의 사업체에 관심을 가지고 선교비를 빼돌려 사업 준비를 하는 것처럼 보였다. 더구나 K집사마저 목사에게 등을 돌리고 선교사와 한패가 되어 움직이는 꼴이 되어 있었다. 교회에 와서도 이전처럼 협조하지 않고 속을 썩이고 있었던 것이다.

그 때 L목사는 숙소에 들어오면 부인과 함께 줄곧 선교사와 K집사의 부당한 행위에 대해 분개하며 비판과 불평으로 일관했다. L목사는 당시 많이 피곤해 있었고 선교에 대한 열정도 없이 보였다. 친구 선교사와 K집사의 문제가 그의 심령을 짓눌렀기 때문이다. 일 년쯤 후에 L목사를 만났을 때 그에게서 그런 비판적 언사를 발견할 수 없었으며, 강력한 주님의 임재와 영적 파워를 느낄 수 있었다. 그는 목회자들을 위한 치유 과정을 개설하고 있었다. 친구와 K집사로 인해 얻었던 상처를 완전히 회복하고 충만한 사역을 하고 있었던 것이다.

위의 경우와 같이 우리는 우리 동료나 친구의 배신이나 어떤 불행한 일을 당했을 때, 대부분 불평과 불만 가운데서 스트레스에 시달린다. 그 동안 찬양과 기도를 정상적으로 할 수 없다. 그렇게 한동안 지내면서 서서히 마음의 분노를 가라앉히고 시간이 흐르면서 기도에 가닥이 잡히게 된다.

많은 그리스도인들이 이 과정을 너무나 당연하게 생각한다. 그 정도의 길을 걷는 이들은 상당히 인격적으로 성숙하고 건강한 편이라고 생각한다. 그러나 그는 하나님께 드려야 할 예배를 빼앗겼다. 죄악에 빠질 만큼 사단에게 자신을 내어준 것은 아니지만 하나님의 보좌에 올려 드려야 할 영광을 드리지 못하고 긴 시간을 낭비한 셈이다. 그는 겨우 신음하듯이 기도하였으며, 많은 넉두리와 불평을 한 후 너무 적게 기도하였고 너무 적게 찬송하였고, 거의 영광을 돌리지 못하였다.

그러므로 이 코스 역시 상실을 겪고 시험을 당한 그리스도인들이 가야 할 필수코스도 아니고 정상적인 코스도 아니다. 당신이 오랫동안 이런 과정을 밟아 왔다면 이제 여기서 종지부를 찍고 더 높은 차원으로 올라 서기를 바란다.

세 번째 코스 – 감사, 선포, 그리고 예배

상실과 분노가 치밀어 오르는 상황을 당했을 때, 최상의 코스가 있다. 이것은 주님의 말씀으로 철저히 무장되었으며 어떤 순간에도 주님을 놓치지 않으려고 애쓰는 그리스도인들만이 걷는 코스이다.

자신에게 일어난 상황이 자신의 실수로 일어났든, 타인의 실수로 일어났든 혹은 사단의 공격인지 어떤 것인지 알 수 없으나 벌어진 곤경에 대하여 선하신 하나님을 전적으로 신뢰하고 감사하며 예수님의 이름으로 승리를 선포하며 예배의 자리로 나아가는 것이다. 그 일에 대하여 하나님께 감사의 고백을 올려 드리며 찬양하는 것이다. 그리고 하나님의 은혜로 해결해 주실 것을 믿고 담대하게 기도하고 전진한다.

이런 태도는 아주 어려운 태도이지만, 믿음의 영웅들은 다 그렇게 하였다. 욥은 재난이 닥쳤을 때 그렇게 했다. 사단이 욥의 모든 재산들을 빼앗고 욥의 열 자녀들의 목숨을 한꺼번에 빼앗아 갔다. 세계적인 갑부였던 그는 갑자기 부도를 당하고 파산당하여 노숙자 신세로 전락되었을 뿐만 아니라, 자녀들이 한꺼번에 몰살당했다는 소식을 들은 것이다. 하늘이 무너지는 듯한 엄청난 상실의 비보를 접했을 때, 그는 이렇게 하였다.

🌿 "욥이 일어나 겉옷을 찢고 머리털을 밀고 땅에 엎드려 경배하며 가로되 내

가 모태에서 적신이 나왔사온즉 또한 적신이 그리로 돌아가올찌라 주신 자도 여호와시요 취하신 자도 여호와시오니 여호와의 이름이 찬송을 받으실지니이다 하고 이 모든 일에 욥이 범죄하지 아니하고 하나님을 향하여 어리석게 원망하지 아니하니라"(욥 1:20-21).

공수래 공수거(空手來 空手去)! '빈 손으로 왔으니 빈손으로 간다'는 뜻이다. 인생 제로지대를 고백한 것이다. 내 인생이 원래 제로였으니 제로가 된다 하더라도 생명을 주신 하나님께 감사 찬송할 것밖에 없다는 태도이다. 엄청난 상실 앞에서 그의 태도는 하나님께 경배하고 하나님의 이름에 찬송을 올린 것이다. 그럼으로써 그를 공격했던 사단에 대하여 승리하였다. 상실 앞에서 인생의 처음, 제로 포인트(zero point)를 생각하고 감사를 선포하는 것은 위대한 승리이다.

그런 그에게 두 번째 사단의 공격이 이어졌다. 그의 육신을 쳐서 온 육체에 창질이 나서 형편없이 일그러지고 상하여 잿더미 위에서 기왓장으로 가려운 몸을 긁어야 할 정도로 만들었다. 어떤 현대 의료진도 그를 치료할 수 없었을 것이고, 어떤 병원에도 더 이상 갈 수 있는 처지가 못되었다. 이전 같으면 개인 담당 의사가 진료해 주고 그게 모자라면 국내 최고의 병원에서 특진을 받을 수 있지만, 지금은 입원비를 댈 엄두조차 없는 것이었다.

건강의 상실, 고통, 그것은 본인과 가정 모두에게 큰 아픔이다. 욥의 아내는 욥에게 "당신이 그래도 자기의 순전을 굳게 지키느뇨 하나님을 욕하고 죽으라!"(욥 2:9)고 윽박질렀다. 욥의 아내는 하나님을 그렇게도 잘 섬기던 남편에게 일어난 일을 도저히 이해할 수 없었다. 그런 하나님을 더 이상 신뢰할 수 없다고 판단하였다. 하나님이 살아 계신다면 이럴 수 없지 않은가! 그렇게 말한 욥의 아내가 욥을 사랑하지 않아서 그렇게 말했다고 볼 수 없다. 세계 최고의 CEO의 아내로서 존경받고 있던 그녀가 가정과 기업과 남편에게 닥친 불행을 볼 때, 그녀의 상실감과 절망감은 신앙적 혼란을 가져오기에 충분했던 것이다. 그녀의 말은 너무 처참한 현실 앞에서의 처절한 영적 절망감을 드러낸 단말마이다. 그 때 욥의 반응은 이러했다.

> "그가 이르되 그대의 말이 어리석은 여자 중 하나의 말 같도다 우리가 하나님께 복을 받았은즉 재앙도 받지 않겠느냐 하고 이 모든 일에 욥이 입술로 범죄하지 아니하니라"(욥 2:10).

상실을 당했을 때 시험을 당할 때, 내 입에서 무슨 말을 내뱉을 것인가를 주의해야 한다. 그 한마디에 하나님께 영광을 돌리느냐, 사단의 일을 칭송하느냐가 결정된다. 우리는 나의 모든 것, 내 삶의 어떤 것도 하나님께서 모르시는 것이 없으며 우연히 일어나지 않고, 하나님의 섭리 안에서 일어남을 믿어야 한다. 뿐만 아니라, 그 결과는 지금 내 눈 앞에 그것이 좋든지 나쁘든지 결국 주님께서는 합력하여 선을 이루게 하실 것을 믿어야 한다.

> "우리가 알거니와 하나님을 사랑하는 자 곧 그의 뜻대로 부르심을 입은 자들에게는 모든 것이 합력하여 선을 이루느니라"(롬 8:28).

다니엘의 세 친구들이 풀무불의 위협 앞에서 하나님께서 그들을 건져 주실 것이며, 그리 아니하실지라도 그들은 금신상 앞에 결코 절하지 않겠다고 선언하였다. 사단의 공격에 대하여 확고한 신뢰로 죽음이 와도 그 분께 대한 신뢰를 선포하고 당당히 맞선 것이다. 그 때 하나님은 풀무불에서 그들과 동행해 주시고 승리하게 하셨다(단 3장).

제5장 _ 여호와의 전쟁과 영적 전투

바울과 실라는 빌립보에서 전도하다 붙잡혀 억울하게 많은 매를 맞고 쇠고랑을 차고 깊은 감옥에 갇혔다. 매맞은 자리는 퉁퉁 부어 올랐고, 앞 일이 아득했을 것이다. 그러나 그들은 부정적으로 생각하고 불평하거나 긴 한숨을 푹푹 쉬지 않았다. 빌립보라는 도시에 고위층에 아는 사람도 없고 보석으로 풀려날 길도 없는 막막한 상태에서 그들은 기도하고 찬송하였다. 그들의 기도와 찬송은 결코 힘없는 넋두리나 신세한탄이 아니었다. 그들은 사시는 하나님께서 그들을 돌보시며 인도하심을 확신하고 열렬히 기도하고 감사 찬송하였다. 그럴 때 옥문이 열리는 기적이 발생했고 간수 가정이 구원받는 결과를 가져왔다. 결국 합력하여 선을 이루었던 것이다.

하나님은 우리의 선하신 주(Lord)이시며 참 좋은 신랑이시며 신실하신 친구이시다. 그 분은 모든 것을 아시고 다스리시며 좋은 것을 주시는 분이시다. 그 어떤 상실 앞에서도 그 어떤 시험 앞에서도 그의 신부, 그의 친구인 우리가 당신을 부인하거나 불평하지 않고 찬송하는 예배자로 서길 원하신다.

우리의 삶의 의미는 어디에 있는가? 소유의 많고 적음에 있지 않다. 명예가 올라가거나 많은 활동을 하고 업적을 남기는데 있는 게 아니다. 가장 중요한 본질은 나의 창조자요, 구속주이신 하나님께 영광을 돌리는데 있다. 그 분을 영화롭게 하고 그 분을 기쁘시게 하는 데 있다. 내 인생의 주인은 내가 아니라 그 분이시다! 그것이 핵심이다. 어떤 상황에서도 그것을 놓치지 말아야 한다. 만일 주님을 섬기다가 모든 것이 끝나고 죽게 된다면, 그것은 극악이 아니라, 최선이다. 순교는 주님의 신부가 걸을 수 있는 최고의 영광이다.

나는 어떤 일을 만나든지, 제로 포인트에서 나에게 생명과 축복을 주시고 누리게 하신 하나님께 범사에 감사 찬송을 드릴 준비가 되어 있는가?

때로 하나님께서는 우리가 얼마나 당신을 사랑하고 전적으로 신뢰하는가를 테스트 하시기 위해 상실을 경험하도록 허락하시는 것 같다. 마치 아브라함에게 그의 사랑하는 독자 이삭을 모리아 산에서 제물로 바치라고 하신 것과 같다(창 22:1-2). 아브라함은 그 시험에 대하여 고민하며 여러 날 방황하거나 울고 불고 난리치지 않았으며, 이튿날 아침 일찍 하나님께서 지시하신 산으로 가서 이삭을 제단 위에 올려 놓고 가차없이 내려치려고 칼을 높이 치켜 들었다. 위대한 예배이다. 아브라함을 믿음의 조상이라고 하는 이유가 타당한 것이다. 그리고 욥의 신앙 또한 위대하다. 엄청난 상실 앞에서 중심을 잃거나 추락하지 않고, 즉각적으로 경배하고 찬송을 올려 드리고, 고통이 장기화된 중에도 끝까지 믿음을 지켰던 욥의 신앙은 가히 기념비적이다.

사랑에는 "because of"의 사랑과 "nevertheless"의 사랑이 있는데, 하나님을 향한 사랑과 예배도 마찬가지이다. 무엇인가 하나님께서 나에게 좋은 것을 주시니까 감사하고 예배하기도 하거니와, 상실과 고통이 오더라도 감사와 찬송, 예배의 자세를 흩뜨리지 않고 오직 살아 계시는 하나님 앞에 나아가야 한다.

멀린 캐로더스는 『감옥생활에서 천국생활로』, 『찬송생활의 권능』 등의 귀한 책을 썼는데 아름다운 간증으로 많은 감동을 우리에게 주고 있다. 한 번은 그가 동부에서 서부로 사역지 이동을 하게 되어 트럭에 트레일러를 달고 온 가족이 한 달간 긴 여행을 하게 되었다. 신나는 여행을 시작하였는데, 도중에 큰 사고를 당하여 트레일러가 뒤집히고 가족들은 밖으로 튕겨나갔다. 그 순간 멀린 목사님은 "하나님, 감사합니다!"라고 외쳤고 의식을 잃었다. 경찰이 왔고, 다행히 가족들은 아무도 다친 사람이 없었으며 자동차는 보험처리가 되었다. 목사님은 가족들에게 하나님의 은혜가 크다고 말하니, 큰아들은 도무지 공감하지 못하고 시큰둥했다. 멀린 목사님은 그 근처에 아는 사람이 있나 보려고 수첩을 조사했는데, 마침 어떤 부인 전화번호가 있어서 전화를 했다. 그녀에게 자신이 그 도시에 와 있다고 하였다. 그랬더니 그녀는 멀린 목사님의 책을 읽고 꼭 목사님이 자기 집에 와서 그 동네 사람들을 위해서 집회를 하게 해 달라고 그동안 기도해 왔다고 하면서 감격해 했다. 결국 그 곳에서 집회를 하며 여러 명의 영혼이 구원받는 결과를 가져왔다. 그제서야 아들은 하나님이 하시는 놀라운 일을 깨닫고 아빠와 같이 하나님께 감사하였다고 한다. 얼마나 멋진 믿음의 태도인가!

상실! 그것이 클수록 우리는 분노하며 좌절감을 느끼고 도피하거나 방황하고 타락하거나 원망할 수 있다. 심지어 자신의 분노와 방황이 타당한 것이라고 생각하기조차 한다. 그것이 바로 사단이 노리는 영적 공격이다.

그러나 그 어떤 일을 만나더라도 욥처럼, 다니엘처럼, 바울과 실라처럼 즉각적으로 감사 찬송하며 예배할 수 있도록 노력하자. 그 예배야말로 사단을 짓밟는 위대한 승리의 예배이며, 천국의 팡파레이다. 그 시련을 통과하며 승리하는 자들이 무덤을 이기시고 부활하신 그리스도의 뒤를 따르는 승리하는 성도의 모습이다. 그들이야말로 주님의 칭찬을 받고, 이긴 자들이 받는 권세를 누리고(계 2, 3 장) 생명의 면류관을 얻을 것이다(계 2:10). 영적 전투의 승리의 비결은 온전한 예배이다. 모든 것을 초월하여 하나님의 임재 앞에서 찬양하는 것, 그것은 우리를 언제나 위대한 승리로 인도한다.

박해 가운데에서의 예배

때로 세상의 부조리, 어둠은 우리를 우울하게 하고 하나님께서 왜 가만히 계실까 혹은 왜 그런 불의를 허락하실까 의아해 질 때가 있다. 북한의 인권 유린, 신앙의 박해, 탈북자들의 비참, … 지구촌의 절반지역에서는 기독교 신앙을 박해하며 거의 매년 15만명이 신앙 때문에 목숨을 잃는다. 이런 일들을 어떻게 이해해야 할까?

박해를 배경으로 쓰여진 다니엘서를 살펴 보면서 이 문제의 해답을 찾아 보자.

다니엘서는 역사의 가장 어두운 가운데도 하나님은 살아 계시며 그 분은 왕 중의 왕이시며 완전한 통치자이심을 보여주는 놀라운 책이다. 따라서 이 책은 박해와 원수의 공격 가운데서도 예배하는 자가 승리한다는 진리를 보여준다.

그 분은 인류의 역사와 나라들의 운명을 임의로 주관하시며 통치하신다. 느브갓네살의 꿈과 다니엘의 해석 등을 통하여 하나님은 긴 미래를 예정하시고 그 뜻대로 모든 나라와 역사를 통치하시는 만왕의 왕이시다. 다니엘서의 반복되는 주제는 곧 하나님 그 분이 참되신 왕이시란 것이다. 그러므로 그 분만이 영원히 어디에서나 찬양과 경배를 받으셔야 할 분이시다.

그 분은 심지어 우리가 핍박과 환난과 박해 중에 처해질지라도 목숨까지 버려서라도 경배드려야 할 분이며 그 분의 계명에 절대 순종해 드려야 할 분이시다. 그 분이 진리이시다.

그 분을 택하는 자는 하나님이 보호하신다. 다니엘의 세 친구들을 풀무 불에서 보호하셨고, 다니엘을 사자굴 속에서 보호하셨다. 다니엘과 그의 세 친구들은 무서운 박해 가운데서도 조금도 요동치 않았는데, 그들은 진정 하나님을 아는 자들이었으며, 하나님의 절대 주권과 권세와 능력을 아는 자들이었다 (단 6:10, 11).

왕 외의 어떤 것에든지 경배하면 사자굴에 던져넣는다는 금령이 선포되었을 때, 그것이 자기를 죽이려 하는 원수들의 계략임을 알고도 하나님 앞에 무릎꿇고 기도하던 일을 일시라도 중단하거나 포기하지 않고, "전에 행하던 대로 하루 세 번씩 무릎을 꿇고 기도하며 그 하나님께 감사"(단 6:10) 하였다. 하나님께의 경배와 기도와 감사는 핍박이 일어나고 환난이 닥치고 죽음이 와도 중단되어서는 안되는 일이다. 그 분이 언제나 어디서나 모든 것을 주관하시는 왕이심을 알 때 우리는 그런 환경에서 담대할 수 있다.

그러므로 시리아 왕 안티오커스 에비파네스가 온 유대를 장악하고 예루살렘에서 돼지머리에 제사하게 하며 성전을 더럽히고 수많은 성도들을 박해하였을 때, 자기 하나님을 아는 백성은 강하여 용맹을 발하리라고 하였다 (단 11:32). 바로 제사장 맛다디아스와 그를 따르던 다섯 아들들과 하시딤들은 용맹스럽게 투쟁하였으며, 결국 시리아의 군대를 몰아내고 성전을 회복하였다.

아합 왕 때 하나님께 경배하던 수많은 선지자들이 목숨을 잃었으며, 신자들은 자취를 감추었을 때, 하나님께서는 바알에게 무릎꿇지 않은 칠천 인을 남겨 두셨다. 바알에게 무릎꿇지 않았다는 말은 하나님께만 경배하고 하나님의 계명에 충성했다는 뜻이다. 핍박과 시련 중에도 예배를 빼앗기거나 타협하지 않고 하나님께 대한 온전한 사랑과 충성을 지켰다는 것이다. 우리의 예배가 그래야 한다. 어떤 환경에서도, 하나님은 우리 하나님께 대한 사랑과 경배의 태도가 변질되지 않기를 원하시고 그런 예배를 기뻐하신다.

다니엘서는 여러 차례 성도에 대한 박해가 있을 것을 예고하였다. 성도들에게 한 때와 두 때와 반 때의 큰 시험의 때가 있을 것을 예고하였다. 7장에서는 네 짐승의 환상이 등장하는데, 첫째 짐승은 사자 모양이며, 둘째는 곰과 같았으며, 셋째는 표범 같았으며, 넷째는 철 이가 있고 열 뿔이 있어서 모든 나라들을 부쉬뜨리고 밟았다. 그 넷째 짐승의 시대에 옛적부터 항상 계신 하나님의 나라가 이 땅에 나타나 이루게 되는데, 여기서 네 짐승은 네 왕이라 세상에 일어날 것이라 하였다(단 7:17). 네 왕은 곧 네 나라를 의미하므로 사자는 바벨론, 곰은 페르시아, 표범은 헬라(알렉산더 대제), 넷째 짐승은 로마를 의미했다. 로마시대에 그리스도가 오실 것을 예언한 것이다. 그런데 로마시대 중에 성도들은 그의 손에 붙여 한 때와 두 때와 반 때를 지낼 것이라고 하였다(단 7:25).

로마시대에 기독교는 약 250년간 혹독한 박해를 받았으며, 주후 313년 콘스탄틴 대제의 기독교 공인으로 박해가 종식되었다. 그러므로 여기서는 한 때와 두 때와 반 때가 반드시 여자적인 3년 반의 기간이나 350년 등으로 이해할 것은 아니다.

8장에서는 더 구체적으로 페르시아와 알렉산더의 전투, 헬라의 분열, 시리아 왕의 등장 등을 구체적으로 예언하였다. 여기서도 수염소의 뿔(헬라의 알렉산더)이 꺾인 후 뿔 넷이 나왔는데, 그 중에서 한 뿔이 나와 영화로운 땅을 향하여 심히 커졌으며 스스로 높아져서 군대의 주재(하나님)를 대적하며 그에게 매일 드리는 제사를 제하여 버렸고 그의 성소를 헐었으며 진리를 땅에 던지며 자의로 행하여 형통하리라고 하였다. 그에 의해 성소와 백성이 내어준 바 되어 짓밟히게 되며 2천 300주야가 이르고 그 때에 성소가 정결하게 되리라고 하였다. 여기서 알렉산더 후에 일어나는 네 뿔은 네 왕인데, 그들의 권세는 전자의 권세만 못하리라고 하였다(단 8:22). 네 왕들은 안티고누스, 프톨레미, 카산더, 리시마쿠스였으며, 그들은 알렉산더가 정복한 왕국을 분할하여 통치하였다. 리시마쿠스는 트레이스와 비두니아를, 카산더는 마케도니아와 그리스를, 안티고누스는 시리아와 바벨론과 인도에 이르는 동쪽 나라를, 프톨레미는 이집트와 팔레스틴과 아랍 페트라를 차지했다.[17]

그런데 네 왕 중에 한 왕이 일어나 하나님을 대적하고 자기를 높이며 성소를 더럽히고 성소와 백성들을 2천 300날 동안 짓밟으리라고 하였는데, 이에 대하여 역사가 요세푸스와 그밖의 모든 해석가들은 그를 시리아 왕조의 안티오커스 에피파네스(Antiochus Epiphanes)를 지칭하는 것으로 인정하였다.[18]

애굽과의 전쟁 중에 그는 유대인들이 애굽을 지지하자 22만명의 군대를 예루살렘에 파송시켰으며 수천 명의 시민들을 무자비하게 학살하였다. 그리스의 신들과 여신들에 대한 숭배가 여호와 경배를 대신하게 하였으며, 안식일 준수와 할례, 부정한 음식의 금지 등 유대인들의 관습은 사형에 해당하는 죄목이 되었다. 자기 아기들에게 할례를 행한 어머니들은 목에 아기를 두른 채 십자가에 처형되었다. 매일 드리던 희생제사는 금지되었고 한 떼의 돼지를 성전에 몰아넣어 제우스에게 제물로 바쳤다. 성전은 술꾼들의 체류지가 되었고 야만인의 주신을 섬기는 불경건한 의식들이 행해졌다.[19] 이에 대한 서술들은 유대 마카비 1서에 잘 나타나 있다(마카비 1서 1:44-50).

그런 박해 중에서 많은 신실한 하나님의 백성들은 여호와의 언약에 충성하기로 결심하고 죽음을 달게 받았다(마카비 1서 1:62-63; 마카비 2서 7:1-31). 히브

---

17) C. F. Keil & Delitzsch, *Commentary on the Old Testament, vol 9*, tr. James Martin, (Grand Rapids, Michign: William B. Eerdmans p/a, 1983), 293.

18) Ibid., 295., 요셉푸스, 고대왕조 10:11:7.

19) Raymond F. Surburg, 「신구약 중간사」, 김의원 역, (서울: CLC, 1984), 41-42.

리서 기자는 당시의 순교자들에 대해 이렇게 기술하였다.

> "여자들은 자기의 죽은 자들을 부활로 받기도 하며 또 어떤 이들은 더 좋은 부활을 얻고자 하여 악형을 받되 구차히 면치 아니하였으며 어떤 이들은 희롱과 채찍질 뿐 아니라 결박과 옥에 갇히는 시험도 받았으며 돌로 치는 것과 톱으로 켜는 것과 시험과 칼에 죽는 것을 당하고 양과 염소의 가죽을 입고 유리하며 궁핍과 환난과 박해를 받았으니(이런 사람은 세상이 감당치 못하도다) 저희가 광야와 산중과 암혈과 토굴에 유리하였느니라"(히 11: 35-38).

다니엘서는 역사의 마지막 때 또 다시 큰 환난이 있을 것을 예고하였다.

> "반드시 한 때 두 때 반 때를 지나서 성도의 권세가 다 깨어지기까지 하리니 그렇게 되면 이 모든 일이 다 끝나리로다"(단 12:7).

이 한 때와 두 때와 반 때는 요한계시록에서 교회의 환난기간으로 1260일(계 12:6), 한 때와 두 때와 반 때(계 12:14), 짐승이 땅을 통치할 권세를 부여받은 마흔 두달의 기간(계 13:5)으로 묘사하고 있다.

이런 신앙에 대한 핍박와 환난은 여러 시대에 있었으며, 그 때마다 자기 하나님을 아는 백성들은 오직 그 분께 대한 충성과 예배와 계명을 지켰으며 용맹을 나타내었다(단 11:32). 우리 주님께서는 "세상에서는 너희가 환난을 당하나 담대하라 내가 세상을 이겼노라"(요 16:33)라고 격려하신다.

어떤 선교사

공산정권이 붕괴되던 해
흑암의 빗장이 벗겨지고
혼돈의 영이
광란하던 때
'사과의 도시'를 밟은 그들

부모님의 얼굴을 안개 속에나 그리는
혹한의 어린 추억을
고국 땅에 묻어 버리고,
애틋한 가족들의 회유와 만류를
뿌리치고
오직 소명을 위하여
간 그들

무너진 바벨탑 앞에서
기둥들은 다 떠나가 버린
희망이 보이지 않던 땅에서,
무언가 할라치면
그 분은 명하신다.

버리고 또 버리라!
비우고 또 비우라!
낮추고 또 낮추라!

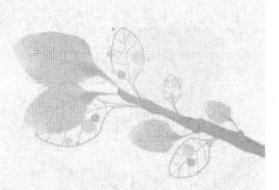

수천번 뇌아린
"죽고 싶습니다"에
십자가 위에 그 분 말씀
"나를 위하여!"
"나를 위하여!"

이젠,
천 년을 견뎌낸
고독한 바위처럼
고추선 자리에
숲이 우거지고
여러 종류의 새들이
하늘사랑을 예찬한다.

하늘문이 열리고
홍해길이 열릴 때
수정 같은 메데오의 맑음으로 외친다!
평원을 달리는 말갈퀴 같은 가벼움으로 달린다!
눈물은 축복의 눈꽃으로 뿌린다!
빛의 나라를 향하여!

- 카자흐스탄 알마티에서 노OO, 장OO 선교사를 만나고

왜 하나님은 자기 백성들에게 박해와 고난, 시련을 허락하실까?

첫째, 성도를 성결하게 하기 위함이다.

하나님은 자기 자녀들을 너무나 사랑하신다. 그러므로 그 자녀가 자신을 따라 성결하기를 원하신다. 하나님께서 성도들에게 가장 원하시는 것은 성결한 삶, 즉 거룩이다(벧전 1:15-16). 거룩은 하나님을 닮은 것이며, 하나님의 본질적 속성이며, 거룩함이 없이는 주를 보지 못한다(히 12:14). 환난은 그 거룩을 이루는데 좋은 연단의 도구이다.

> "많은 사람이 연단을 받아 스스로 정결하게 하며 희게 할 것이나"(단 12:10).

둘째, 순교자의 수가 차기 원하시기 때문이다.

순교자들은 자기 목숨을 주님께 바친 자들로서 가장 귀하고 깨끗한 영혼들이다. 놀라운 사실은 지금도 지구촌 전역에 매년 약 15만 내지 20만 명의 하나님의 자녀들이 주님의 제단 위에 순교의 제물로 바쳐지고 있다. 피는 생명 자체이며, 가장 귀한 것이다. 그러기에 하나님께서는 자기의 독생자의 생명을 우리를 위해 십자가에 내어 주셨고, 이제 그 아들의 은혜 안에서 아들의 사랑에 포로가 되어 아들을 위하여 순교하는 영혼들을 기꺼이 받으신다.

순교는 지상에서 우리가 하나님께 드릴 수 있는 최상의 경배요, 최고의 예배이며, 최선의 예물이다. 사단은 우리에게서 하나님께 대한 사랑과 예배를 빼앗기 위해 박해를 가하지만, 하나님께서는 그것을 통하여 도리어 성도에게서 마음을 다하고 뜻을 다하고 목숨을 다한 사랑의 예배를 받으신다! 순교자의 수가 찬다는 것은 목숨을 건 예배자들의 수가 채워지기 기다리시는 것이다. 그들은 천국창고에 최상의 알곡이요, 그리스도께 최상의 아름다운 신부이다.

셋째, 하나님의 완전한 능력과 영광을 나타내기 위함이다.

뛰어난 선수들은 경기를 하고 강적을 만남으로써 그 진가를 나타낸다. 지난번 챔피언을 압도적으로 이기는 선수를 보면 그 기량에 감탄하게 된다. 사단은 하나님의 자녀들을 유혹하고 시험하고 시련에 처하게 만들지만, 주님께서 그들을 보호하실 뿐 아니라, 그들을 대적하던 자들을 심판하심으로써 만천하에 하나님의 능력과 영광을 나타내신다.

다니엘의 세 친구들을 평소보다 칠 배나 뜨거운 풀무불속에 집어 던졌을 때 하나님의 종들과 여호와 종교에 위기가 닥쳐왔으나 그 불 속에서 주님은 함께하시며 그들의 머리칼 하나도 입은 옷 한 자락도 타지 않게 하셨다. 왕이 불러 당당히 밖으로 나왔을 때, 느브갓네살이 영을 내려 하나님 밖에 참신이 없음을 공포하자, 하나님께서는 그 영광을 받으신 것이다. 또 다니엘을 사자 굴에 집어 넣었을 때, 역시 하나님의 종들에게 죽음과 절망이 닥쳤지만, 주님께서 그를 사자 굴속에서 건지시고, 그 후 적들이 사자굴에 떨어져 섬멸됨으로써 하나님은 사단에 대하여 통쾌하게 승리하셨다. 하나님의 보호와 사랑은 변함이 없지만, 핍박 가운데서 그 손길은 선명하게 드러난다.

이스라엘에 닥친 3년 반 동안의 기근 가운데 엘리야가 머물렀던 그 집에는 기름과 가루가 떨어지지 않고 채워지던 것을 보던 사렙다 과부의 감격과 엘리야의 감사찬송이 그런 것이다. 어두운 날일수록 하나님의 보호과 사랑, 그 분의 능력과 영광은 더욱 완연히 빛난다. 그럼으로써 하나님은 박해와 시련 가운데 있는 당신의 자녀들에게서 더욱 간절하고 온전한 사랑과 찬양을 받으신다. 시련 가운데 더욱 온전한 예배, 감격에 벅찬 신령과 진정의 예배를 드리게 된다.

일제 시대에 신사참배를 반대하다가 평양감옥에 투옥되어 고문당하던 최덕지 전도사는 목소리가 컸는데, 감옥에서 늘 찬송을 불렀다. 간수들이 찬송을 부르지 못하게 하려고 그녀의 입에 큰 돌로 재갈을 물렸으나 그녀는 신음 소리로 찬송을 불렀다. 그 찬송은 위대한 승리의 찬송이며, 하나님께 가장 아름다운 소리로 올려졌을 것이다. 환난과 시련이 성도의 예배와 하나님을 향한 사랑을 더욱 순수하고 더 온전해지게 한다. 하나님께서 언제나 승리하신다. 그러므로 환난과 시험을 당할 때 우리가 끝까지 할 일은 예배이다.

하나님께 대한 충성의 표시로서 우리는 그 분께만 예배해야 한다. 예배의 대상이 변하면 안 되며, 예배를 중단해서도 안 된다. 사단은 신자들에게 박해와 시험을 가하여 하나님께 대한 우리의 예배를 중단하거나 예배를 자신에게로 돌리게 하려고자 한다. 특별히 우리는 박해 가운데 개인적 예배를 주님께 드려야 한다. 다니엘서는 사단이 공적 예배를 폐할 것이라고 반복해서 예언하였다.

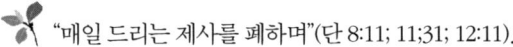 "매일 드리는 제사를 폐하며"(단 8:11; 11:31; 12:11).

그러나 사단은 성도들의 개인적 예배를 폐할 수 없다. 성령은 어디서나 그 백성과 함께하시며, 하나님은 어디서나 그 백성의 경배를 받으시기 때문이다. 그러므로 우리는 환난을 당할 때 공적 예배를 드릴 수 없는 환경에 처할지라도 개인적으로 자신이 있는 곳 어디서나 주님을 예배함으로써 하나님과 친교하며 그 분으로부터 세상을 이길 새 힘을 얻는다.

그 분과의 만남은 언제나 물질의 번영과 풍요의 때보다 비교할 수 없는 더욱 놀라운 기쁨이 있다(시 4:7).

순교자

위험지역 출입금지!
불뱀들이 출몰하는 땅
눈물조차 메마른 척박한 땅
피가 피를 부르고
배반이 미덕이 된 곳
희망이 황야에 매장된 땅

접근이 금지된 그 땅에 들어간
코리아의 스물세 명의 나이팅게일들.
아버지의 마음으로
굳어진 상처를 녹이고
황량한 사막에 영혼의 샘을 파고

양심의 터를 닦아 희망을 세우다
사랑은 볼모로 잡히고
모래 묻은 감자를 나누며 하늘을 우러렀다.

마침내
모래바람 속에서
정의를 비웃는 무리의 총탄에 사라져
한 알의 씨앗으로 떨어졌다.

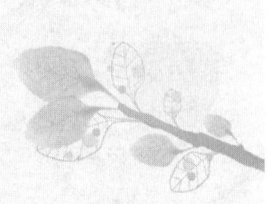

그 땅은
나사렛 예수를 죽였던 골고다이다.
세례자 요한과 야고보의 목을 베었던 헤롯의 뜰이다.
바울을 십자가에 처형했던 압비아 거리이다.
이천 년 역사에서
그렇게 이어진 십자가의 행렬따라
거룩한 제단에
수정같은 두 젊은이의 영혼이
올려졌도다!

자랑스런 용사들이여!
빌라도의 뜰에서 십자가에 못박으라고 외쳤던
무지에 가려진 인생들의 손가락질을 불쌍히 여기라!
그 길이 십자가의 길이라면
곧 영원한 영광의 길이리니!

- 탈레반 인질 사태로 아프가니스탄에서 순교한
  배형규 목사, 심성민 씨를 추모하며 -

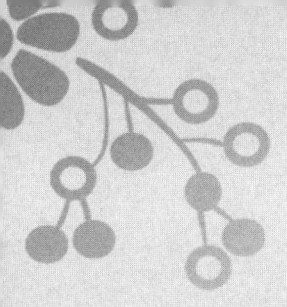

Chapter 6
예배가 살아야 선교가 산다

Chapter 6
예배가 살아야 선교가 산다

하나님이여 민족들로 주를 찬송하게 하시고
모든 민족들로 주를 찬송하게 하소서(시 67:5)

예배와 선교는 밀접한 관계에 있다. 예배는 선교를 낳고 선교는 예배를 낳는다. 안디옥 교회가 주를 섬겨 금식하며 섬길 때 바울과 바나바를 선교사로 보내라는 성령의 명령을 들었다(행 13:1). 하나님은 온 땅의 왕이시기 때문에 우리가 그 분을 신령과 진리로 예배할 때, 성령을 부어 주시고 선교할 마음과 비전과 능력을 주신다. 예배를 통해 하나님 앞에 나아갈 때 다른 사람들을 불쌍히 여기는 마음으로 중보기도 하게 하신다. 여기서 고통당하는 이웃과 다른 사람들을 치유하며 돌아오게 하는 복음전도와 선교가 이루어진다. 예배와 중보기도가 선행되지 않은 채 선교의 훈련과 전략만 있는 선교라면 그게 과연 어떤 열매를 맺을 수 있을까? 예배 없는 선교, 기도 없는 선교는 주님이 원하시는 열매를 기대할 수 없다.

떨기나무

모세가 떨기나무에 불붙은 광경을 보기 위해 가까이 갈 때, 그 곳에 임재하신 하나님께서 말씀하시길, "네 발에서 신을 벗으라 네가 선 곳은 거룩한 땅이니라"고 하셨다(출 3:1-3). 그 분 앞에서 신을 벗고 엎드리는 것은 곧 예배이다. 그 예배가 있은 후에, 하나님께서는 애굽에서 고통당하는 이스라엘 백성을 구원해 내라는 사명을 주셨다. 예배자에게 사명을 주신다. 하나님을 뜨겁게 사랑하는 자에게 내 양을 먹이라고 사명을 주신다(요 21:15-17).

그러나 보라! 매 주일 오전과 오후, 매 수요일에 예배로 모일 때마다 당신은 당신의 발에서 신을 벗고 있는가? 신발을 벗는 행위는 자신의 모든 권리를 포기한다는 의미이다. 이스라엘 백성들이 기업을 무를 때 신발을 벗었고 그것은 자기 권리를 포기하는 것을 의미했다. 나오미의 기업을 무를 때 친척이 성문에서 장로들 앞에서 자기 신발을 벗어 던지며 기업에 대한 권리를 포기했기 때문에, 나오미의 기업을 보아스가 인수할 수 있었다(룻 4:6-8).

예배에서 당신의 신발을 벗지 않으면 그것은 예배의 실패이다. 매 예배 때마다 거기 임재하시는 여호와 하나님을 바라보고, 성령님의 운행하심과 만지심에 민감해야 한다. 성령님의 만지심을 통하여 회복된 심령으로 감사와 찬미로 충만하여 예수님의 증인으로, 삶의 선교사로서 예배당 밖으로 나가야 한다.

그러나 불행히도 얼마나 많은 예배들이 의식으로 끝나 버리고, 이것 저것 분주한 순서들이 합성된 비빔밥 예배를 드리는지 모른다. 왜 예배석상에서 사람에게 박수하고 사람의 시선을 의식하고 사람을 기쁘게 하려고 안간힘을 쓰는가! 오직 임재 앞에 신발을 벗고(권리포기) 그 분 앞에 엎드리는 예배를 드려야 한다.

그 사람에게 "너는 나를 위해 가라!"는 선교적 소명의 음성이 들려오는 것이다. "내가 너와 함께하리라"는 임마누엘의 음성이 들려온다. 그 사람에게 영적 영향력이 새롭게 입혀져서 그를 통하여 죄인과 이방인들이 돌아오고, 약한 자를 안위하며, 그가 하는 일들이 형통하게 되어 빛을 발하며, 그의 모든 삶이 거룩한 영향력을 미치는 선교적 빛이 될 것이다.

모세가 하나님을 만난 호렙산의 정경에서, 불타던 떨기나무는 곧 모세 자신을 의미했다. 떨기나무는 사막에서 자라는 보잘것 없는 가시덤불 종류의 나무이다. 그것은 결코 포도나무같이 탐스러운 열매도 맺지 못하며 종려나무나 백향목같이 곧고 크게 자라 목재감도 되지 못한다. 모세가 그러했다. 모세는 이미 팔십 노인으로 애굽에 내려가 동족을 구원할 수 있으리라고는 상상할 수도 없는, 그는 이미 아무 쓸 데 없는 사막의 떨기나무 같은 존재였다. 그러나 떨기나무에 불이 붙어 하나님의 임재가 함께하였듯이, 모세에게 하나님의 임재가 있으니 능히 바로 왕의 권세를 떨게 하며 쓰러뜨릴 수 있었고, 그의 권세 아래서 이스라엘을 구출해 낼 수 있었다.

선교를 돈으로 하려는 자들은 넘어지고 만다. 선교는 돈으로 하는 게 아니라, 하나님의 임재로, 하나님의 팔로 하는 것이다. 선교에 재정이 필요하지만, 재정보다 하나님의 임재를 구해야 한다. 하나님이 임재하시면 재정도 따라오고 사람도 따라붙는다. 출애굽기는 고대 애굽에서의 역사로 끝나는 게 아니라, 오늘도 매일 지구촌에서 일어나고 있고 주님은 바로 당신을 통해서 신출애굽이 일어나길 원하신다. 떨기나무에 거룩한 불이 붙기 원하신다. 당신의 발에서 신을 벗으라!

시편 67편

예배와 선교의 연결고리를 잘 보여주는 말씀이 곧 시편 67편이다. 이 시는 구약의 선교장이라 불러도 손색이 없다. 놀라운 영감이 아닐 수 없다.

🌿 "하나님은 우리를 긍휼히 여기사 복을 주시고 그 얼굴빛을 우리에게 비춰사"(1절).

하나님의 긍휼을 구하고 그 얼굴빛을 구하는 것은 곧 기도요, 예배이다. 하나님의 얼굴! 그 얼굴의 광채, 그 영광! 하나님의 얼굴을 구할 때 그 분의 긍휼과 그 빛을 얻을 때 세상에 빛을 비추며 선교할 수 있는 능력을 얻는다. 온 세상의 왕이신 하나님을 세상에 전하고 선포할 수 있는 열심과 능력을 공급받게 된다.

🌿 "주의 도를 땅위에 주의 구원을 만방 중에 알리소서"(2절).

주의 도를 알리고 주의 구원을 알리는 것이 곧 복음전도요, 선교이다. 이러한 비전과 열정은 하나님을 예배하고 높이며 기도로 그 분을 가까이 하는 사람들 속에 심어진다. 교인들이 열심히 선교와 복음전도에 동참하게 하기 위해 목회자가 할 일은, 무엇보다 그들이 하나님을 진정으로 예배하고 기도함으로 하나님의 마음을 깨닫고 그 분의 마음을 품게 하는 데 있다. 하나님의 마음을 받으면 자연히 선교하게 된다.

그렇게 예배를 통하여 하나님의 마음이 부어질 때 선교라는 행동(action)이 나온다. 그 다음에 구체적인 선교전략과 훈련이 필요하게 된다. 예배가 없는 자에게 선교니 선교전략이니 하는 말들은 무의미할 뿐이다.

우리는 주의 도, 주의 구원의 도를 깨닫고 전해야 한다. 주의 도가 전해져야 사람들이 알고 주님께로 돌아오게 된다. 그러므로 예배자들은 온 땅에 열방들이 주께 돌아오도록 선교사들의 사역을 위해 기도해야 한다.

"하나님이여 민족들로 주를 찬송케 하시며 모든 민족으로 주를 찬송케 하소서!"(3절).

이 말씀은 후렴처럼 5절에 다시 반복되고 있다. 선교의 목적은 민족들이 자기 나라의 언어로 주님을 고백하고 찬양하며 높이게 하는 것이다. 주의 도를 가르쳐 선교한 결과로써 주를 알지 못하던 민족들이 그들의 입술과 방언으로 주를 찬송하게 된다. 놀라운 일이다. 시인은 "모든 민족들로" 그들의 입술로 주를 찬송하게 되길 구했다. 현재 지구촌엔 6,800여 개의 방언이 존재한다. 성경번역 선교회(W.B.T. 한국지부는 G.B.T)의 발표에 따르면 2007년 말까지 2,545개의 방언으로 신구약 전체 내지는 부분적인 번역이 이루어졌으며, 앞으로 3,000개까지 번역함을 목표로 한다. 나머지는 공용어가 보급되기 때문에 점차 소멸될 것이라고 보는 입장이다.

성경번역 선교회의 일을 보충해 주는 단체가 음반선교회(A.R.M.: Audio Recording Mission)이다. 음반선교회의 창시자 리더호프(Leaderhope)는 과테말라에서 선교하던 중 병으로 입원해 있었는데, 한 소수 민족 사람이 찾아와 그들에게 복음을 전해 달라는 요청을 받고, 그녀 자신이 병들어 갈 수 없기 때문에 이중언어 조력자의 도움을 받아 복음과 찬양을 현지인의 입을 통하여 녹음기에 취입하여 전달하였다. 그런데 뜻밖에 놀라운 결과를 보고받았다. 그 녹음기의 음성을 듣고 수많은 사람들이 회심하게 된 것이다. 그 후 그녀는 음반선교회를 조직하여 성경이 번역되지 않은 소수민 부족들에 들어가 복음의 메시지와 찬양음반을 만들어 보급하는 일을 해 오고 있다. 한국에서도 지부가 설립되었으며 활발하게 움직이고 있다. 이 일은 자비량으로 이루어지며 한 지역에 들어가 한 언어로 음반을 취입하는데 약 3개월이 걸리며, 현지 답사팀, 현지어 녹음팀, 음반 제작팀, 음반 배포

팀 등 다양한 멤버들로 팀사역을 하고 있다.

이런 활동들과 선교사들의 헌신을 통하여 부족민들이 그들의 언어로 복음을 듣고 거듭나며 믿음이 성숙한다. 주님은 모든 민족들과 족속들이 그들의 언어로 성경을 읽고 그들의 언어로 주님을 찬양하게 되기를 원하신다. 결국 선교는 예배를 낳는다. 그러므로 예배는 선교를 낳고 선교는 예배를 낳는다!

선교사는 현지에서 사람들을 그리스도께로 인도한 다음 그들을 살아 계신 하나님을 예배하는 자들로 세워야 한다. 그들이 주의 도를 배우고 예배를 통하여 직접 하나님을 만나게 될 때, 그들이 또 다른 이들에게로 전도하고 선교하게 된다. 그래서 360도 선교를 낳는 것이다. 360도 선교라는 말은 피터 와그너가 한 말이다. 선교지에 가서 복음만 전하는 단계는 90도 선교이며 그 결과로 교회를 세워 하나님을 섬기는 교회공동체가 이루어지는 것은 180도 선교이다. 그들을 양육하여 성숙한 공동체가 되고 이웃을 섬기게 하는 것은 270도 선교이며, 그들이 또 다른 나라에 선교사로 가게 하는 것은 360도 선교이다. 많은 선교사들이 180도 내지 270도 선교만을 목표로 하는데 그것은 잘못이라고 한다.

360도 선교를 위해 모든 과정에서 살아 계신 하나님을 만나는 예배를 드리도록 해야 한다. 그것은 모든 교육과 훈련들을 효력 있게 만드는 능력이다. 성령의 임재가 함께하기 때문이다.

> "땅이 그 소산을 내었도다 하나님 곧 우리 하나님이 우리에게 복을 주시리로다. 하나님이 우리에게 복을 주시리니 땅을 모든 끝이 하나님을 경외하리로다"(7절).

선교의 결과는 땅의 축복에까지 이른다. 모든 민족이 그들의 언어로 찬송한다는 것은 영적 축복이다. 영적 축복이 임한 곳에 하나님은 반드시 땅의 물질까지 복을 주신다. 너무 순진한(naive) 적용 같지만 유럽과 미국, 러시아, 우리나라 등 어느 개인이나 가문, 민족의 역사를 보더라도 그것은 충분히 증명되고 있다.

영적 축복이 물질적 축복으로 이어진다고 하는 것에 대하여 어떤 이들은 반대한다. 최고의 축복은 천국이며 물질 축복을 언급한 것은 구약이고 그것은 신약의 영적 축복의 상징이라는 것이다. 그러나 나는 그렇지 않다고 생각한다. 구약의 메시지는 신약에서 성취를 보며 신명기 28장을 비롯한 수많은 곳에 하나님은 순종하는 자, 하나님을 사랑하는 자들에게 물질적 축복을 약속하셨다.

신약에서도 "주라 그러면 너희에게 주실 것이요 누르고 흔들어 넘치도록 하여 너희에게 안겨 주리라"(눅 6:38)고 하셨는데, 그것은 영적인 축복을 언급한 것이라기보다는 물질적으로 남에게 베푸는 자에게 물질적 풍요를 주겠다는 약속이다.

선교하는 일에는 물질이 가야 한다. 사람이 갈 때 그들을 후원하는 물질도 간다. 그러면 하나님께서 가는 자와 보내는 자를 모두 축복하시고, 선교의 열매가 맺혀져 그 민족이 영적 축복을 받게 되고 결국 물질적 축복도 넘치도록 받게 하신다. 우리나라가 그 동안 역사적으로 수많은 시련을 겪었는데, 그런 연단을 통하여 하나님을 찾게 하시고 더욱 사랑하고 의지하게 하시더니 마침내 열방선교를 위하여 이 시대에 귀하고 영광스럽게 사용하시고 계신다. 여기에 하나님의 분명한 역사적 섭리가 있다고 나는 확신한다.

우리가 2009년 3월 현재 파송선교사 20,000명을 보냈으며, 이미 한국기독교 총연합회(한기총)와 세계선교협의회 공동주관으로 'TARGET 2020,

TARGET 2030운동'을 전개하고 있는데, 2020년까지 100만 자비량 선교사 파송, 2030년까지 10만 선교정병 파송이란 놀라운 비전을 세웠다. 이 일들에 소요될 인력과 물질을 생각하면 가히 엄청난 것이다. 이 일에 투입될 엄청난 경비로 한국의 재정은 고갈될 것인가? 결코 그렇지 않을 것이다. 땅이 그 소산을 넉넉히 낼 것이다! 하나님은 사업에 기름을 부으시고 우리의 산업에 넘치는 복을 더하실 것이다.

지상에서의 물질적 축복은 물질을 앞세우지 않고 주님을 사랑하여 자신의 물질로 주님을 섬기는 자들에게는 그 축복이 곧 천국의 풍요를 상징하는 것이 된다. 그리하여 마침내 저 천국에서 하나님의 사랑과 평강과 모든 것이 완전한 풍요와 생명을 누리게 하신다.

예배에서의 사역자

예배에서 사역자의 위치와 역할은 매우 중요하다. 하나님께서 세우신 사역자를 통하여 예배의 회중은 하나님께로 인도함을 받기 때문이다. 그는 하나님과 사람 사이에 통로와 같은 역할을 한다.

그는 하나님의 영광과 기름부으심을 전달하는 통로이다. 그러므로 사역자는 하나님과의 관계에서 깨어 있어야 하며 자신을 하나님이 기뻐하시는 산 제물로 드려야 한다. 성령의 나타나심과 역사를 위해 사역을 앞두고 대가를 지불해야 한다.

사단이 그 예배를 방해하려고 한다면 설교자나 강사 같은 사역자의 마음에 상처를 주거나 육신적 공격을 한다. 실제 설교자에게 주일 아침이나 토요일 오후에 그렇게 시험하는 경우가 종종 있다. 찬양리더와 같은 사역자도 마찬가지 경우다. 그러므로 사역자는 예배를 앞두고 시험에 들지 않도록 자신을 잘 관리해야 한다.

그런데, 사역자에게 있어서 예배 전의 자기 관리보다 더 힘든 것은 예배 후의 자기 관리이다. 예배나 중요한 사역을 앞둔 시점에서는 누구나 간절하고 겸손하게 준비하기 때문에 그 때는 사단이 틈탈 수 없다. 그러나 예배를 마친 후, 사역이 끝난 후 사단에게 틈을 내어 주는 일은 많다. 많은 사역자들이 사단의 시험에 넘어지는 경우는 사역을 마친 직후, 중요한 임무를 끝낸 후이다.

우리가 계속 하나님의 영광에 초점을 맞추지 않으면 성취감과 안도감 때문에 심리적으로 해이한 상태에 놓이게 되고 사단은 그 틈을 타서 공격한다. 특히 우리는 하나님께 돌아가야 할 영광을 내가 가로채지 않도록 주의해야 한다. 사역 가운데 하나님의 위로와 능력과 회복케 하시는 역사가 나타났을 때, 사역자는 은근히 사람들로부터 영광과 찬사를 기대하게 된다. 온 마음을 다하여 하나님께 감사하고 하나님께 영광을 돌려야 한다. 그 때 돌아오리라고 기대한 찬사대신에 비난이라도 돌아온다면 그는 크게 상처받을 것이다.

엘리야가 갈멜산에서 바알과 전투할 때 승리한 후 이루어질 것을 기대했던 정치적, 종교적 반전 대신에 이세벨의 반격이 가해지자 그는 갑자기 낙심되어 광야 로뎀나무 아래로 가서 죽어도 좋다고 하나님께 하소연했다.

기대를 벗어난 반응은 의외로 사역자를 낙망하게 하고 분노하게 할 수 있다. 사역자는 결과 여부를 전적으로 하나님께 맡겨 드려야 한다.

또 한 가지 주의할 것은 사역자에게로 돌아오는 찬사의 처리이다. 사역자들은 종종 자기를 통해서 하나님께서 하신 일로 인해 으쓱해지는 기분을 느낄 수 있다. 그로 인해 하나님께 돌려야 할 영광을 자신이 가로챌 수 있다. 그러면 계속해서 하나님께서 그를 더 크게 들어 쓰실 수 없다.

휫필드의 탁월한 점은 그가 큰 능력을 얻어 설교하기 시작했을 때 수많은 사람들이 그의 설교에 눈물과 애통함과 열정적인 반응을 나타내 보이며 몰려 들었을 때 전혀 들뜨거나 교만하지 않았다는 점이다. 그는 지극히 담담하였고 평정을 유지하였다. 수만 명의 회중 앞에서 위력있는 설교를 한 후에도 그는 아무 일도 없었던 듯이 성도의 집에서 담소하며 함께 찬양을 부르곤 했다. 휫필드의 불가사의는 그의 위대한 설교 능력보다도, 그의 겸손에 있다.

그런 점에서 우리는 나귀의 우화를 늘 생각해 볼 필요가 있다. 예수님께서 나귀새끼를 타시고 예루살렘으로 입성하셨다. 나귀새끼는 처음 사람을 태웠는데 그가 곧 예수님이었다. 그는 최선을 다하여 있는 힘을 다하여 예수님을 태우고 예루살렘성으로 들어갔을 것이다. 그런데 길가에 인산인해를 이룬 사람들이 자기 앞에 옷을 깔고 손에 종려가지를 꺾어 들고 자기가 태운 분을 환영하는 것을 보았다. 나귀는 묵묵히 힘을 다해 길을 걸으며 그 분을 모시고 갔다. 만일 그 사람들의 환영과 환호를 자기를 보고 하는 줄 알고 껑충껑충 뛰어 돌아다녔다면 그는 목이 잘렸을지 모른다. 실격인 것이다. 우리는 예배에서 주님을 태우는 나귀새끼에 불과함을 알아야 한다. 사람들이 나를 통해 은혜를 좀 받았다고 껑충껑충 뛰려고 해서는 안 된다.

새끼나귀

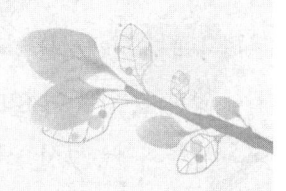

태어난 이래
아무도 태워 본 경험이 없는
나귀새끼를 불러 오라.

교만한 경험보다 겸손한 순수를
오만한 자신감보다 단순한 믿음을
기뻐하노라.

"호산나!" 만인의 환호에
우쭐됨 없이
두렵고 떨림 속에 비지땀 흘리며
혼신의 힘쏟아
만왕의 왕을 모실
가난한 마음을 기뻐하노라.

골고다 길따라 내려가고 내려가신
그 분을 위하여
네 허위의 옷을 벗으라
네 영광의 관을 벗어 드리라.

새끼나귀처럼
높고 거룩한 부르심에
영광의 부르심에
떨며 나아가라
울며 나아가라(막 1:1-10)

일곱 별의 비밀

주님은 복음 때문에 요한이 밧모섬에 귀양가서 머물 때 하늘의 보좌와 장래사에 대한 계시를 열어 보이셨다. 그 가운데 가장 먼저 보여준 계시가 일곱 별과 일곱 금촛대의 비밀이다. 일곱 별은 일곱 교회의 사자 곧 일곱 교회의 목회자들로서 모든 시대의 교회의 목회자들을 의미한다. 그리고 일곱 촛대는 일곱 교회로서 모든 시대의 교회들을 나타낸다. 계시록에서 일곱 별과 일곱 촛대에 대한 말씀은 우리에게 중요한 교훈을 준다.

첫째, 일곱 별과 일곱 등대라는 것은 목회자와 교회는 세상을 비추는 자들로서 선교적 본질과 사명이 있다는 것이다. 그들이 하나님 앞에 깨어 있을 때, 그들은 세상을 향해 하나님의 영광을 드러내며 세상을 비추는 선교적 사명을 감당할 수 있다.

둘째, 교회의 지도자와 목회자의 인격과 영성과 리더십은 교회에 결정적 영향을 미친다는 사실이다. 그렇기 때문에 주님은 일곱 교회를 위한 메시지를 일곱 교회의 사자들에게 보내신 것이다. 즉 목회자들이 교회를 향하신 주님의 메시지를 받아 가슴에 품고 올바로 가르쳐야 하는 것이다.

셋째, 목회자들은 자기 교회의 형편과 내용을 정확히 알되 주님의 관점에서 알아야 하며, 주님께서 원하시는 교회를 세우도록 해야 한다. 자신들은 부요하여 부족함이 없다고 하나 주님은 혐오스럽게 여기시며 그 입에서 토하여 내치고 싶으신 교회일 수 있다. 주님의 관점을 알고 그에 합당하게 교회를 세우도록 불철주야 노력해야 한다.

넷째, 주님은 목회자를 오른손으로 붙드시고 그를 통해 일하신다.

주님은 다른 것이 아니라 일곱 별을 잡고 계신다고 하셨다. 바로 이 사실에서 주의 사역자들은 확신과 정체성을 가져야 한다.

먼저, 주님이 쓰시는 주님의 동역자란 정체감을 가져야 한다. 목회자가 주님의 손 밖에 있으면 그는 아무것도 아니다. 목회자라는 사회적 신분 때문에 가치 있는 게 아니라, 주님의 손에 붙잡혀 쓰임 받는다는데 그의 가치와 존귀가 있는 것이다. 아무리 권위 있게 보이려고 말을 무게 있게 하고 상석에 앉아서 호령할지라도 그것은 다 위선에 불과하다. 목회자의 권위는 외양에 있는 것이 아니라 주님이 함께해 주시는 데 있다. 주님이 함께해 주실 때 그 입술의 메시지에 능력을 실어 주시고 그의 선포가 성취됨으로 진정한 권위가 서는 것이다.

둘째, 그는 별이다. 주님은 광명한 새벽별이시다(bright Morning Star). 그렇듯이 주님의 손에 붙잡힌 목회자도 주님처럼 세상을 밝게 비추는 빛이며 존귀한 존재이다.

셋째, 그는 자신이 발광체가 아니라, 주님의 빛을 반사함으로써 빛을 내는 존재이다. 그러므로 빛의 근본이신 주님을 부지런히 찾고 항상 그 분의 광채를 힘입도록 해야 한다. 주님의 손 밖으로 떨어지면 그는 무용지물이다. 소금이 그 맛을 잃으면 버리워 사람들에게 밟힐 뿐이듯이 주님의 손에서 떨어진 목회자는 이미 목자가 아니다. 사울이 하나님의 성령이 떠나고 악신이 임하자 왕은 왕이되 영광도 능력도 없고 왕권만 유지하였듯이 목회자도 주님의 손에서 떨어지면 목회직만 겨우 유지하는 처참하고 추한 존재로 전락하게 된다. 은혜가 안 된다고 떠나가는 교인들의 등에다 저주를 퍼붓지 말고 깊이 회개하고 주님으로부터 진정한 능력을 받아 회복해서 사역해야 한다.

그는 주님으로부터 모든 빛과 능력과 지혜와 생명을 얻는다. 그러므로 항상 주님께 집중해야 한다. 사역에만 매진하다 보면 자신의 심령은 메마르고 교인들의 영혼은 메마른데 사역만 활성화시키려고 안감힘을 쓰므로 모두 피곤하고 쓰러지는 결과를 야기한다.

목회자는 항상 사역이나 그 무엇보다 주님께 집중해야 한다. 주님으로부터 모든 빛을 받아 비추고, 해답을 받고 막힌 문제들을 풀어내는 참 목자가 되어야 한다.

그러므로 목회자는 한 사람의 사역자이기 이전에 자신이 주님을 깊이 사랑하는 사람, 주님을 예배하는 사람이 되길 힘써야 한다. 나는 마음을 다하여 뜻을 다하여 힘을 다하여 주님을 사랑하고 있는가? 그 사랑이 능력이 되는 것이다. 주님께 대한 사랑과 경배를 등한히 하고 사역의 열매를 맺으려고 동분서주 하는 것은 자기가 빠질 함정을 파는 것이다. 철저히 주님의 손 안에 있기를 힘써야 한다. 그 때 교회와 세상을 향해 진정한 별이 될 수 있다. 그것이 곧 진정한 선교이다.

빛무리 가족

해 -
돋는 아침 해처럼
힘차게 비치는
주님의 얼굴
신랑 같은 미소가
우주에 생명이 되었다.

별 -
그 얼굴빛 받아 별이 된 목자들
주님의 오른손에 붙들려
양떼를 친다
지옥의 권세가
수천 마리 뱀의 혀처럼 삼키려 덤빌지라도
두려워 하거나
놀라지 말라
죽음 이기신 주님의 손이 너를 붙드신다
양떼 가운데 가룟 유다 있더라도
낙심치 말고
분노치 말라
너는 배신당했던 그 분의 친구가 아닌가
새벽하늘 홀로 반짝이는 별은
슬프지 않으리라
태양의 가장 가까운 벗이기에!

촛대 -
어둔 세상 밝히는 금촛대들
의의 태양께서 세우셨다
당신의 손으로 빚었기에 순결한 정금촛대이다
하늘 기름 흘러내리니
썩어 악취나는 하수구에서 잠들지 말고
깨어나
활활 타올라라!

행복한 빛무리 가족이여!
영원히
꺼지지 않는 광채받아
생명의 불꽃으로 타올라라!

"그 오른손에 일곱별이 있고, 그 입에서 좌우에 날선 검이 나오고 그 얼굴은 해가 힘있게 비취는 것 같더라… 일곱 별은 일곱 교회의 사자요 일곱 촛대는 일곱 교회니라"(계 1: 16, 20)

Chapter 7
예배의 방법들, 이렇게 하라

Chapter 7
예배의 방법들, 이렇게 하라

감사함으로 그 문에 들어가며
찬송함으로 그 궁정에 들어가서
그에게 감사하며 그 이름을 송축할찌어다(시 100:4)

예배를 드리는데 어떤 내용들이 필요할까, 또 어떤 것들이 하나님을 예배하는데 도움이 될 것인가 하는 점을 생각해 보고자 한다. 여기서는 역사적으로 등장했던 모든 방법들과 하나님을 예배하는데 동원되었던 수단들을 망라해서 오늘날에 적용하여 다루고자 한다. 물론 이들 가운데에는 모든 예배에서 행할 수 있는 것이 있으며, 주일 공동예배에 적합한 것들도 있고, 어떤 것들은 소그룹 예배나 개인 예배에만 적절할 것이다.

1. 기도

이것은 인류 역사에서 가장 처음 등장한 것이라고 본다. 아담이 셋을 낳은 후 그 무렵부터 사람들은 여호와의 이름을 불렀다(창 4:26). 그러나 그것이 공동체 예배의 효시라면 나의 생각으로는 아담 때부터 개인적으로 하나님을 부르며 예배하였으리라고 본다. 공동체적 예배는 개인적 예배가 기초가 되어 시작되었을 것이며, 그 시작은 인류의 조상이자 하나님을 친히 에덴동산에서 뵈었던 아담에서부터 시작되었을 것이다.

아브라함은 가는 곳마다 여호와의 이름을 불렀다(창 12:8). 요엘 선지자는 종말의 때에 "누구든지 여호와의 이름을 부르는 자는 구원을 얻으리라"(욜 3:32)고 하였다. 하나님의 이름을 부르는 행위는 구체적으로 기도요, 예배라고 볼 수 있다. 예배와 기도에 구원이 달려 있다. 바울은 이 구절을 인용하면서 "그런즉 저희가 믿지 아니하는 자를 어찌 부르리요"(롬 10:14)라고 함으로써 기도를 믿음의 필수적 표현으로 언급하였다. 믿음이 있는 자가 하나님을 부르며 기도하고 예배하는 것이다.

예배는 분명히 기도를 포함하며 기도는 예배의 중요한 요소임에 분명하다. 또 하나님을 부르는 일은 일방적인 행위가 아니라 하나님의 임재와 말씀하심으로 가능하다. 여호와께서는 아브라함과 이삭, 야곱 등 구약의 족장들에게 현현하셔서, 혹은 이상으로, 혹은 꿈속으로 말씀하셨다(창 12:1-4; 13:14-18; 15:1-21; 17:1-22; 18:16-33; 22:1-18; 25:21- 23; 26:1-5, 24-25; 32:24-32). 하나님께서는 족장들뿐만 아니라, 하갈과 같은 여인에게도 나타나 주셨다(창 16:7-14; 21:15-21).

통성기도- 부르짖는 기도

이것은 우리나라에서 가장 발달되어 있다. 미국에서는 통성기도를 한국식 기도(Korean Prayer)라고 부르는데, 미국 사람들은 함께 모여서도 통성기도가 잘 안되는 것 같다. 그들은 통성기도 대신에 외침(shouting)을 즐겨 한다. 그런데 성경은 부르짖는 기도와 외침이 모두 나타나고 있는데 외침은 기쁨의 외침이며, 통성기도와는 다르다. 통성기도는 여러사람이 모여 큰소리로 기도하는 것인데(행 4:24) 다른 말로 '부르짖는 기도'이다. 하나님은 밤낮 부르짖는 택한 백성들의 간구를 들으신다(눅 18:7).

묵상기도

이삭은 들에서 묵상하다가 리브가를 맞이했다(창 24: 63-65). 이 때 리브가가 종에게 묻기를 들에서 배회하다가 우리에게로 마주 오는 자가 누구냐고 한 것을 보면 이삭이 묵상할 때, 자유로이 이 곳 저 곳을 거닐며 묵상한 것 같다. 하나님은 말씀의 묵상을 명령하셨고(수 1:8), 그 율법을 주야로 묵상하는 자가 복 있는 자라고 하였다(시 1:2).

우리는 성구나 예수님의 생애, 하나님의 하신 일들을 묵상하는데 익숙해져 있지 않은데, 의식적으로 노력하면 아주 좋다. 탁발수도원의 프렌시스코는 그의 생애에서 예수님의 고난의 흔적을 체험하였으며, 그의 제자였던 보나벤투라는 예수님의 고난을 깊이 묵상하도록 가르쳤다.

어떤 목회자는 잠들기 전에 누워서 예수님의 생애를 매일 묵상하였는데, 처음엔 30분 정도가 걸렸으나 나중엔 5분이면 주님의 생애가 주마등처럼 지나갔는데, 그 시간이 아주 달콤할 뿐만 아니라 삶의 걸림돌들을 제거하는 역할을 했다고 고백하였다.

이 방법은 아주 탁월한 효과가 있으며 주님께서도 기뻐하신다고 확신한다. 과거에 나는 새벽과 저녁시간에 이렇게 하였을 때 놀라운 영적 치유를 경험하곤 하였다. 어떤 날은 주님께서 바다를 잔잔하게 하신 사건을 묵상하는 중에 자신을 억눌렀던 문제에 대해 담대한 믿음을 갖게 하여 자유하게 하셨으며, 어떤 날은 십자가 사건을 묵상할 때 내면의 갈등에서 자유함을 주셨다. 주님의 생애는 우리의 삶에 언제나 아름다운 본이 되며 치유와 새 힘을 주신다.

나는 때로 주님의 생애를 묵상함으로, 때로 특정성구들을, 때로 눈앞에 펼쳐진 자연물들을 바라보면서 묵상하며 찬양하는데 묵상을 통하여 내 영혼을 하나님께 들어 올리게 되고 마음이 은혜로 풍성해진다. 최근에 이른 아침 기도를 하러 교회로 향하는데 쏟아지는 빗줄기를 보는 순간 풍성하게 쏟아지는 하나님의 은혜를 생각하며 시심이 떠올랐다.

소나기

소나기,
그것은 하늘보고의 풍만에서 넘쳐내는
즐거운 시여(施輿)이다.

신세계로의 멈추지 않는 여로의
신나는 급반전(急反轉)이다.

상승의 영광을 뒤로하고
상생을 위해 하강하는 인카네이션(incarnation)이다.

이 시의 1연에서 하나님의 풍부한 은혜의 시여(베푸심)을 노래했고, 2연에서는 대지의 수분이 수증기로, 수증기가 구름으로, 그것은 다시 소나기가 되어 내리는 반전을 통하여 인생여로에서의 급반전을 노래했다. 변화는 신나는 것이다. 3연에서는 구름의 상승과 비의 하강을 보며, 그리스도의 성육신을 생각해 본 것이다.

묵상은 이와 같이 하나의 대상을 통하여 더 큰 영적 세계와 존재로 인도해 주는 역할을 한다.

질문과 기다림

기도는 주님과의 대화이다. 진정한 대화는 상대방의 의사에 귀를 기울여야 가능하다. 즉 주님께 내 사정을 아뢸 뿐만 아니라, 주님의 뜻을 물어보는 것이다. 주님께 묻고 기다리는 것, 그리고 조용한 내면으로 들리는 영의 음성 또는 성령의 음성을 듣는 것은 참으로 거룩한 기쁨이다. 성령의 음성을 듣는 문제에 대하여는 조이 도우슨의 저서『하나님의 음성을 듣는 법』(예수전도단)도 좋고, 그 외 여러 저서들이 있지만 캐네스 해긴이 쓴『어떻게 하나님의 영으로 인도받을 수 있는가?』(믿음의 말씀사)라는 책이 이 부분에서 탁월하다고 생각한다.

묻고 기다림에 있어서 반드시 그 장소에서 기다리며 음성을 들을 때도 있지만, 주님은 그럴 때만 말씀하시지 않는다. 이른 새벽 잠자리에서 깨어날 때, 혹은 길을 걸을 때, 기도하는 시간에 문득 문득 내 영에 말씀하시곤 한다. 그런 조용한 영의 음성을 놓치지 않기 위해 늘 필기도구를 준비해 두는 것이 좋다.

2. 단을 쌓음-장소의 구별

고대 사회에서 신에게 예배하는데 단(alter)을 쌓는 것은 일반적인 형태였다. 이것은 아담 때부터 시작되었을 것이며 역사적 기록으로는 아벨과 가인이 그들의 제사를 하나님께 드릴 때부터 나타났다(창 4장). 노아도 방주에서 나온 후 여호와를 위하여 단을 쌓고 짐승들을 잡아 번제로 제사하였다(창 8:20). 아브라함과 이삭도 자기에게 나타나신 여호와를 위하여 단을 쌓았으며(창 12:7,8; 13:4-18; 26:24, 25), 엘리야도 이스라엘 열두 지파의 수효를 따라 단을 쌓았고 그 위에 제물을 올렸다(왕상 18:32-39).

단이란 돌을 높이 쌓아 올려 그 위에 흔히 제물을 올리는 곳을 가리키는데 단을 쌓는 행위는 하나님을 구별되게 하는 상징이며 하나님께 무엇을 올려 드리기 위한 목적이었다. 이 제단이 발전하여 성전이 되었으며, 오늘날 우리는 하나님께 예배하기 위하여 어떤 장소를 거룩하게 구별하기를 좋아한다. 그러나 그것은 정해진 형태가 있는 것이 아니다. 하나님께 드리는 예배를 위해 어떤 장소를 거룩하게 구별하는 일은 좋은 일이다.

예배당은 물론이거니와 우리의 가정에서도 어떤 곳을 구별하여 작은 방석을 두고 거기에 작은 십자가를 달 수 있다. 그러나 신약시대인 오늘날 아무런 장식이 없이 거실을 예배의 처소로 활용할 수 있다.

대표기도에서 "오늘 ○○ 제단에 나왔습니다"라는 표현은 구약적 표현이며 지금 시대에 맞지 않는 표현이지만, 짐승의 제물을 드리는 제단이 아니라, 내 몸을 드리는 헌신의 제단이라는 점에서, 구별된 장소에 나왔다는 점을 이해하면 가능한 표현이라고 본다. 거룩한 구별과 헌신의 상징적인 표현인 것이다.

거룩한 장소와 세속적 장소가 따로 있을까?

어떤 신학자들은 신약시대에는 더 이상 성(聖)과 속(俗)의 구별이 없다고 말한다. 그러나 구별이 있고 구분되어야 한다. 세상 모든 곳이 하나님의 소유이지만 어떤 곳은 사단에게 바쳐진 곳이 있으며, 어떤 곳은 더러워서 영적으로 심히 오염되어 있고, 어떤 곳은 하나님의 영이 임하시고 예배하기가 좋은 곳이 있다. 우리는 복음전도와 선교를 통하여 사단에게 바쳐진 장소들도 하나님의 통치 아래로 들어오도록 노력해야 할 것이다.

앙코르와트는 세계적인 불교사원으로 신불신자를 막론하여 많은 사람들이 방문한다. 그런데 그 곳은 과거의 유적으로만 존재하지 않고 현재 불교의 영이 숭배받는 곳이다. 그러므로 영적으로 심히 어두운 곳이다.

B대학교 교수님과 학생들이 단기선교 방문 때 앙코르와트에 들렀다. 아마 그들은 영적 준비 없이 관광을 목적으로 방문하였던 것 같다. 그런데 평소에 기도를 많이 하던 자매가 앙코르와트의 처마를 보는 순간 수 없이 많은 귀신들이 자기를 보며 눈을 데굴거리고 짓궂은 표정을 짓고 놀려대는 것이었다. 그녀는 두렵고 놀랐는데 이 귀신들이 떼거지로 몰려와 그녀를 덮쳤는데 순간 다리가 꼼짝을 못하고 온 몸을 가눌 수 없어 식은 땀을 흘리며 주저 앉았다고 한다. 심한 영적 눌림이었다. 다행히 심각한 침해를 받지는 않았지만 그녀는 심히 놀랐고 일행도 놀랐던 것이다. 그렇다. 공간적으로 성속의 구별이 분명히 있는 것이다. 만일 그녀가 준비되어 있었다면 담대하게 주 예수의 이름으로 물리치고 예수의 보혈을 선포하며 나아갈 수 있었을 것이고 악귀들은 두려워하여 달아났을 것이다. 그녀가 그렇게 하지 못했지만, 주님과 천사의 보호를 받고 있었기 때문에 귀신들이 그녀에게 해를 미치지 못했다고 생각한다.

또 오래된 집에 이사 들어갈 경우, 과거 주인의 영성에 관련된 영이 그 집에 있어서 영향을 입을 수 있다. 그러므로 그런 집에 들어갈 경우에는 축사사역을 할 필요가 있다.

과거에 그 집에 살육이 있었다거나, 부부가 이혼하였다거나, 불행한 사건이 있던 곳은 그 영적 영향이 있다. 앨리스 스미스의 저서 『당신의 가정에 영적오염을 제거하라』는 책에 잘 나와 있으며, 나도 과거 좋지 않은 역사가 있는 집에 이사하였을 때 여러 차례 그런 공격을 받은 경험들이 있었다. 나는 당시에 그것이 그 집안의 영의 공격인 줄을 몰랐고 대처방법도 몰랐기 때문에 적지 않은 영적 곤경을 겪었다.

교회도 교회 내에서 당회원들간에 자주 싸움이 있던 교회는 그 장본인들이 떠나거나 죽은 후에도 다른 사람들에 의해 싸움이 또 일어난다. 분란의 영이 있기 때문이다. 음란한 사건이 있었던 교회는 그런 일이 재차 일어난다. 그 이유는 음란의 영이 그 교회에 도사리고 목회자를 넘어뜨리려고 역사하기 때문이다. 그러므로 그런 전력이 있던 교회에 목사가 부임하였을 때는 그런 영들을 예수의 이름으로 쫓아내어 깨끗이 해야 한다. 목사가 어떤 교회에 부임할 때 과거의 역사를 살펴볼 필요가 있으며, 동일한 영적 존재가 남아 있는가를 점검하며 대비할 필요가 있다. 그 목회자와 교회가 온전한 예배를 드리는데 집중하면 사단은 감히 공격하지 못할 것이다.

그런 점에서 우리 가정도 역시 하나님의 성전으로 구별할 필요가 있다. 나는 가정에서 식구들과 함께 즐겁게 찬양하며 예배드리는데 그것을 통하여 우리 집은 거룩한 성전이 되는 것이다. 또 개인기도 중에도 식구들 한 사람 한 사람을 위하여, 집안 전체를 위하여 하나님의 축복을 선포한다. 그것은 악한 영들이 내 집안과 가족 어디에도 틈을 타지 못하게 하기 위함이다.

장소와 문화의 구별

상기한 바와 같이 어떤 장소는 우상숭배와 관련되어 악한 영들이 득실거리는 장소들이 있다. 그런 것들이 문화적으로 치장된다 하더라도 그것은 문화적이자 동시에 영적인 것이다.

그러나 어떤 곳은 본래 종교적인 것이었으나 점점 그 형태만 남고 영적으로 중립적이며 문화적인 경우도 있다. 예를 들어, 하와이의 훌라춤은 원래 원주민들이 그들의 신에게 제사를 지낼 때 추던 춤이었다. 그러나 오늘날 많은 경우에 그런 제사의 의미는 사라지고 그냥 민속춤으로 춘다. 한국에서 장승과 솟대들은 원래 그 마을의 지킴이와 같은 영적인 것이었다. 만일 거기에 고사를 지내거나 과거에 그랬던 것들은 필시 악한 영과 관련이 있다. 그러나 그런 의도와 전혀 상관없이 그냥 문화적 의미로만 제작한다면 그것은 중립적인 것이다. 나는 내가 사는 아파트에 세워진 솟대들을 별 거리낌 없이 본다. 그것은 단지 문화적 양식이기 때문이다.

과거에 한때 춘천의 H 대학 총학생회에서 학교 입구에 장승을 세우고 거기 고사를 지낸 적이 있었다. 그러므로 기독교 학생들이 반대하고 밤중에 기습하여 그것들을 제거하여 버렸다. 그 일로 오랫동안 장승 제작진영과 그것을 반대하는 그리스도인들 사이에 사이버상에서 심각한 논쟁을 벌인 일이 있다. 단순한 문화재로 장승이나 솟대를 세운다면 그것은 중립적이라고 볼 수 있다. 그러나 고사를 지낸다면 그것은 종교 행위이며, 악한 영이 숭배를 받음으로 우상숭배요, 하나님께서 가증히 여기시는 일이다.

우리 그리스도인들은 그런 것들을 일체 버려야 한다. 가증히 여기고 멀리해야 한다. 그러나 세속사회 속에서 살고 있기 때문에 일일이 다 대응할 수 없다. 그렇지만, 내가 속한 집단에서 그런 행위를 한다면 지혜롭게 반대해야 한다. 그러므로 어떤 행위나 예술품에 대하여 단순한 문화재인지,

영적인 것과 결부되어 있는지 판단해야 할 것이다. 단순한 문화재라면 우리는 관용할 수 있어야 할 것이다. 그러나 숭배가 있다면 영적 싸움을 해야 한다.

3. 피제사 - 그리스도 중심적 예배

위에서도 언급하였지만, 모세 때 시내산에서 성막과 성막의 제사제도가 철저하게 규례화되었다. 그것은 하나님께서 모세에게 지시하신 대로 따른 것이다. 오대 제사로서 번제, 소제, 화목제, 속죄제, 속건제가 있었으며, 그 외에도 제물을 번쩍 들어올리는 거제, 흔들어 올리는 요제와 같은 것들이 있었다.

이와 같은 성전의 제사들은 모두 그리스도의 십자가 희생의 상징들이었으며 따라서 그리스도께서 십자가 위에서 죽으시고 부활하심으로써 다 성취되었다(히 9, 10장). 그러므로 이제 피 제사는 다시 드릴 필요가 없이 그리스도의 피를 의지하며 하나님 앞에 믿음과 감사로 나아가는 것만 남아 있다(히 10:10, 16-20, 38-39).

로마 가톨릭교에서는 예배라 하지 않고 미사(mass)를 드리는데 신부를 통하여 그리스도의 피와 살을 기념하는 성찬예식을 모든 미사에서 거행한다. 그것은 상징적 의식이 아니라, 제사 행위(sacrifice)로서, 신부가 포도주 잔과 떡을 번쩍 들어올림으로써 하나님께 제사가 드려진다고 생각한다. 그러나 그것은 성경적이 아니다. 속죄를 위한 그리스도의 제사는 성직자를 통해 반복되는 것이 아니라 2000년 전에 그리스도께서 십자가에서 죽으실 때 이미 완성되었다. 그러므로 이제 우리는 그 십자가의 희생을 기초로 하여 하나님 앞에 감사와 찬미의 제사를 올려 드려야 마땅할 것이다(히 13:15).

피제사는 주님께서 말씀하신 신령과 진정으로 예배하라는 말씀 속에 녹아 있다. 즉 진정이란 '진리'를 가리키는 단어인데, 무엇이 진리인가! 그리스도 자신이 진리이다. 이 말씀 가운데는 우리를 위해 속죄의 피를 흘리시고 죽으시고 부활하신 예수 그리스도를 의지하여 예배하라는 의미가 내포되어 있다. 예수님의 십자가 피는 우리가 하나님께 나아가는데 담대한 확신을 준다.

4. 찬양

구약시대에 악기를 동원하여 하나님을 찬양하는 방식의 예배는 다윗이 시작하였다고 볼 수 있다. 찬양과 악기연주에 재능이 있었던 그는 손수 많은 악기들을 제조하여 찬양의 수단으로 사용하도록 했다. 또 그 자신이 직접 수많은 찬송시들을 작사 작곡하여 불렀으며 아삽과 헤만과 에단과 같은 레위인들을 세워 새로운 찬송들을 작사 작곡하게 하였다. 그리고 288인의 찬양대원들을 세웠는데 그들은 다 악기를 다루고 찬양곡들을 작사하는 능한 자들이었다.

이 찬양의 예배는 하늘에서 하나님의 가장 가까이에서 시중드는 스랍들에 의해 행해지고 있으며, 모든 천군과 천사들과 구원받은 성도들이 영원히 지속할 행위이다. 그러므로 찬양이야말로 예배의 꽃이라고 할 수 있다. 사실 우리 개신교 예배 전통에서 설교를 가장 중시하고 심지어 예배하러 가는 것을 설교 듣는 것과 동일시 하는 경향이 많은데, 실상은 예배에서 찬양이 가장 중요한 것임을 인식해야 한다.

거듭 말하지만, 예배의 찬양은 성도의 격려를 위해 부르는 찬송들("주의 친절한 팔에 안기세", "십자가 군병들아", "예수가 우리를 부르는 소리" 등)보다는 하나님의 아름다우심과 하나님의 존재와 그 분이 행하신 일들을 찬양하는 그런 곡들을 택하여 부름으로써 그 분을 높여 드리는 것이 바람직하다. 이 때 우리는 찬양 가운데 거하시는 하나님의 임재를 경험하게 된다.

교회에서 찬양을 살리기 위하여 찬양단원들을 영적으로 훈련해야 한다. 목회자는 찬양단원들을 찬양사역 세미나에 보내고 기도원 등에도 함께 데려가며 격려하고 그들이 성령충만하도록 이끌어야 한다. 뿐만 아니라, 찬양대도 곡만 연습해서 노래부르는 찬양대가 되어서는 안 된다. 하나님께서 받으시기 위한 찬양이 되게 하기 위해 기도로 준비해야 하며, 가능한 전 곡을 충분히 소화해서 악보를 보지 않고 부를 때 큰 은혜가 된다. 하나님께서 영광받으실 것이다.

찬양단 리더를 위하여 한마디 더 조언한다면, 멘트를 통하여 회중을 감동시키려고 애쓰지 말고, 본인 자신이 하나님의 얼굴에 주목하며 성령과 진리로 예배하라고 권하고 싶다. 그러면 영이 통하여 모두가 동일한 은혜에 참여하게 된다. 자신의 충만을 억지로 공감시키기 위해 멘트를 자주 하면 오히려 은혜를 가로막기 쉽다. 리더 자신과 찬양단원 자신들이 하나님의 임재를 사모하고 예배에 몰두하는 것이야말로 가장 좋은 찬양이 될 것이다. 찬양을 인도하려 하지 말고 찬양하기를 힘쓰라.

5. 신앙고백의 감사

"전능하사 천지를 만드신 하나님 아버지를 내가 믿사오며"로 시작되는 이 신앙고백을 개인예배에서 적극 사용할 것을 권하는 바이다. 사도신경은 사도들의 고백문은 아니지만, 전승해 내려오던 사도들의 신앙고백들을 기초로 교회들에서 세례 문답용으로 고백되어 오다가 이단들로부터 참된 신앙을 방어할 필요성을 느끼면서 4세기 경에 제정되었다. 가이사랴의 감독 나시아스와 그레고리 두 사람이 제안하여 381년 제2차 공의회에서 제정되었으며, 404년 루피누스가 펴낸 주석에 본문이 실려 있다고 한다.

사도신경에 대하여 성경에 나온 본문이 아니므로 이것을 고백하면 이단이라는 자들도 있고, 이것을 고백하지 않으면 이단이라는 이들도 있는데, 공예배 때 이것을 고백하든 하지 않든 그것이 이단성을 결정할 요소는 아니다. 그러나 기독교인들이 전통적으로 고백하는 신앙고백들을 포함하고 있다는 것은 확실하다.

과거에 어떤 기도원에 갔을 때 원장님은 기도할 때, 처음에 사도신경을 여러 차례 반복하면 큰 힘이 솟아나고 기도가 잘된다고 하면서 권장하였다. 나도 그렇게 해 보았는데, 과연 그랬다. 그 내용 하나하나를 통하여 내 믿음이 턱턱 견고하게 수립되는 듯한 느낌이 들면서 하나님 앞에 확신을 가지고 담대히 나아가도록 도와주었다. 나는 개인적으로 이 고백을 암송하는 중 이 내용들을 단순히 고백하는 것에서 더 나아가 찬양하고 감사하고 선포해야 할 것임을 발견하였다.

이 고백은 일곱 가지 신앙고백으로 되어 있는데, 그 내용은 너무나 장엄한 것들이다. 신앙의 대상으로 먼저 성부, 성자, 성령께 대한 고백이 나오고, 신앙의 내용으로 교회, 사죄, 부활, 영생 네 가지가 나온다. 이 일곱 가지는 하나 하나 감격하지 않고 그냥 입술로만 외우고 넘길 수 없는 것들이 아닌가!

이 내용들을 주일 공예배시에 고백할 때, 뜨거운 감격으로 큰 소리로 할 것을 권한다. 또 개인 예배에서 이 고백을 하면서, "믿사오며"라는 말 대신에, "감사합니다. 찬양합니다"를 붙여 보라. 그 하나 하나를 묵상하며 감사와 찬양을 고백할 때 얼마나 놀라운 임재의 축복을 누리는지 알 수 없다.

성부〉 "전능하사 천지를 만드신 하나님 아버지를 내가 믿사오며"

첫째, 그 분은 전능하시어 이 위대하고 광대하고 아름다운 천지를 만드신 분이시다! 어찌 감사하며 찬양하지 않을 수 있는가! 파란 창공을 바라보며, 봄빛으로 충만한 대지를 거닐때, 생명으로 가득찬 한여름의 숲속을 거닐 때, 푸른 파도가 넘실대는 해변에서 불어오는 바람을 맞으며 저 멀리 수평선을 바라볼 때, 알알이 영근 황금들녁과 사과향기 흩날리는 과수원 길을 지날 때, 아침에 일어나 백설이 천지를 뒤덮은 하얀 나라의 대지를 신비한 마음으로 뽀드득 소리를 내며 발걸음을 옮길 때, 정녕 전능하사 천지를 창조하신 하나님을 찬양하지 않을 수 없다.

둘째, 그 분은 나의 영원하신 아버지가 되신다.

> "내가 너희를 영접하여 너희에게 아버지가 되고 너희는 내게 자녀가 되리라 전능하신 주의 말씀이니라 하셨느니라"(고후 6:17-18).

이 얼마나 놀라운 은총인가! 사도신경의 이 첫 고백에서 우리는 수없이 감사와 찬양의 고백을 올려 드리며 예배할 수 있다.

성자〉 "그 외아들 예수 그리스도를 믿사오니 이는 성령으로 잉태하사 동정녀 마리아에게 나시고, 본디오 빌라도에게 고난을 받으사 십자가에 못 박혀 죽으시고, 장사한 지 사흘 만에 다시 살아나시며, 하늘에 오르사 하나님 우편에 앉아 계시다가 저리로서 산 자와 죽은 자를 심판하러 오시리라"

첫째, 예수 그리스도는 하나님의 외아들이시다. 영원하신 하나님의 외아들로서 말씀으로 그 우편에 계시던 자가 이 세상에 오셨다.

> "태초에 말씀이 계시니라 이 말씀이 하나님과 함께 계셨으니 이 말씀이 곧 하나님이시니라 그가 태초에 하나님과 함께 계셨고 만물이 그로 말미암아 지은 바 되었으니 그가 없이는 하나도 된 것이 없느니라"(요 1:1-2).

태초 이전부터 존재하고 계셨던 그 분은 말씀이시며, 성자 하나님이시다. 하나님과 "함께" 계셨다고 할 때, "προς"의 의미는 "향하여" 마주보며 있는 관계성을 보여준다. 즉 성자께서는 하나님 보좌 우편에서 영원히 성부를 향하여 마주보며 사랑과 기쁨의 대화를 나누시고 계셨다. 그러므로 성부의 마음속에 있는 것을 성자께서 모르시는 것이 없으며, 더 나아가, 성부와 성자의 마음속에 있는 것을 성령께서 모르시는 것이 없다.

> "그는 보이지 아니하시는 하나님의 형상이요 모든 창조물보다 먼저 나신 자니 만물이 그에게 창조되되 하늘과 땅에서 보이는 것들과 보이지 않는 것들과 보좌들이나 주관들이나 정사들이나 권세들이나 만물이 다 그로 말미암고 그를 위하여 창조되었고"(골 1:15-16).

성자께서는 만물을 창조하신 말씀이시다. 그 분의 존재를 요한복음에서 말씀이라고 한 것으로 볼 때, 창세기에서 명령을 반포하신 분은 성자 하나님이시다. 그 분은 보이는 존재들 뿐만 아니라, 보이지 않는 존재들, 즉 영적 존재들까지 모두 창조하신 분이시다. 그러기에 찬양받기에 합당하시다. 영원히 성부로부터 나시어 천상의 보좌에 계신 창조주이신 성자는 우리의 찬송의 대상이시며, 찬송의 주제가 되신다.

둘째, 그는 동정녀에게 성령으로 잉태되어 탄생하셨다.

모든 인생은 원죄를 가지고 태어나지만 그리스도는 원죄와 관계없이 나시기 위해 동정녀의 몸을 빌어 성령으로 잉태되셨다. 그리하여 그 분은 탄생 때부터 원죄없이 나셨으므로 평생 자범죄도 짓지 않으시고 흠없이 사셨으므로 우리를 위한 구주의 자격을 가지셨다. 그리하여 하나님 앞에 흠없는 제물이 되신 것이다.

흠없는 생을 사시고 흠없는 제물이 되신 그리스도는 우리의 찬양과 감사와 흠모의 대상이다. 그러기에 주님께 "주님, 당신처럼 흠없이 살도록 도와주소서!"라고 기도하게 된다.

셋째, 고난받으시고 십자가에 못박혀 죽으셨다.

그리스도는 원죄도 자범죄도 없는 순결하고 거룩한 분이셨으나 고난당하고 끔찍한 형벌을 당하고 죽으셨다. 그것은 자신의 죄 때문이나 우발적 사고사가 아니라, 바로 우리의 죄를 위하여 대속의 고난, 대속의 죽음을 당하신 것이다. "그가 찔림은 우리의 허물을 인함이요 그가 상함은 우리의 죄악을 인함이라 그가 징계를 받음으로 우리가 평화를 누리고 그가 채찍에 맞음으로 우리가 나음을 입었도다"(사 53:5). 대속의 고난을 당하시고 죽으신 것이다.

> "우리는 다 양 같아서 각기 제 길로 갔거늘 여호와께서는 우리 무리의 죄악을 그에게 담당시키셨도다"(사 53:6).

과녁을 빗나간 화살처럼 하나님 앞에 창조목적을 거스르고 빗나간 생을 사는 모든 인생들의 죄악을 대신 담당하시고 그 값을 대신 지불하신 것이다.

주님은 인류의 죄악을 대신 짊어지고 죽어 주셨다. 그래서 우리를 하나님 앞에 제사장으로 삼으셨다. 그러기에 우리는 뜨거운 심장으로, 온 마음과 영혼을 다하여 주님의 구속의 사랑을 감사 찬양하지 않을 수 없다. 그리스도의 구속, 그것은 천국에서 부르는 찬송의 주제들 가운데 가장 중요하다.

> "이 일 후에 내가 보니 각 나라와 족속과 백성과 방언에서 아무라도 능히 셀 수 없는 큰 무리가 흰 옷을 입고 손에 종려가지를 들고 보좌 앞과 어린 양 앞에 서서 큰 소리로 외쳐 가로되 구원하심이 보좌에 앉으신 우리 하나님과 어린 양에게 있도다!"(계 7:9-10)

그런데 안타깝게도 그리스도의 고난과 대속의 죽으심을 주제로 하는 찬송은 이 시대의 그리스도인들에게 관심 밖인 듯하다. 찬송의 내용도 유행을 탄다. 과거 경제적으로 어려웠던 시절에 우리는 주님의 고난을 묵상하며, 고난당하신 주님의 뒤를 따르겠다는 찬송을 많이 불렀다. 그러나 요즘은 하나님의 사랑에 대하여 많이 부르지만, 주님의 고난에 대해서는 잘 부르지 않는 경향이 있다. 그러나 이것은 잘못이다. 공정하지 못한 것이며, 우리의 신앙에 적신호가 켜진 것이다. 그리스도의 고난을 묵상하고 주님의 고난을 나의 고난과 동일시 하는 것이 신앙의 정수이다.

> "내가 그리스도와 함께 십자가에 못박혔나니 그런즉 이제는 내가 산 것이 아니요 오직 그리스도께서 사신 것이라 이제 내가 육체 가운데 사는 것은 나를 사랑하사 나를 위하여 자기 몸을 버리신 하나님의 아들을 믿는 믿음 안에서 사는 것이라"(갈 2:20).

주님이 매달리신 십자가를 바라보라. 십자가는 위대한 승리이며, 능력의 원천이며 찬송의 주제이다!

넷째, 죽은 자 가운데서 다시 살아 나셨다.

> "그러나 이제는 그리스도께서 죽은 자 가운데서 다시 살아 잠자는 자들의 첫 열매가 되셨도다"(고전 15:20).

그리스도의 위대한 부활, 위대한 승리는 언제나 신자들의 믿음과 감사와 찬송의 제목이다.

다섯째, 전능하신 하나님 우편에 앉아 계신다.

> "이 말씀을 하시고 저희 보는 데서 올리워 가시니 구름이 저를 가리워 보이지 않게 되더라… 너희 가운데서 올리우신 예수는 하늘로 가심을 본 그대로 오시리라"(행 1:9, 11).

그는 항상 살아서 하나님 우편에서 우리를 위하서 친히 간구하고 계신다(롬 8:34; 히 7:25).

여섯째, 저리로서 산 자와 죽은 자를 심판하러 오시리라.

저 하늘로부터 재림하시는 주님, 모든 죽었던 자와 생존한 모든 인간들을 심판하시는 주님, 이것이야말로 장엄한 대 주제이며, 감사와 감격으로 고백할 신앙고백이다.

> "그러나 주의 날이 도적같이 오리니 그 날에는 하늘이 큰 소리로 떠나가고 체질이 뜨거운 불에 풀어지고 땅과 그 중에 있는 모든 것이 드러나리로다… 그러므로 사랑하는 자들아 너희가 이것을 바라보나니 주 앞에서 점도 없고 흠도 없이 평강 가운데서 나타나기를 힘쓰라"(벧후 3:10, 14).

🌿 "이것들을 증거하신 이가 가라사대 내가 진실로 속히 오리라 하시거늘 아멘 주 예수여 오시옵소서"(계 22:20).

성령〉성령을 믿사오며

성령은 하나님의 영이시며, 삼위 하나님이시다. 성령은 하나님과 동일하게 능력과 지혜와 의지를 가지고 계신다.

🌿 "여호와의 신 곧 지혜와 총명의 신이요 모략과 재능의 신이요 지식과 여호와를 경외하는 신이 그의 위에 강림하시리니"(사 11:2).

성령은 성부께서 계획하시고 성자께서 성취하신 일을 실현되게 하신다. 우리의 구원에 있어서 성부께서 예정하신 대로 성자께서 십자가에서 구속하셨으며, 성령께서는 그 구원을 각 사람 속에 적용하신다. 즉 각 사람이 믿고 순종하도록 각 인의 심령 속에서 일하신다. 놀라운 일이 아닌가! 지극히 높으신 하나님께서 영으로 우리 안에 친히 오셔서 거하시고 하나님의 구원을 우리 안에서 성취하신다.

🌿 "곧 하나님 아버지의 미리 아심을 따라 성령의 거룩하게 하심으로 순종함과 예수 그리스도의 피뿌림을 얻기 위하여 택하심을 입은 자들에게 편지하노니 은혜와 평강이 너희에게 더욱 많을지어다"(벧전 1:2).

우리가 성부와 성자와 성령께 대한 고백을 할 수 있다는 것이 감당치 못할 큰 축복이다. 따라서 이 위엄과 영광이 충만한 신앙고백은 믿어야 할 내용일 뿐 아니라, 감사하고 찬양해야 할 주제들이다.

더 나아가, 세 가지 풍성한 고백들이 더 있다.

교회〉 거룩한 보편적 교회를 믿사오며, 성도가 서로 교통하는 것을 믿습니다.

신자들의 신앙을 돌보기 위해 영적 어머니로서 교회를 주신 하나님께 감사해야 한다.

속죄〉 죄를 사하여 주시는 것과

죄를 사하여 주시는 것처럼 놀라운 일이 어디 있는가!

부활〉 몸이 다시 사는 것과

몸의 부활을 믿는다. 사람이 죽으면 어찌 다시 살 수 있겠는가! 그러나 그리스도께서 잠자는 자들의 첫 열매가 되심으로써, 우리들도 그리스도 안에서 다시 살게 하신다.

영생〉 영원히 사는 것을 믿사옵나이다.

다시 살아 10년을 더 산다 해도 감사무지이다. 만일 100년을 더 산다면 대경실색 할 만큼 감격할 일이 아닌가! 주님은 우리에게 영원히 사는 생명을 주셨다. 하나님의 아들의 생명을 우리에게 주셔서 그 아들과 함께 영원히 살도록 하셨다. 이 얼마나 장엄하고 놀랍고 위대한 고백인가! 이 고백을 어떻게 매주일 흥분없이 차분하게 고백할 수 있는지, 그게 기적이다. 이 고백을 하면서 우리는 펑펑 울어야 하고, 기뻐 뛰며 외쳐야 한다. 이게 신앙고백이다. 감격과 감사와 뜨거운 찬송을 부르면서 이 고백을 하지 않을 수 없다.

6. 가르침 – 설교

설교는 오랫동안 개신교 예배의 중심이 되어 왔다. 심지어 신자들은 예배를 설교와 동일시 하는 경향조차 있었다. 설교에 은혜를 받으면 예배가 만족스러워지고 설교에서 은혜를 받지 못하면 예배에 실패한 것 같은 생각을 할 정도이다.

설교는 하나님의 말씀의 선포이다. 예배가 하나님과의 커뮤니케이션이라면 찬양과 헌금 등은 하나님께 올려 드리는 상향적 요소이며, 설교는 하나님의 메시지를 받는 하강적 요소이다. 우리는 잘 드리는 일에 최선을 다해야 하며, 잘 듣는 일에도 주의를 기울여야 한다. 설교자 역시 기도와 묵상으로 준비하되 자기의 사상을 전달하는 시간이 아니라, 하나님께서 원하시는 말씀을 증거하기 위해 성경연구, 기도와 묵상으로 설교를 준비하고, 준비와 설교 과정에서 성령의 조명하심과 인도하심을 받아야 한다.

한국교회는 설교학이 많이 발달되어 있으므로 재론하지 않겠다. 다만 설교자 뿐 아니라 설교를 듣는 자들도 기도하며 설교를 통하여 주님의 음성을 듣도록 노력해야 한다. 설교학은 많이 쏟아져 나오지만 설교를 듣는 문제에서는 소홀한 점이 많다. 설교를 잘 들을 뿐 아니라, 그 날의 말씀에 감사와 결단으로 반응해야 한다.

7. 성찬

설교가 들리는 말씀(Audible Word)이라면 성찬은 보이는 말씀(Visible Word)이다. 예배에서 우리 주 예수 그리스도의 고난과 부활을 묵상하며 그 분을 뵈옵는 것은 예배의 주요 목적 가운데 하나이다.

예수님의 제자들은 예수께서 부활하신 후에 다락방에 모여 있을 때 부활하신 주님을 만났으며 주님은 당신의 몸에 난 못자국과 창자국을 보여

주셨다. 그들이 모일 때마다 부활의 주님을 만났으며, 제자들은 그 후 주님을 만날 기대감을 가지고 매주일에 모였던 것이다. 주님은 도마에게 "보지 않고 믿는 자들이 복되다"고 하셨다. 그러므로 우리는 성찬을 통해서 우리를 위해 고난당하시고 죽으시고 부활하신 주님을 믿음으로 뵈어야 한다.

오랫동안 개신교 예배는 성찬을 등한히 하고 설교적 예배를 드려 왔다. 그러나 이젠 성찬을 다시 강화해야 한다. 성찬이 있는 예배는 그리스도 중심(Christ Centered)이 되게 한다.

목회자들이 성찬을 기피하는 두 가지 이유가 있는데, 하나는 너무 자주 하면 성찬의 의미가 약해진다는 것이다. 하지만 그 이유는 타당하지 않다. 너무 하지 않아 성찬을 거의 잊어버리고 있는 것이 더 큰 잘못이다. 너무 자주 함으로써 의미가 약해진다면 설교도 자주 하지 않는 게 좋을 것이란 논리가 성립된다. 둘째로 성찬을 기피하는 실제적 이유는 시간의 문제이다. 성찬식이 있는 날은 설교를 줄여야 할 정도이다. 많은 교회들이 심지어 성찬과 세례식까지 같은 날 함으로써 예배시간이 길어진다. 그래서 성찬과 세례를 나누어서 세례를 먼저 하고 다음 주일에 성찬을 하는 교회들도 있다. 또 성찬식의 시간이 긴 것은 너무 많은 순서 때문이다. 모처럼 하다 보니 헌법책의 예배 모범을 따라 정중하게 진행하다 보면 시간이 매우 길어진다. 그러나 약식으로 한다면 시간을 줄일 수 있다. 성찬식이 정식이 있고 약식이 있는 것은 물론 아니다. 그러나 설교 후에 따로 성찬을 위한 설교를 하고 분병 분잔 앞 뒤에 목회자의 기도, 통성기도, 찬송 등의 순서를 꼭 가질 필요는 없다.

과거에 모 순복음교회 예배를 참석하였는데 마침 성찬식을 거행하였다. 거기서는 매월 첫 주일예배에서 성찬을 한다고 들었다. 그런데 설교 후 찬송가를 부르면서 성찬을 하는데 메시지 없이 간단하게 시행하고 금방 끝냈는데 성찬에 대한 의미를 곱씹을 여유가 너무 없다는 아쉬움이 남았다. 주님의 고난을 묵상하며 회개 자복과 헌신의 기도를 한 후 성찬에 관련된 찬송을 한 곡 부르면서 성찬의 분병 분잔을 동시에 진행 한다면 시간도 그리 길지 않고, 주님의 고난과 부활을 묵상하면서 우리의 심령을 갈보리로 인도해 주는 유익이 있을 것이다.

성찬이 은혜 없이 형식적으로 마치게 되는 경우가 있다. 그 이유가 무엇일까? 성찬을 준비할 때 기도 준비가 약하기 때문이다. 목회자 자신과 성도들은 설교를 위해서 열심히 기도한다. 그러나 성찬에 대하여는 기도 없이 진행한다. 그러기 때문에 은혜가 없는 것이다. 합동교단의 헌법에 보면 성찬 절차를 기록한 각주에 과거 어느 지방에서 성찬 전에 온 교회가 금식하고 성찬을 하였다고 한다. 그런 준비를 통하여 강력한 주님의 임재를 경험하며 영적 부흥이 일어났던 것이다.

내가 가장 강력한 임재를 경험했던 성찬식은 병역 시절군 휴가를 나와서 오산리 금식기도원에서 금식기도를 하였는데 주일이 되어 성찬식을 하였다. 그 때 "주님의 보혈 주님의 보혈 보혈의 잔 마시네"라는 찬송을 불렀는데, 주님의 보혈의 은혜가 얼마나 뜨겁게 와닿던지 계속 감사의 눈물을 흘리며 떡과 잔을 받아 마셨다. 그러나 다른 때는 그런 감격을 느끼지 못했다. 그것은 영적 준비의 차이 때문이라고 본다.

회개와 기도로 준비하여 참여하는 성찬은 우리 영혼을 갈보리로 인도하며 영적 생기를 주고 예배를 훨씬 풍요하게 해준다. 나는 모든 개신교회들이 가능하다면 한 달에 한 번 정도 성찬을 실시하기를 제안한다.

8. 방언, 방언통역과 예언

한국교회에서 방언은 공예배에서 하지 않고 개인 기도시간에 한다. 또한 일반적으로 방언통역과 예언을 동반하여 예배나 기도 모임을 갖는 교회들은 거의 없다. 그렇지만, 요즘 이런 은사들이 많이 나타나고 있고, 소그룹에서 이런 은사를 나누며 예배나 기도회를 진행하는 이들이 점점 많아지고 있기 때문에 이 부분에 대해 좀 다루어 보겠다.

> "그런즉 형제들아 어찌할꼬 너희가 모일 때에 각각 찬송시도 있으며 가르치는 말씀도 있으며 계시도 있으며 방언도 있으며 통역함도 있나니 모든 것을 덕을 세우기 위하여 하라"(고전 14:26).

바울의 이 조언은 고린도교회에 은사에 관해 지도한 내용의 일부인데, 공동체로 모였을 때 찬송시, 설교, 예언, 방언과 통역을 할 수 있다고 하였다. 그런데 바울 사도는 앞부분에서 방언은 듣는 사람들이 알아들을 수 없기 때문에 교회 모임에서 방언하는 것이 바람직하지 않다는 입장을 피력하였다.

바울이 권면했던 고린도교회의 사정을 본다면 일반적으로 각 집에서 가정 모임을 주로 가졌는데, 가끔 정기적으로 고린도 지역의 그리스도인들 전체 모임이 가이오의 저택에서 있었던 것 같다(롬 16:23). 바울은 작은 소그룹 모임에서 방언 통역하는 신자가 있을 경우에 차례를 따라 방언하고 통역을 하는 게 좋다고 하였다.

> "만일 누가 방언으로 말하거든 두 사람이나 다 불과 세 사람이 차서를 따라 하고 한 사람이 통역할 것이요 만일 통역하는 자가 없거든 교회에서는 잠잠하고 자기와 및 하나님께 말할 것이요"(고전 14:27).

그러므로 방언은 통역이 없으면 공동체의 예배 모임에서 공개적으로 하지 않도록 주의해야 한다. 어떤 교회에서는 이 말씀을 근거로 개인 기도시간조차 방언을 금지시키는 경우가 있는데, 개인 기도시간에는 방언을 금할 이유가 없다. 바울의 제안은 소그룹 예배에서 통역은사가 없다면 공개적 방언이 유익이 안 된다고 한다.

이어서 바울은 예언의 활용에 대해 말하고 있다. 예언은 오순절 성령강림에 대한 요엘 선지의 예언에 이미 나와 있으며(욜 2:28-29), 그 말씀을 베드로가 인용하여 성령 강림의 예언임을 증거하였다(행 2:16-18). 이 말씀 가운데 성령 강림의 두드러진 현상적 증거를 계시적인 은사들(꿈, 환상, 예언)로 말하고 있다는 것은 인상적이다.

> "그 후에 내가 내 신을 만민에게 부어 주리니 너희 자녀들이 장래 일을 말할 것이며 너희 늙은이는 꿈을 꾸며 너희 젊은이는 이상을 볼 것이며" (욜 2:28).

> "하나님이 가라사대 말세에 내가 내 영으로 모든 육체에게 부어 주리니 너희의 자녀들은 예언할 것이요 너희의 젊은이들은 환상을 보고 너희의 늙은이들은 꿈을 꾸리라"(행 2:17).

그러므로 오순절 성령 강림 때부터 여러 가지 은사와 함께 꿈과 환상과 예언의 은사들도 주어졌던 것이다. 예언의 은사에 대하여 한국교회에서는 그동안 터부시 해왔고, 보수교단에서는 사도시대 이후 없다고 부인하기도 하였다. 그러나 성경은 예언의 은사를 분명히 말하고 있고, 그것이 종료되었다고 말한 적이 없으며, 2세기에 기록된 디다케라는 초대교회의 생활을 기록한 문서에 보면 교회를 순방하며 돌아다니는 사도들과 예언자들이 있었다. 디다케에 따르면, 떠돌이 사도들과 예언자들은 정착되어 사역하는 교사들(오늘날 목회자)보다 더 존경받았으며, 그들이 사흘 이상 한 곳에 머물러서는 안된다는 사항을 담고 있다.[20] 아마 그 이유는 그들의 소속교회가 있었지만 광범위한 지역을 다니면서 교회들의 유익을 도모해야 했으며, 한 곳에 오래 머물면 그 교회에 영적 분열을 초래할 수 있기 때문이라고 본다.

> "나는 너희가 다 방언 말하기를 원하나 특별히 예언하기를 원하노라"(고전 14:5).

> "그러므로 방언은 믿는 자들을 위하지 아니하고 믿지 아니하는 자들을 위하는 표적이나 예언은 믿지 아니라는 자들을 위하지 않고 믿는 자들을 위함이니라 그러므로 온 교회가 함께 모여 다 방언으로 말하면 알지 못하는 자들이나 믿지 아니하는 자들이 들어와서 너희를 미쳤다 하지 아니하겠느냐 그러나 다 예언을 하면 믿지 아니하는 자들이나 알지 못하는 자들이 들어와서 모든 사람에게 책망을 들으며 모든 사람에게 판단을 받고 그 마음의 숨은 일들이 드러나게 되므로 엎드리어 하나님께 경배하며 하나님이 참으로 너희 가운데 계신다 전파하리라"(고전 14:22-25).

바울 사도는 예언이 알아듣지 못하는 방언보다 성도들에게 유익이 더 많다고 하면서 방언보다 예언하기를 더욱 권장하고 있다. 그러나 예언에 성경과 동일한 권위를 준다거나 예언이 성경 계시를 약화시키거나 성경을 대치하는 작용을 해서는 안 된다. 오히려 성도가 더 성경적으로 성숙하도록 도와주는 역할을 한다.

예언은 그를 향하신 하나님의 뜻을 정확히 제시하는 것이기 때문에 그

---

20) 정양모 역주, 『열두 사도의 가르침 디다케』 (경북 칠곡: 분도출판사, 2002), 81-85.

것을 받는 자에게 엄청난 격려와 유익이 된다. 예언의 은사는 이 시대에 교회에 주신 성령님의 복된 은사이다.

예언을 이단시하거나 심지어 사단의 행위라고 단정하려 해서는 안 된다. 그것은 성경말씀에 대한 위배이며, 성령의 불을 끄는 큰 죄악이다.

> "성령을 소멸치 말며 예언을 멸시치 말고"(살전 5:19-20).

예언에 대하여는 스티브 탐슨의 『당신도 예언할 수 있다』라는 책에 가이드가 잘되어 있다. 이미 미국과 한국 등에 상당히 많은 예언 사역자들이 일어났고 활성화되고 있는 추세이다. 과거에는 아주 드물게 기도원 원장들의 전유물과 같은 은사였지만, 이제는 많이 풀어진 상태이다. 그동안 교회 내에서 기도를 많이 하는 권사님같은 분들 가운데는 그런 은사를 받은 자들이 있었으나 목회자가 인정하지 않으니 아예 입을 다물고 말없이 지내야 했다.

그러므로 이제는 보수 교회들도 예언의 은사를 인정하고 배워서 교회에 유익을 도모하여야 할 것이다. 그 동안 몰라서 예언의 은사가 없다고 주장해 왔고, 혹은 알면서도 부작용 때문에 인정하지 않으려고 한 것이 사실이다. 그런 부작용을 막기 위해 은사에 대한 균형잡힌 이해가 필요하다. 모든 은사들은 귀한 것이며 우열이 없다. 예언이나 신유의 은사를 가진 자들을 지나치게 신성화하거나 자신들이 그렇게 여길 때, 교회의 목회 질서는 깨지고 공동체 분란이 야기된다. 예언은 여러 가지 은사들 가운데 하나로서 교회의 유익을 위해 주님이 주신 것임을 알고 겸손히 시행할 것이며, 예언의 은사가 있는 자들도 목회자의 권위 아래서 순종하는 가운데 교회의 유익과 덕을 위해 지혜롭게 활용해야 할 것이다. 그러므로 예언적 은사자들[21]이 있을 때 목회자와 팀을 이루어 한 영역에서 잘 감당한다면 교회에 큰 유익을 줄 것이다.

혼자서 은사를 사용하려고 하지 말고, 다른 사람들도 그 은사를 함께 받아 팀으로 활성화하는 것이 바람직하다. 바울의 권면을 보면, "예언하는 자는 둘이나 셋이나 말하고 다른 이들은 분별할 것이요"(29절)라고 하였는데, 오류를 방지하기 위한 목적이 있으며, 교만에 빠지지 않게 하는 장치도 된다. 은사를 무조건 막는 게 상책이 아니라, 건강하게 활성화되도록 이끄는 것이 지혜로운 자세다. 또 사역자가 강단에서 공개 예언 사역을 할 때 개인의 사생활을 침해하여 인격적 상처를 입히는 일은 삼가야 한다.

목회자와 예언 사역자의 권위, 그리고 예언 사역자들 간의 심리적 갈등의 문제에 대하여는 마이크 비클의 『예언사역의 여정』에 잘 명시되어 있다. 예언 사역자도 실수할 수 있고 감정과 연약함을 가진 똑같은 인간임을 본인 스스로 인식해야 하며 사람들도 그를 신격화해서는 안 된다.

나의 소견으로 예언은 전환기에, 중요한 결정을 앞두었을 때 매우 유익하고, 자신의 결정이 하나님의 뜻에 맞는지 알 수 없어 고민할 때 큰 도움이 된다. 자신을 향한 하나님의 뜻을 잘 알지 못하고 있을 때, 뜻을 발견하는데 도움을 준다.

지난날 방언의 은사가 순복음교회에서 나타났을 때 이단시 하였으나 그 후 방언이 수많은 성도들 가운데 행해지면서 보수 교회에서도 자연스럽게 성령의 은사로 받아들여졌듯이 예언의 은사도 자연스럽게 이해될 만큼 활성화되고 있다.

혹자들은 무슨 점쟁이 찾아가듯이 예언받으러 가느냐고 예언을 예수 점치는 것이라고 비판한다. 그러나 예언은 점이 아니다. 예언을 그런 식

---

21) 예언적 은사라고 표현한 것은 이 영역이 다양한 형태로 나타나기 때문이다. 예언의 메시지, 환상, 무의식적 선포, 등등. 여기서는 편의상 예언적 은사라고 묶어서 말하고자 한다.

으로 말하는 것은 무지의 소치이며 지극히 망령된 것임을 알아야 한다. 점은 확률이나 운세를 보는 것이지만, 예언은 성령에 의해 그를 향하신 하나님의 뜻을 밝히 드러내는 것이다.

주의할 것은 예언하는 자들도 오직 하나님이 주시는 것만 말하여야 하며(롬 12:6), 따라서 예언을 받은 자들도 호기심이나 자기 욕심을 채우기 위해 이것저것을 물어보려고 하는 태도를 버리고 오직 말씀된 것만을 받아야 한다.

그리고 보수 교단 신학자들은 예언의 은사에 대하여 무조건 부정할 것이 아니라, 열린 자세를 가지고 현장을 방문하고, 예언의 상황과 성취의 정확성 등을 관찰하고, 이 방면의 저서들을 읽어 보아야 할 것이다. 현장의 수많은 증거들이 있는데, 확인도 하지 않고 없다고 한다거나 모두 마귀로부터 온 것이라고 몰아붙이는 마녀사냥식 태도는 성경으로 돌아가자는 개혁주의적 신학자의 자세가 아니지 않은가.

이제 한국교계에 예언의 은사도 풍성해져서 더 많은 영혼들이 구원을 얻으며 성도들의 신앙성장에 유익을 끼칠 수 있도록 바른 길을 닦아 주어야 할 것이다.

9. 묵상과 나눔

앞에서 묵상기도를 논하였지만, 예배에서의 묵상 나눔에 대하여 간략히 언급하고자 한다.

물론 기본적으로 묵상은 공중예배보다는 개인예배에서 사용하는 것이 바람직하다. 여기서는 소그룹에서 묵상을 나누는 것에 대하여 말하고자 한다.

첫째, 일정한 본문을 함께 묵상하고 나누는 방법도 좋다. 리더 혼자만 말하기 보다는 그 본문에서 깨달은 바를 나눌 때 은혜는 더욱 증폭된다.

둘째, 통성기도 후 주님께서 보여주신 환상(幻像)이나 깨닫게 하시는 내용들을 말하도록 한다. 미국에서 한 목사님이 인도하시는 가정 모임에 초대받아 참석한 적이 있었는데 주님께서 각자에게 떠오르게 하신 성구나 심상에 보여진 심볼(소위 환상)을 이야기하도록 했는데 참석자들이 본 대로 나누었으며 참석자들에게 큰 은혜와 위안이 되었다. 그러나 이런 모임의 경우 리더가 기록된 말씀의 메시지를 먼저 전하고 병행해서 이런 순서를 진행하여야 한다. 자칫하면 기록된 말씀을 등한히 하고 신비적 현상에만 집착하여 건강하지 못한 신앙으로 기울 수 있다.

10. 봉헌

예배에서 자신의 물질, 즉 십일조, 감사예물, 구제연보, 각종 목적 헌금 등을 하나님께 드리는 것은 합당하며 아름다운 일이다. 헌금에서 주의할 일은 인색함 없이 주님을 사랑하는 마음으로 드려야 한다. 특히 가난한 사람들을 위하여 제언하고 싶은 말이 있다. 가난을 핑계로 인색하게 굴면 인색의 영이 들게 되고 그것은 만성적 가난과 가난을 되물림하게 만든다. 가난을 탈출하는 길은 없는 중에도 드리는 것이다. 나보다 더 어려운 이웃에게 주어야 한다. 찰스 캡스가 쓴 『당신의 혀에 성공이 달려있다』라는 저서에 잘 기록되어 있다. 주님의 약속을 그대로 믿고 실천하면 물질적 풍요를 주신다.

> "만군의 여호와가 이르노라. 너희의 온전한 십일조를 창고에 들여 나의 집에 양식이 있게 하고 그것으로 나를 시험하여 내가 하늘문을 열고 너희에게 복을 쌓을 곳이 없도록 붓지 아니하나 보라"(말 3:10).

🌿 "주라 그러면 너희에게 주실 것이니 곧 후히 되어 누르고 흔들어 넘치도록 하여 너희에게 안겨 주리라"(눅 6:39).

🌿 "각각 그 마음에 정한 대로 할 것이요 인색함으로나 억지로 하지 말지니 하나님은 즐겨 내는 자를 사랑하시느니라 하나님은 능히 모든 은혜를 너희에게 넘치게 하시나니 이는 너희로 모든 일에 항상 모든 것이 넉넉하여 모든 착한 일을 넘치게 하게 하려 하심이라"(고후 9:7-8).

상기 본문에 '모든 은혜'는 우선적으로 물질을 의미한다. 주님은 우리에게 물질도 풍족히 주셔서 모든 착한 일을 넘치게 하기를 원하신다. 그러나 그것은 작은 일부터 부족한 중에도 선한 일에 물질을 드리고 베풂으로써 가능하다.

11. 구원초청과 결신

예배는 하나님께서 인생을 만나 주시는 위대한 만남의 사건이다. 이 만남 속에 구원이 있다. 그러므로 예배의 회중 가운데 아직 예수 그리스도의 구원 소식을 알지 못하거나 그리스도와 개인적 관계를 맺지 못한 사람이 있다면 그들이 마음을 열고 예수 그리스도를 개인의 구주로 영접할 기회를 제공하는 것이 좋다. 하나님께서는 우리 모든 사람들과 개인적 관계를 맺기 원하신다.

🌿 "영접하는 자 곧 그 이름을 믿는 자들에게 하나님의 자녀가 되는 권세를 주셨으니"(요 1:12).

물론 우리가 한순간의 결단으로 구원이 완성되거나 구원을 물건처럼 주고 받을 수는 없다. 그럼에도 불구하고, 그리스도 밖의 사람들이 마음을 열고 그리스도를 마음에 영접하고 그 분을 개인의 구주로 믿도록 초청하는 일은 구원의 과정에서 매우 중요하며, 하나님께서는 그 일을 기뻐하신다. 하나님은 회개할 것 없는 의인 아흔아홉을 인하여 기뻐하시는 것보다 잃어버린 한 영혼이 돌아오는 것을 더 기뻐하신다(눅 15:7).

12. 신유선포

우리 인간은 정신과 육체에 쉽게 상처받고 고장이 잘 난다. 창조주 하나님은 우리의 고장난 인격과 영혼과 육체를 다 치유하시는 분이시다. 그 분은 우리의 아버지시다. 아버지이신 하나님께서는 우리가 영육간에 건강하고 평강을 누리며 살기를 원하신다. 자식이 건강하고 잘되기를 바라는 여느 아버지의 심정과 다를 바 없다.

주님 공생애 동안에 세 가지 중요한 활동을 하셨는데, 그것은 가르침(teaching)과 전파(preaching)와 치유(healing)였다. 초대교회의 사도들과 사역자들은 예수님처럼 세 가지 사역을 하였다. 그런데 콘스탄틴 대제 이후 교회가 점점 영력이 쇠멸하였다. 그러므로 사역자들에게서 치유는 사라지고 전통적으로 오직 가르침과 전파만 사역자의 의무인 것처럼 생각되어 왔다. 그리고 아이러니하게도 교회에서 치유를 행하면 이단시하는 풍조마저 일어났다. 교회는 나사렛 예수의 이름으로 병자를 치유하는 능력보다는 금과 은을 더 많이 소유하고자 하는 욕망의 포로가 되어 왔다.

목회 사역자들이 병든 자들을 위해 기도하기를 꺼리는 이유 가운데 하나는 기도해도 낫지 않을까 하는 두려움 때문이다. 그 두려움의 배후에는 불순종의 자아가 숨어 있다.

위대한 신유 사역자였던 존 윔버는 그의 믿음을 뒷받침하는 말을 남겼다.

"나는 이미 오래 전에 백 명의 사람들이 기도를 받은 결과 단 한 사람이라도 치유될 수 있다면 아무도 기도를 받지 않음으로써 치유의 역사가 일어나지 않는 것보다 훨씬 낫다는 결론에 도달했다."[22] 이것이 믿음이다. 기도할 때 치유하시는 분은 기도자가 아니라 하나님이시다. 하나님이 하실 것을 믿고 순종하여 기도해야 할 것이다.

신유는 신유의 은사가 있는 자들을 통하여 빈번하게 일어날 수 있다. 그러나 신유의 은사가 없더라도 믿음으로 기도하고 선포할 때, 하나님께서 원하시면 그를 치유하신다. 하나님의 치유에서 믿음과 기도는 중요한 요소이다. 즉 신유의 과정에서 하나님께서 일방적으로 치유하시는 것이 아니라, 우리의 믿음의 기도를 통하여 치유를 행하시기 때문에, 우리는 기도하여야 한다. 우리는 모든 결과를 하나님께 맡기고 신유를 기도하고 선포하는 것이 바람직하다. 신유의 목적은 하나님의 영광이며, 영혼에 대한 사랑 때문이다. 신유야말로 하나님 나라의 능력을 나타내는 것이다.

윔버에 따르면, 신유의 환경은 충만한 믿음의 분위기이다. 즉 신유가 일어날 수 있는 환경이 되어야 하는데, 불신앙의 분위기에서는 신유가 일어나기 힘들다는 것이다. 예수께서도 불신하는 나사렛에서 치유를 많이 행하지 않으셨다. 그러므로 믿음의 분위기를 만드는 게 중요한데, 예배시간이야말로 가장 좋은 신앙적 환경이다. 그러므로 설교 후 말씀을 통하여 마음이 열려 있고, 하나님께 향한 믿음으로 충만한 때 신유를 위해 기도하는 것이 좋다. 어떤 목회자는 축도를 하기 직전 신유를 빌고 신유를 선포하는데, 그 시간에 치유가 많이 발생한다고 간증한다.

---

22) 존 윔버, 『능력치유』, 이재범 역 (서울: 나탄출판사, 1991), 24.

13. 엎드림

사람의 태도는 그 마음에 영향을 미친다. 내가 아는 어떤 분은 기도할 때 누워서 마음속으로 기도한다. 하나님께 기도할 때 누워서 기도한다고 나쁠 것은 없다. 그러나 우리의 마음이 눕는 것보다는 무릎을 꿇는 것이 훨씬 하나님께 집중하고 겸손히 나아가는 데 도움이 될 줄 안다. 우리의 몸과 마음은 서로 긴밀하게 연결되어 있기 때문이다. 그러므로 무릎을 꿇는 것은 기도하는데 최상의 좋은 자세라고 생각한다. 여기서는 '무릎꿇음'에서 더 나아가 '엎드림'에 대하여 말하고자 한다.

하나님 앞에 기도하고 예배함에 있어서 '엎드림'은 특별한 자세라고 생각한다. 나의 경험으로 볼 때 그것은 일상에서 할 수 있는 것은 아니지만, 때로 매우 유익하다고 본다. 즉 온 몸을 일(一)자로 쭉 뻗어서 바닥에 완전히 엎드리는 자세이다. 이 자세는 거북해서 오래하고 있기는 힘들다. 일자에서 팔은 십자가처럼 좌우로 벌려도 되고 자연스럽게 오므려도 상관없다. 그냥 온 몸을 바닥에 대고 엎드리는 것이다. 성경에 이런 자세로 표현된 부분들이 간혹 있는데 모두 하나님의 임재 앞에 엎드린 것이다.

여호와의 군대장관이 여호수아 앞에 나타났을 때 여호수아의 반응이 그러하였다.

> "그가 가로되 아니라 나는 여호와의 군대 장관으로 이제 왔느니라 여호수아가 땅에 엎드려 절하여 가로되 나의 주여 종에게 무슨 말씀을 하려 하시나이까"(수 5:14).

여호수아는 칼을 빼고 서 있는 여호와의 군대장관 앞에 엎드려 절하였는데, 이 자세는 우리나라의 큰 절이 아니라 땅에 완전히 엎드린 것을 나타낸다. 학사 겸 제사장이었던 에스라가 포로에서 귀환한 이스라엘 백성들 가운데 이방여인과 통혼한 자들이 있다는 말을 들었을 때 하나님 앞에 엎드려 울며 죄를 자복하였다.

> "에스라가 하나님의 전 앞에 엎드려 울며 기도하여 죄를 자복할 때에 많은 백성이 심히 통곡하매 이스라엘 중에서 백성의 남녀와 어린아이의 큰 무리가 그 앞에 모인지라"(스 10:1).

다니엘이 21일 동안 음식을 금식하며 기도하였을 때 세마포옷을 입은 한 사람을 보았다. 그는 허리에는 정금띠를 띠었고 몸은 황옥 같고 얼굴은 번개빛 같고 눈은 횃불 같이 타올랐고 발은 빛난 구리 같고 그 목소리는 군중의 소리와 같았다. 음성을 들을 때 그는 얼굴이 사색이 되고 온 몸에 힘이 빠지면서 엎드러져 잠에 빠져 버렸다. 하나님의 영광 앞에 완전히 앞도당한 것이다.

> "내 몸에 힘이 빠졌고 나의 아름다운 빛이 변하여 썩은 듯하였고 나의 힘이 다 없어졌으나 내가 그 말소리를 들었는데 그 말소리를 들을 때에 내가 얼굴을 땅에 대고 깊이 잠들었었느니라 한 손이 있어 나를 어루만지시기로 내가 떨더니 그가 내 무릎과 손바닥이 땅에 닿게 일으키고 내게 이르되 은총을 크게 받은 다니엘아 두려워하지 말라 내가 네게 이르는 말을 깨닫고 일어서라"(단 10:8-11).

밧모섬에서 부활하신 영광의 주님을 만났던 사도 요한도 그와 비슷한 경험을 하였다. 그가 나팔소리 같은 큰 음성을 알아보려고 뒤를 돌아보는 순간 주님을 보았는데 그 모습은 너무나 영화롭고 두려웠다.

"몸을 돌이켜 나더러 말한 음성을 알아보려고 하여 돌이킬 때에 일곱 금촛대를 보았는데 촛대 사이에 인자 같은 이가 발에 끌리는 옷을 입고 가슴에 금띠를 띠고 그 머리와 털의 희기가 흰 양털과 흰 눈과 같고 눈은 불꽃 같고 발은 풀무에서 단련한 빛난 주석 같고 그 음성은 많은 물소리와 같았으며 오른손에 일곱 별이 있고 입에서 좌우에 날선 검이 나오고 얼굴은 해가 힘차게 비취는 것 같더라. 내가 볼 때에 그 발 앞에 엎드러져 죽은자 같이 되매 그가 오른손을 내게 얹고 가라사대 두려워 말라 나는 처음이요 나중이라"(계 1:13-17).

요한도 주님의 영광을 뵈었을 때 그 발 앞에 엎드려 죽은 자같이 되었다. 상기한 예들을 볼 때 저들은 모두 하나님의 영광의 임재 앞에서 경외감으로 완전히 땅에 엎드렸다. 그들은 기도하기 위하여 엎드린 것이 아니라 하나님의 임재 앞에서 엎드린 것이다.

과거에 가톨릭 계통의 영화인 〈기적〉을 본 적이 있다. 한 수녀가 수녀됨을 포기하고 성당을 떠나기 전 하나님 앞에서 죽은 자같이 엎드려 기도하고는 성당을 떠나는 광경이 있었다. 천둥 번개가 치는 밤에 그녀의 태도와 그 장면의 분위기는 사뭇 경건하고 장엄하게 느껴졌다. 나중에 그녀는 하나님께서 끝까지 권고하여 결국 돌아오게 된다. 나는 어느 날 오래 기도하다가 문득 그 광경이 떠올랐는데, 하나님 앞에 그렇게 엎드려야겠다는 생각이 절실히 들었다. 그래서 예배실의 바닥에 두 팔을 벌린 자세로 완전히 엎드렸다. 참으로 신기한 것은 나의 입술에서 단지 세 마디의 진실한 고백만이 흘러나왔다.

"나는 죽었습니다."
"나는 당신의 것입니다."

"뜻대로 하옵소서!"

엎드림의 자세는 우리에게 주 앞에서 완전히 죽었고, 나의 주인은 당신이며 당신의 처분만 기다린다는 의식이 들게 한다. 그리고 하나님께서 내 영혼을 만지시는 것을 느낀다.

앨리스 스미스(Alice Smith)도 영성 컨퍼런스에서 상기한 기도 자세를 소개하면서, 자신은 찬양을 은은히 틀어 놓고 하나님의 임재 속으로 들어갈 때 그런 자세로 기도한다고 소개하였다. 나는 모든 기도를 마칠 때 그러한 자세로 하나님 앞에 잠잠히 있는데 주님의 임재 앞에 압도당하며 자신의 죽음을 고백하고 주님께 나를 내어 놓는 경험을 하곤 한다. 중요한 것은 엎드림이란 자세가 자기 포기와 하나님의 임재 앞으로 나아가는데 도움을 준다. 그러나 그 엎드림 자체가 임재는 결코 아니다. 우리의 외적 태도가 임재를 가져오지 못한다. 그러나 그 분의 임재가 느껴질 때 그 앞에 엎드리는 것은 중요하다.

주님을 열렬히 사모할 때, 그 임재를 기다리며 그 분 앞에서 엎드려 보라. 주님의 임재가 당신을 압도하고 당신을 만지실 것을 기대한다.

보석산

금지된 성(城)처럼
산안개 속에 가려진
그 한 곳을 향해 나아가면,

눈부신 빛을 발산하는
다이아몬드, 루비,
에메랄드, 진주
보석더미의 산들이
하롱베이의
물 위의 섬들처럼
고요히
서 있다.

초록 생명으로 충만한
저 보석산들을
경외감으로 우러러 보라.

산 사이 어디론가로부터 흘러내린
깊고 푸른 생수 물줄기를
목마름과 주림으로

따라 가노라면
거룩한 신랑의 부름이 있다.
"이리로 오라!"

보석산의 문이 열리고
영광의 등정이 시작된다.

신랑을
흠모하는 자만 오르리라
오직 신랑만을 사모하여
모든 소유를 다 버린
가난한 자들이
그 산,
그 영광의 산에
오르리라!

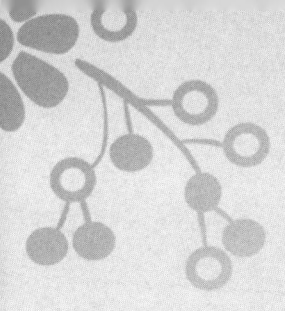

Chapter 8
넘치도록 풍성한 예배의 보상

Chapter 8
넘치도록 풍성한 예배의 보상

대저 여호와는 공의의 하나님이시라
무릇 그를 기다리는 자는 복이 있도다(사 30:18)

사실 진정한 예배자는 다른 보상이 필요 없다. 오직 하나님을 만나는 것, 하나님의 임재를 누리는 것, 하나님의 은혜, 그것 자체가 최대의 보상이다. 하나님 자신이 우주 만물보다 크고 위대하시기 때문이다. 그럼에도 불구하고 예배에는 놀라운 다른 부스러기 보상들조차 약속되어 있다.

> "하나님께 나아가는 자들은 반드시 그가 계신 것과 그가 또한 자기를 찾는 자들에게 상주시는 이심을 믿어야 할지니라"(히 11:6).

위 구절에서 하나님께 나아가는 것, 하나님을 찾는 것은 포괄적으로 예배를 의미하며, 예배자에게 하나님께서 상(reward)주심을 믿으라고 하셨다. 그 상은 무엇을 의미할까? 그것은 모든 것을 아시는 하나님께서 가장 적절하게 갚아 주시는 것을 의미한다. 그것은 물질일 수 있고 명예일 수도 있으며 좋은 사람과의 만남이거나 직장의 취업일 수도 있다. 하나님의 상(賞, reward)은 정말 멋진 것이다!

🌱 "이 전(성전)이 황무(폐허 상태)하였거늘 너희가 이 때에 판벽한 집(멋진 집)에 거하는 것이 가하냐? 그러므로 이제 만군의 여호와가 말하노니 너희는 너희의 소위를 살펴볼지니라

너희가 많이 뿌릴지라도 수입이 적으며 먹을지라도 배부르지 못하며 마실지라도 흡족하지 못하며 입어도 따뜻하지 못하며 일꾼이 삯을 받아도 그것을 구멍 뚫은 전대(주머니)에 넣음이 되느니라 나 만군의 여호와가 이르노라 너희는 자기의 소위를 살펴볼찌니라.

너희는 산에 올라가서 나무를 가져다가 전을 건축하라 그리하면 내가 그로 인하여 기뻐하고 또 영광을 얻으리라 나 여호와가 말하였느니라 너희가 많은 것을 바랐으나 도리어 적었고 너희가 그것을 집으로 가져갔으나 내가 불어 버렸느니라… 내 집은 황무하였으되 너희는 각각 자기 집에 빨랐음이니라

그러므로 너희로 인하여 하늘은 이슬을 그쳤고 땅은 산물을 그쳤으며 내가 한재를 불러 이 땅에 산에 곡물에 새 포도주에 기름에 땅의 모든 소산에 사람에게 육축에게 손으로 수고하는 모든 일에 임하게 하였느니라"(학 1:4-11).

학개 선지자는 유대인들이 바벨론에서 귀환할 때 스룹바벨과 함께 돌아온 선지자이다. 고국 예루살렘에 돌아왔으나 성전은 폐허가 되어 있는데 백성들은 자기 집을 멋진 저택으로 지었다. 그러므로 하나님께서는 그들의 행위를 돌아보라고 책망하시면서 산에 가서 나무를 찍어다 성전을 재건하라고 명령하셨다. 즉 다윗이 준비하고 솔로몬이 지었던 아름다운 예루살렘 성전은 느브갓네살 왕의 침략 때 불타 없어졌다. 그것은 유대 백성의 죄 때문이었다. 그런데 이제 바벨론 포로지에서 70년 만에 하나님의 특별한 은총을 입어 돌아왔는데, 그들은 예배 처소인 성전을 재건하지 못하고 있었다. 그러므로 하나님께서는 학개를 통하여 이 일을 지적하고 스

룹바벨 총독을 중심으로 성전을 재건하도록 하였다.

그들에게 성전의 회복은 오늘날 우리에게 글자 그대로 예배당의 건축에 적용될 수도 있지만, 먼저 예배의 회복이라고 보는 것이 일차적 적용이다. 구약의 성전이 신약에서는 그리스도를 가리키며, 그리스도인의 몸이기 때문에 솔로몬이나 학개의 성전 건축을 오늘날 예배당 건축에 적용하여 '성전 건축'이라고 하는 것은 신학적으로 무리가 있다.

그러나 넓게 본다면 '예배하는 집'은 곧 하나님께 거룩하게 구별된 집이므로 '성전'이라고 할 수 있고 그런 적용은 가능하다. 다만 오늘날의 예배당을 구약 성전의 연장선으로 여겨 지나치게 화려함을 추구 하다보면 성전의 영적 의미를 놓쳐 버리고 예배당을 금으로 화려하게 장식하고도 공산화되었던 러시아 정교회처럼 되고 말 것이다. 진정한 성전은 성도의 몸으로 성령님을 모시고 신령과 진정으로 예배할 때 회복이 이루어진다.

학개의 메시지는 하나님께 대한 예배는 등한히 하면서 자기 일에만 몰두하는 현대인에게 하나님을 찾으라는 경고이다. 예배를 잊어버리고 등한히 하기 때문에 경제가 마비되고 사회와 산업과 개인의 어려움이 풀리지 않는 것이다. 그렇다면 반대로 하나님을 참되게 예배한다면, 다윗의 장막이 우리 삶에 회복된다면, 주 하나님께서 가정과 산업에, 사회와 예술과 스포츠에 두루 복을 주실 것이다. 하나님이 불어 버리시면 한순간에 모든 것이 날아가며, 하나님이 복 주시면 한순간에 채워질 수 있는 것이다!

그러므로 예배의 회복에 최선을 다해야 한다. 교회의 예배가 성령으로 충만하여 하나님의 임재가 있는 예배를 드린다면, 성도 각자가 하나님 앞에 예배에 성공한다면, 그 교회는 부흥할 것이며 그 성도들은 삶에 좋은 것들을 공급하시는 하나님의 손길을 풍성하게 체험할 것이다. 물론 이 논리가 기계적으로 일정하게 그렇게 된다는 것은 아니다. 개인을 다루시는 하나님의 손길이 각각 다르며 이런 축복 역시 하나님의 언약적 주권가운데 이루어질 것이다. 그러나 확실한 것은 하나님은 신실하시기 때문에 예배하는 자에게 당신의 신실함을 따라 상 주실 것임에 틀림이 없다. 이에 대한 간증의 실례들은 성도들의 생애와 교회사에서 이루 다 헤아릴 수 없다.

이 주제에서 나는 더 이상의 보상을 논하지 않고자 한다. 왜냐하면 예배자는 하나님을 앙망하는 것, 하나님을 만나는 것 그 자체로서 이미 최상의 보상을 받았기 때문이다. 그는 하나님의 임재 안에서 평강을 누리고, 지혜를 얻고 그 길을 지도받으며, 그의 보호를 받고, 그 분의 공급하심을 받는다. 하나님의 이름들 속에 있는 축복들이 다 그의 것이다.

지성소에는 하나님의 임재를 상징하는 법궤 이외에는 아무것도 없었다. 칼이나 황금보석이 필요 없었다. 여호와께서 거기 계시면 된다. 하나님의 임재! 그것보다 더 위대한 것이 어디 있는가!

> "그러나 여호와께서 기다리시나니 이는 너희에게 은혜를 베풀려 하심이요 일어나시리니 이는 너희를 긍휼히 여기려 하심이라 대저 여호와는 공의의 하나님이시라 무릇 그를 기다리는 자는 복이 있도다"(사 30:18).

> "땅끝의 모든 백성아 나를 앙망하라 그리하면 너희가 구원을 얻으리라 나는 하나님이라 다른 이가 없음이니라!"(사 45:22)

> 너는 알지 못하였느냐! 듣지 못하였느냐! 영원하신 여호와 땅끝까지 창조하신 자는 피곤치 아니하시며 명철이 한이 없으시며 피곤한 자에게는 능력을 주시며 무능한 자에게는 힘을 더하시나니 소년이라도 피곤하며 곤비하며 장정이라도 넘어지며 자빠지되 오직 여호와를 앙망하는 자는 새 힘을 얻으리니 독수리의 날개치며 올라감 같을 것이요 달음박질 하여도 곤비치 아니하겠고 걸어가도 피곤치 아니하리로다!(사 40:28-31)